集人文社科之思　刊专业学术之声

集 刊 名: 风险与危机管理研究
主管单位: 西北政法大学
主办单位: 风险与危机管理研究中心
主   编: 张荣刚
副 主 编: 李晓宁 杨柳青

RESEARCH ON RISK AND CRISIS MANAGEMENT

编辑部：《风险与危机管理研究》集刊编辑部
地址：陕西省西安市长安区西长安街 558 号西北政法大学诚意楼 602 室
投稿信箱：fxywjgl@126.com
电话：029-88182570

2024年第1辑

集刊序列号：PIJ-2024-501

集刊主页：www.jikan.com.cn/ 风险与危机管理研究

集刊投约稿平台：www.iedol.cn

风险与危机管理研究

Research on Risk and Crisis Management

2024年
第1辑

主　编　张荣刚
副主编　李晓宁　杨柳青

社会科学文献出版社
SOCIAL SCIENCES ACADEMIC PRESS (CHINA)

发刊词

风险来自未来的不确定性，风险管理是指一个组织针对风险所采取的指挥和控制的协调活动。危机是"危险+机遇"，乃是产生危险和出现机会之间的一个决定时刻或关键时期。伴随着信息技术的发展和全球经济的一体化，世界市场风起云涌，风险数量及其复杂性与日俱增。人类活动的拓展导致风险日趋复杂，其种类不断增加，进一步刺激了风险与危机管理的发展，推动人们向更高的目标登攀。

人类认识风险的历史几乎与人类的文明一样久远。在西方，巴比伦、埃及、希腊和罗马等文明古国很早就有互助互济、损失补偿的风险处理方法，它们逐渐演变成为现代保险。在中国，夏朝后期的《夏箴》有云："天有四殃，水旱饥荒，其至无时，非物积聚，何以备之。"这告诉人们，自然灾害何时发生难以预料，需要随时储粮备荒，而这演变为现代储蓄。

自1955年现代的风险管理概念提出以来，风险与危机管理越来越受到关注。1988年的《巴塞尔协议》提出了商业银行的经营规范以应对银行风险。1995年国家层面的风险管理标准诞生。2006年中国的全面风险管理指导性文件《中央企业全面风险管理指引》发布。2009年国际标准化组织（ISO）发布了风险管理标准《风险管理——原则与指南》。同时，VaR、EVA等更精准更直接的风险管理工具不断涌现。另外，对于数字化过程在社会系统中创造出的新生产方式、商业模式以及组织形态中存在的系统风险，需要不断提升社会治理现代化的能力来积极应对。未来，全面风险与危机管理将保持蓬勃发展的势头，不仅引发风险与危机管理理论和方法的一场革命，而且将引发管理理论的一场革命。

我国正处于经济社会发展的关键时期，党的二十大报告16次提及风险，特别强调应对种种风险挑战。建构具有中国特色的风险预警与风险管理系统，立足源头消减风险，最小化风险因素给社会整体造成的负面影响，已经成为实现中华民族伟大复兴之路上的一个时代命题。

西北政法大学风险与危机管理研究中心成立于2014年，2021年获批陕西（高校）

哲学社会科学重点研究基地。中心基于"法管结合"的主导思想，紧扣国家发展路径，以社会民生、公共政策、产业布局，组织管理和网络安全为研究重点和特色方向，贯通微观个体组织层面和宏观社会国家层面，综合法律制度程序、管理系统思维、产业组织理论、财务审计方法、网络信息技术研究风险与危机管理的影响因素、作用机理和解决措施，旨在实现"风险识别→风险评估→风险处置"的整体研究与实践路径，打造以"风险防控、应急管理，危机解决"为机理的人文社科综合研究基地。自 2017年以来，风险与危机管理研究中心与西北政法大学商学院、陕西省管理科学研究会联合主办"风险与危机管理"学术研讨会，并连续出版了 7 本论文集。

2024 年，集刊《风险与危机管理研究》由社会科学文献出版社出版，计划每年出版 2 辑。我们对专栏构成与稿件要求进行了优化升级，希望将《风险与危机管理研究》办成一份高质量的学术刊物，成为推动国内风险与危机管理研究发展的多学科研究平台，也希望能得到国内外风险与危机管理相关研究领域学者的支持与帮助。

张荣刚

2024 年 4 月 28 日

于西北政法大学长安校区

·信息安全与数字治理·

国家治理现代化背景下基层应急管理人才培养路径[*]

王　静　惠　杰[**]

摘　要：推进国家治理能力现代化，需要基层应急力量的深入参与，而这离不开基层应急管理人才培养。在国家治理现代化进程中，对基层应急管理人才培养的总体要求包括以民为本的治理理念、多元化的治理主体和高效化的治理机制等。本文从职业价值、管理能力和专业技能三个维度分析基层应急管理人才培养的目标，具体包括责任意识和大局意识，领导与组织、信息与沟通和计划与决策，以及应急知识储备的全面性和应急技能运用的有效性。在此基础上，从价值培育、管理能力提升、专业技能强化、保障性措施四个方面给出了基层应急管理人才培养路径。

关键词：国家治理现代化　基层应急管理　人才培养

一　引言

应急管理是国家治理体系的重要部分，基层应急管理人才是国家应急管理体系的关键环节，也是推进国家应急管理体系现代化的重要力量。党的二十大明确指出，要提高公共安全治理水平，贯彻总体国家安全观。[1]《"十四五"国家应急体系规划》强调，要提升基层的风险预警、隐患识别、危机管理能力，并构建人才聚集高地，为基层应急管理提供人才支撑。基层作为国家治理的基础层次，主要是以社区、村委会为核心，由人民群众构成[2]，是国家应急事件处置的第一线，其应急管理能力直接关系事件处置的时效性、效果性与科学性。在国家治理现代化的背景下，应急管理能力的全面现代化，包括应急准备现代化、应急响应现代化、应急处置现代化及应急恢复现

＊　【基金项目】2022 年国家社会科学基金西部项目"新形势下我国产业链供应链安全稳定战略研究"（22XJY028）；2023 年西北政法大学研究生教育教学改革研究项目"思政引领、一体多维、学科融合：'双一流'建设目标下研究生创新人才协同培养模式的探索与实践"（YJYB202324）。

＊＊　【作者简介】王静，西北政法大学商学院（管理学院）三级教授，博士研究生导师，西北政法大学应急管理研究中心主任，研究方向为产业经济学、物资经济学、生态经济学、物流与供应链管理、应急管理；惠杰，西北政法大学商学院（管理学院）硕士研究生。

代化，对基层应急管理人才的事前管理能力、事中响应与处置能力、事后沟通恢复能力提出了新的要求。

目前，我国应急管理体系在应急资源配置上存在资源错配的现象，作为应急处置一线的基层资源较少，而上层则资源丰富，呈现"倒金字塔格局"[3]，这意味着基层的应急管理人才较为缺乏，基层应急管理能力较弱。因此，加强基层应急管理人才培养，提升基层应急管理人才素养，既是国家治理现代化的需求，也是解决基层应急管理能力较为薄弱问题的现实需要。

二　文献综述

（一）国家治理现代化与基层应急管理

推进国家治理能力现代化，需要基层应急力量的深入参与。金红磊指出，推进国家治理能力现代化，需要加强应急管理能力建设，要求地方政府端正工作作风，注重基层一线人员力量，为之提供必要的资源保障，强化其应急管理能力[4]；胡剑认为，要发挥基层战斗堡垒的作用，在突发事件应急管理中注重基层治理[5]；赵子丽和黄恒学认为，要加强人才支撑，提升基层人员的应急技术能力，以提升基层的应急管理水平[6]。

国家治理现代化，对基层应急管理能力提出了新的要求。张铮和李政华指出，社区是基层治理的关键抓手，需要明确社区的责任与职能，提升其公共卫生的服务能力与专业化水平，以提升基层的治理效能[7]；林梅认为，在国家治理现代化进程中，处置疫情之类的重大突发事件，要求基层实施网格化管理，提升人员素质，推动基层治理精细化、精准化[8]；肖晞和陈旭认为，国家应急管理的现代化要求应急管理体制的全面化，需要引导防控资源向基层下沉，提升基层人员的应急管理能力[9]。

（二）基层应急管理人才培养

基层应急管理人才培养要基于价值培育与能力提升。陈哲等指出，需要全面加强基层应急管理人才的预防与应急准备能力、监测与预警能力、应急处置与救援能力、事后恢复与重建能力[10]；欧阳振华等认为，在培养基层应急管理人才应急监测、研判、预警、处置能力的同时，也要注重基层应急管理人才使命感、责任意识的构建[11]；陈新明和刘一弘指出，应急管理人员的应急领导力是应急管理现代化的关键环节，不仅要求应急管理人员具有快速反应与快速处置能力，还要求他们具有强烈的责任意识[12]。

综上所述，现有研究集中论述了国家治理现代化趋势下的基层应急管理体系现代化问题：一是认为基层应急管理要现代化，应当打通应急管理体系现代化的最后环节；

二是认为基层应急管理能力应当契合国家治理现代化趋势，并做出相应的改变，并且强调基层应急管理在应急管理体系现代化进程中的重要作用。在基层应急管理人才培养上，现有研究认为，能力与价值是人才培养的基本维度，但是关于如何对基层应急管理人才开展全面体系化培养的研究较少。因此，本文将基层应急管理人才培养置于国家治理现代化的宏观视角，从国家治理现代化的视角出发，对基层应急管理人才培养目标进行解构，并基于此提出更为全面的基层应急管理人才培养路径。

三 国家治理现代化进程与基层应急管理人才培养总体要求

基层应急管理的现代化是国家治理现代化的必然要求。国家治理现代化包括先进的治理理念、多元的治理主体、高效的治理机制、先进的治理手段。[13]因此，基层应急管理人才的培养应当遵循国家治理现代化的趋势，符合国家治理现代化的基本要求。

（一）以民为本的治理理念

国家治理体系和治理能力的现代化首先是治理理念的现代化。在国家治理现代化背景下，国家实施政策应当坚持以人民为中心，一切为了人民。国家治理的制度设计、参与主体、治理手段应当将以民为本作为基本原则。以民为本的治理理念符合党的宗旨与我国的社会主义国家性质，也符合在新常态下提升复杂问题应对能力的现实需要。基层应急管理人才在工作中也应当坚持以人为本的原则，牢记初心使命，培养勇担大局的责任心。基层应急管理人才是否具有责任心事关基层应急处置的有效性强弱。因此，应当引导基层应急管理人才树立责任第一的核心价值，提升其应急管理能力。

一是压实预防责任，基层应急管理人才应当有防患于未然的基本观念，做好应急准备工作。二是落实处置责任，基层应急管理人才应当在应急处置中以人民利益为重，依照事故处置流程，根据事故性质做出合理的决策，以维护人民群众利益。三是强化恢复责任，事后恢复是维持基层稳定的重要环节，基层应急管理人才应当做好事后恢复的功课，在应急管理中贯彻以人为本的治理理念。

（二）多元化的治理主体

治理主体多元化是国家治理现代化的重要趋势。现代经济社会治理具有复杂性，依靠单一政府主体已经不能满足治理高效的现实需求。在国家治理现代化的进程中，社会各方力量在基层应急事件处置中扮演着越来越重要的角色。

1. 社会组织广泛参与

在自然灾害的应急处置中，社会组织深入参与了救援、物资捐赠、灾后重建等应急处置工作，是基层救援力量的重要补充。[14]因此，基层应急管理人才应当提升协调能力，与社会救援组织间实现高效沟通，并根据实际情况进行资源调配，实现高效应急，提升应急处置能力。

2. 基层群众自发自救

在基层应急事件中，群众自发自救是在外部救援力量不足的情况下应对突发事件的临时性举措。因此，基层应急管理人才应当在突发性事件中扮演群众自发自救的领导者、协调者角色，要求既有丰富的应急管理知识，又有高效的组织协调能力，带领群众实现安全、高效的自发自救。

3. 机关干部下沉基层

结合应急管理灵活调整权限、重新配置资源的需求，党组织的统领有助于突破科层结构常规的职能划分和工作分工，用政治压力来强化行政控制，特别是在必要时将中间级行政力量注入基层工作，补强"前沿"的行政力量。

（三）高效化的治理机制与专业的应急技术

全面推进国家体制机制改革是推进国家治理体系和治理能力现代化的重要举措。国家体制机制改革的重要目标是全面提升施政效能，促进国家体制运行的高效化。国家应急管理体系建设具有精准化、高效化的发展趋势。针对各类应急事件，各层次应急部门具有精准化预案与处置流程，并且在政府全面推进信息化的背景下，应急管理流程也具有信息化的趋势。[15]因此，国家应急管理体系的现代化要求基层应急管理人才技能的与时俱进。首先，基层应急管理人才应当具有相应的应急处置知识。例如，疫情与公共群体事件对群众生活造成的影响具有差异：针对疫情，基层应急管理人才应当坚持人民群众生命健康安全第一，及时控制疫情传播；而针对公共群体事件，基层应急管理人才应当做到既维护人民群众生命财产安全，又能及时控制事态影响，防止事态扩大，并及时做好宣传工作，维护舆论环境。其次，基层应急管理人才应当具有现代专业能力。在信息化的背景下，善于操作现代信息系统，主动适应应急管理信息化趋势，提升自己的业务能力与业务水平。

四　国家治理现代化背景下基层应急管理人才培养目标分析

基层应急管理人才是基层应急管理的主体，做好基层应急管理人才的培养工作，是提升基层应急管理能力的重要环节。在国家治理现代化的总体要求下，塑造以责任意识为核心的职业价值、强化以领导组织能力为核心的管理能力、提升以专业知识与专业素养为核心的专业技能，是基层应急管理人才培养的三个基础维度。对基层应急管理人才开展综合能力培养目标分析，是明晰基层应急管理人才培养关键环节、厘清基层应急管理人才培养方向的重要基础。职业价值培养是对基层应急管理人才进行培养的核心，属于人才培养的价值要求，管理能力、专业技能培养是在技术层面对基层应急管理人才开展培养，属于人才培养的能力要求。

（一）职业价值

1. 责任意识：全流程的应急责任落实

基层应急管理人才的责任意识评价，应当关注应急管理全流程相应责任压实情况。在应急准备阶段，应急管理人才应当做好充分应急预案，预案应当尽可能细化，针对各种情况采取相应的解决措施，同时要做好资源准备工作，在各类自然灾害发生概率较高的时期，应当做好资源准备[16]；在应急响应阶段，应急管理人才应当根据事态层级做出相应的响应，及时如实汇报情况、做到响应及时，反映情况真实；在应急处置阶段，应急管理人才应当做好应急事件处置工作，根据不同事件的性质确定不同的处置重点，做到高效合理，并合理调配资源，杜绝玩忽职守现象的出现；在应急恢复阶段，应急管理人才应当坚持清正廉洁、用好各类应急恢复资金，并做好事后安置、恢复工作。

2. 大局意识：应急处置中的抉择

基层应急管理人才的大局意识评价，应当关注他们在应急事件处置中的决策方向。首先，在应急处置中，应当始终坚持人民群众生命财产安全第一的基本原则，任何应急决策都应当关注人民的生命财产安全。在应急决策上，基层应急管理人才会面临各种不同目标，包括安全目标、经济目标、政治目标等，其中安全目标应当始终居于第一位，既始终最为关注人民群众的生命安全与财产安全，经济目标与政治目标的实现应当基于安全目标达成。人心是最大的政治，维护人民群众的生命安全与财产安全，就是实现了最为重要的政治目标。其次，在应急处置中，应当坚持集体利益大于个人利益、国家利益大于集体利益的原则，应急管理人才应当将事关大多数人利益的紧急事件进行优先处置，同时对于上级明确指示需要处置的紧急事情应当不折不扣地完成，以维护集体利益、国家利益。

（二）管理能力

1. 领导与组织：应急资源整合的有效性

应急资源的整合活动贯穿应急管理的全过程，对应急资源进行有效整合，是应急领导力与组织力的核心。因此，应当关注基层应急管理人才是否在应急管理全流程中能够有效运用各类应急资源，对各类应急力量进行有效组织。在应急准备阶段，应急管理人才应当具有科学性的预案，对各类资源具有合理的调配，规定了人、财、物等各类资源的科学使用。在应急处置阶段，应当有效整合各类应急力量，特别是应当对社会应急力量、群众自发应急力量进行有效调配与领导，以实现应急处置工作的高效推进。[17]在应急恢复阶段,应当关注应急管理人才是否按照恢复安置计划对各类资源进行有效的调配,是否有利于达成恢复安置目标,重点关注应急恢复资金使用的效益性。

2. 信息与沟通:应急工作开展的有效性

信息与沟通能力是保障应急处置阶段工作有效开展的重要能力,应当关注基层应急管理人才在应急处置中与各类应急主体开展高效信息与沟通的能力,包括信息反馈与收集、高效沟通与交流,其目的是为各类应急决策提供信息支撑,并保证各类应急主体对应急处置具有高度认同感,从而保证应急管理工作推行的有效性。因此,一是应当关注基层应急管理人才是否对上级组织进行真实的信息反馈,是否对所处环境有着准确的判断,并对信息进行有效的组织;二是应当关注基层应急管理人才是否与各类应急力量进行了有效的沟通交流,重点关注应急管理人才是否就各类问题向群众做出说明解释,以促进人民群众对应急工作的理解,保证应急主体内部的凝聚力,推动应急工作的有效推行。

3. 计划与决策:应急处置路径选择的科学性

计划与决策是应急管理中的方案选择问题,方案选择的科学性与否事关应急工作推进是否符合实际情况、是否具有可操作性。因此,应当关注基层应急管理人才的应急预案准备的科学性及应急处置决策的科学性。首先是应急预案准备的科学性,应急管理人才应当根据所处基层的各类资源禀赋、各类应急事件发生的可能性、事件发生后的严重性制定应急预案,保证应急预案在实现过程中获得的阻力较少,并具有可操作性。其次是应急处置决策的科学性,应当关注应急管理人才在应急决策中是否遵循可行性及效益最大化的基本原则:在可行性上,应急决策应当是符合事态发展实际的,且以保证人民群众生命安全为首要目标;在效益最大化上,应急决策应当有利于实现集体利益最大化,在各类应急目标中将集体利益放在首位,并坚决执行上级部门的应急决策。

(三) 专业技能

1. 应急知识储备的全面性

基层应急管理人才应当具有丰富的应急知识储备。应当对基层应急管理人才进行知识储备评价,关注他们是否对各类应急事件具有相应的基本知识。首先,不同地区所面临的主要自然灾害不同,这就要求不同地区的应急管理人才应当具有相应的基础知识,对灾害的表现、预防、处置具有一定认识,以便在应急管理中做出科学合理的决策。其次,应急管理人才应当对应急处置基本流程有着一定的认识,面对疫情、自然灾害、生产安全事件等不同应急事件时,有着不同的处置流程,在对事件进行上报后,面对疫情的第一措施是隔离预防,面对自然灾害的第一措施是疏散,而面对生产安全事件的第一措施便是组织救援。因此，应急管理人才应当具有全面的应急知识储备，以提升应急工作推进的效率与效果。

2. 应急技能运用的有效性

基层应急管理人才应当具有基本的应急技能。在全灾种应急管理的背景下，基层应急管理人才应当具有生存技能、救援技能、信息处理技能。首先是生存技能，应急管理人才应当具有求生的基本知识，在必要时能带领群众在资源有限的条件下实现生存，以维护人民群众的生命安全。其次是救援技能，对于基层应急管理中可能出现的各类疾病、伤害，应急管理人才要有基本的医学救援知识，进行紧急处理，最大可能挽救生命。最后是信息处理技能，在应急管理体系现代化的背景下，基层应急管理人才应当掌握信息化处理技术，善于运用各种数据平台，并利用信息化平台实现有效沟通与数据处理。

五 国家治理现代化背景下基层应急管理人才培养路径

国家治理现代化视域下，基层应急管理人才的培养应当围绕价值培育、管理能力提升、专业技能强化，并在此三个维度基础上，增加保障性措施模块，以保证人才培养的效果。其中，价值培育是基层应急管理人才培养的基础、管理能力提升是人才培养的关键环节、专业技能培养是人才培养契合现实需求的响应、保障性措施是人才培养效果的关键保障。

（一）价值培育

1. 以党建为统领，做好思政建设

坚持党的领导是开展基层应急管理工作的根本性原则，基层应急管理人才培养也应当坚持党建引领，发挥党统揽全局、把握核心的作用。要坚持党建引领，把党的领导贯穿基层应急管理全过程，发挥党员的先锋模范作用[18]，并将社会主义核心价值观教育、红色教育、党的政策教育融入基层应急管理教育中去，以培养应急管理人才的责任意识、大局意识，并将思政教育常态化，将学习内容模块化，同时要多样化学习形式，利用实地调研、专项访谈、读书笔记等形式全面开展基层应急管理人才思政教育，强化教育效果。

2. 建立应急管理责任清单制度

要建立基层应急管理全流程的责任清单，对于应急管理各阶段的各种责任进行细化，方便应急管理人才进行对照，强化责任意识。在应急准备阶段，把各类资源准备责任与应急预案责任放在首位，各地区根据实际情况明确工作重点，从资源准备、应急预案两个维度细化具体责任。在应急响应阶段，将信息报告责任放在首位，规定基层应急管理人才应当做到及时报告、及时反馈，并及时启动应急预案。在应急处置阶段，应当明确应急管理人才的处置责任，根据事态类型选择责任目标，将维护人民群众的生命安全作为首要责任，兼顾经济目标与政治目标。在应急恢复阶段，将应急资金使用的有效性责任放在首位，明确各类资金使用应达到的效果。

（二）管理能力提升

1. 应急演练常态化，锻炼领导组织能力

应急演练是基层应急管理能力的磨刀石。因此，应当建立基层应急演练常态化机制，各地根据自身所面临的主要应急事件，制定差异化的应急演练项目，在演练项目中锻炼基层应急管理人才的领导组织能力，并通过不断的经验总结，优化事件处置流程、力量组织形式及资源分配比例，增强基层应急管理建设的科学性，促进基层应急领导组织力的全面提升。

2. 干部培训长期化，提升管理素养

基层应急管理干部培训应当长期化，以提升其应急管理能力。要注重对基层应急管理干部的能力培养，通过讲座、经验分享、报告等形式组织应急管理干部进行集中培训，并对他们进行相关能力测验，定期进行管理能力检验，以保证基层应急管理干部的战斗力与反应力，促进基层应急管理干部管理能力的全面提升。

（三）专业技能强化

1. 能力培训专业化

在全灾种应急管理的趋势下，应当注重基层应急管理人才的技能培训。要将基层应急管理人才技能培训制度化，将培训内容进行模块化处理，包括应急基本知识培训、生存技能培训、救援技能培训、计算机信息化培训等，并鼓励基层应急管理人才考取相关的技能证书，并对他们进行相应的奖励，以提升基层应急管理人才的专业能力。同时，要针对培训内容进行专项检测，针对技能知识进行短板补齐，推动能力培训专业化、制度化、常态化。

2. 学习能力提升指引

在社会经济日益复杂的背景下，基层所遇到的新型治理问题层出不穷，此时，便需要提升基层应急管理人才的应变能力，帮助他们在新环境下进行主动适应性学习，以增强基层应急管理的弹性。要注重对基层应急管理人才的学习能力培养，鼓励他们接触各类新事物，帮助他们扩展视野。一是要开展专项培训，主动灌输社会新兴知识，引导他们关注社会治理前沿，提升其理论知识。二是要建立学习激励机制，对于主动学习新技能、新知识的人员进行量化考评，并进行一定激励，帮助他们养成持续学习的习惯。

（四）保障性措施

1. 开展有效激励

能力胜任模型是升迁、激励、培训的量化标准。[19]因此，应当依据能力胜任原则对基层应急管理人才开展激励，构建行之有效的能力胜任模型。一是明确岗位的职责导向，依据其核心职能开展绩效评估；二是成立专家组进行广泛调研，建立以岗位为依据、体现基层应急管理人才核心能力的能力胜任模型。此外，各单位应当在充分参考模型的基础上，对基层应急管理人才进行量化考核，并据此进行激励。

2. 完善内部监督机制

一是要建立健全考核评估机制，制定全面、科学、客观的基层应急管理人才履职评估体系，明确评估指标和考核标准[20]。二是要健全社会监督与评价机制，鼓励人民群众对基层应急管理人才开展监督，并建立专门的反馈机制，收集群众意见，对于基层应急管理人才的工作表现也应当进行公开，对在应急管理流程中履职不负责、具有明显能力缺陷的基层应急管理人才进行更换，以维持基层应急管理的有效性。

3. 畅通人才交流与信息共享渠道

各基层组织应当建立基层应急管理人才交流与信息共享渠道，并建立更加畅通的人才流动机制。一是建立单位间基层应急管理人才的交流与咨询机制，鼓励人才跨区域交流沟通，促进人才资源的高效流动，提升人力资源使用效能。二是建立基层应急管理人才流动机制，鼓励更多相关领域专业人才投身于基层应急管理工作中去，以促进高端人力资源的合理分配，提升国家应急治理的总体效能。

六　总结

基层应急管理现代化是国家应急管理现代化的重要环节。在国家治理现代化的背景下，以责任意识为核心的职业价值、以领导组织能力为核心的管理能力、以专业知识与素养为核心的专业技能是对基层应急管理人才的基本要求。基于国家治理现代化对基层应急管理人才的基本要求，基层应急管理人才综合评价应当从价值、管理与技能三个维度开展，这是人才评价的基本维度，也是人才培养的目标与方向。在价值培育上，要坚持党建引领、做好思政建设，并细化责任，强化基层应急管理人才的责任意识；在管理能力提升上，要聚焦领导组织能力建设，在开展常态演练的同时，注重管理培训的长期化；在专业技能强化上，一是要将培训专业化，加强技能学习，二是要加强引导，指引基层应急管理人才提升专业能力。

参考文献

［1］习近平. 高举中国特色社会主义伟大旗帜 为全面建设社会主义现代化国家而团结奋斗［M］. 北京：人民出版社，2022.

［2］徐勇. 中国式基层治理现代化的方位与路向［J］. 政治学研究，2023（1）：3-12+155.

［3］王宏伟. 新时代应急管理通论［M］. 北京：应急管理出版社，2019：22.

［4］金红磊. 应急管理能力建设与国家治理能力现代化［J］. 人民论坛，2021（10）：70-71.

［5］胡剑. 国家治理体系现代化视阈下重大突发事件应急管理体系构建研究［J］. 中国广播电视学刊，2021（6）：90-93.

［6］赵子丽，黄恒学. 新时代国家应急管理治理体系的构建思路［J］. 宏观经济管理，2020（7）：37-44.

［7］张铮，李政华. 中国特色应急管理制度体系构建：现实基础、存在问题与发展策略［J］. 管理世界，2022，38（1）：138-144.

［8］林梅. 疫情防控视角下的社会治理现代化［J］. 科学社会主义，2020（3）：17-24.

［9］肖晞，陈旭. 公共卫生安全应急管理体系现代化的四重含义——以新冠肺炎疫情防控为例［J］. 学习与探索，2020（4）：25-34+173.

［10］陈哲，张小兵，杨洁等. 新时代基层应急管理人才能力要求与赋能向度［J］. 河南理工大学学报（社会科学版），2024（3）：36-43.

［11］欧阳振华，王琼，易海洋等. 新时代实战应用型应急管理专业人才培养体系实证研究［J］. 中国安全科学学报，2023，33（5）：26-34.

［12］陈新明，刘一弘. 应急领导力：应急管理能力现代化的关键环节［J］. 天津行政学院学报，2023，25（4）：3-13.

［13］李伟，马玉洁. 国家治理现代化视域下社会治理与经济发展的关系研究［J］. 当代经济管理. 2020（1）：8-13.

［14］王静. "需求导向，全程育人"创新能力培养体系的探索与实践［J］. 山东农业大学学报（社会科学版），2023，25（2）：166-170.

［15］周少来. 破解基层人才困局的制度选择［J］. 人民论坛，2020（11）：55-57.

［16］王静. 突发生态危机应急管理的风险评估与机制建设［J］. 陕西广播电视大学学报，2021，23（1）：61-64.

［17］孙伯元. 基层人才"引、留、用"困境及其化解对策［J］. 领导科学，2020（24）：56-58.

［18］程万里. 提升基层应急管理能力的实施困境与路径选择［J］. 人民论坛，2022（8）：55-57.

［19］田蕴祥. 国家治理现代化进程中公务员体系人力资源管理改革路径探析——OECD 国家的经验与启示［J］. 暨南学报（哲学社会科学版）. 2018（3）：101-110.

［20］赵晓毅，张鹏辉，宋朝峰. 基层人才逆淘汰现象与消除方略［J］. 领导科学，2021（3）：86-89.

透过话语的治理：应急性对口支援的动员机制*

梅　杰**

摘　要：应急性对口支援是以危机化解为目标的制度性集体行动。在应急性对口支援的实践过程中，动员是一项基础性和前提性工作。分析表明，应急性对口支援之所以有效，要归因于话语技术的多维使用，即通过从话语角度揭示它同时作为政治任务、法律义务和行政伦理的一面，来消除分歧、凝聚共识。而应急性对口支援之所以能够持续生效，则要诉诸"控制性分工支援"的机制设计。一方面，垂直控制和横向比较的运行环境塑造了支援任务的刚性一面；另一方面，以礼物流动为表征的应急性对口支援又促成了柔性的地区间联结。如此，以话语为切入的应急性对口支援既确保了单次任务的高质量完成，又促成了共同体内部"一方有难、八方支援"的区际互助关系的持续生效，危机动员就此达成。

关键词：话语　对口支援　动员机制　控制性分工支援　危机管理

一　问题提出与文献回顾

应急性对口支援是应急资源与力量的有组织流动。从 2008 年汶川地震灾后恢复重建的对口支援开始，凭借这一机制，我国成功应对了一次又一次重大突发事件，积累起宝贵的危机管理经验。从相互间关系来看，重大突发事件的发生及其巨大的破坏效应，导致在短时间内汇聚充沛的应急资源与力量成为危机处置的根本前提和中心任务，而该任务能否完成则主要取决于国家动员能力的强弱。正是这一能力"决定着动员的广度和深度，也决定着资源集聚的程度和向度"[1]。经过长时间探索，由组织动员所驱动、以府际协作为过程的应急性对口支援从多种解决方案中脱颖而出。这种整体性危机治理模式的特点是打破了条块分割和边界限制，形成了一种十分紧密的跨层级、跨

＊【基金项目】全国党校（行政学院）系统社科规划课题"社会整合视域下县级党委社会工作部的运行机制与优化路径研究——基于浙江 11 县的调研"（2024DXXTYB025）。

＊＊【作者简介】梅杰，中共浙江省委党校（浙江行政学院）公共管理教研部讲师，中共杭州市委党校余杭区分校特聘研究员，研究方向为城市安全与治理、数字治理。

地域、跨部门联动，其形成主要得益于形式多样又相互耦合的组织动员。[2]那么，这种危机面前的紧急动员为何有效，又因何持续生效？

本文认为，这与话语框架这一动员要件密切相关。要想实现既定目标在认知与动员上的双重统合，就必须有一个"处于国家叙事和宣传话语的核心意识形态或中心议题作为动员话语的主框架"[3]。由此，话语成为理解动员的一个重要入口。事实上，作为一种社会文化语码，话语被学界关注已久。福柯认为，"理性、真理等对人或者主体的控制不能独立而为，必须依靠制造各种话语来实施。话语是各种权力的栖居地"[4]。而在将此建构为一种社会理论的努力上，费尔克拉夫提出，话语可以在社会实践的任一方向（经济的、政治的、文化的、意识形态的）都未被还原为话语的情况下，而被包含在所有这些方向之中[5]。换言之，话语既是社会实践的一个方式，也是促进社会变迁的重要力量。体现在危机动员上，就是"政治主体如政党、国家或其他政治集团，在力量弱小资源匮乏、自身不能有效控制危机事件，且社会的大多数成员又处于不活跃状态的情况下"[6]，通常会充分运用战时话语等话语技术来调动和引导各个方面力量投身于治理行动之中，从而达成危机化解的目标。

实践层面，新中国成立以来的历次重大突发事件应对，也都能印证话语动员是一种有效实现资源再分配和社会功能修复的重要方式。例如，新冠疫情期间，由自我取向、差序利他和家国责任等要素构成的话语框架正是通过标语等形式，部分承担起健康传播和健康动员的媒介责任[7]，从而极大地助力了疫情的科学有效管控。此外，相关政治话语的建构，亦在说明这一政策和行动的合法性与正当性上做出了相当程度的贡献。得益于此，我国的应急管理实践才形成了"集中力量办急事"的鲜明特征。

综合观之，既有研究已经认识到话语在动员体系中的重要作用，尤其是学者关于话语分析、话语策略等的思考，极具创新性和启发性。但也要看到，学界还尚未对应急性对口支援这一富有中国特色的灾难援助模式的动员机制进行专一、深入分析。在某种程度上，这仍是一项实践先于理论、"被使用"胜于"被理解"的研究议题。有鉴于此，本文尝试在已有研究的基础上，进一步发掘应急性对口支援的动员过程，以探求它在应急管理理论谱系中的准确方位。

二　多维合一：危机动员话语框架及其三重"包装"

巨灾发生以后，围绕物资调配、人员派遣等工作，中央及地方政府采取了各种积极行动，通过"隐喻式的战时叙事"[8]话语的导入，逐步建立起一套极具操作性和可行性的危机动员话语框架。事实上，也唯有如此，才能对充斥着政治任务、法律义务和行政伦理，同时又十分艰巨的支援任务进行层层分解，从而破解在地化应急资源不足的困境，实现国家危机治理能力的拓展。

（一）政治任务话语的议题引入

既有公共政策研究表明，并非所有的政策都会被执行方认真对待。[9]由此导致的结果是，这部分未得到重视的政策，又通常会在执行环节遭遇"灵活变通"或政府间"共谋"，进而造成政策执行不力、实施效果不佳等。因此，上级部门会从一般性的治理事务中遴选出一些紧迫或重要的工作，通过将之升格为"政治任务"，来要求所属部门不打折扣、保质保量地完成。通常来说，一旦某项工作被上级打上"政治任务"的烙印，那么对于下级而言，这项工作的落实就不再具备讨价还价的空间，而是与自身的政治站位、政治忠诚等挂起钩来，成为一项必须完成的刚性任务，其政治性和严肃性都得到了大大加强。如今，政治任务的话语模式已广泛存在于对口支援和乡村振兴等多个领域，成为从话语角度理解当代中国治理实践的重要切口。从作用来看，这一话语的证成实现了危机协同治理议题的初步导入。

对于支援方而言，应急性对口支援任务不仅必须接受，而且应当高质量完成。并且，有关方面还会通过讲话、会议、媒体等话语形式的不断重复，使这种认识不断深入人心，直至达到根深蒂固的地步。这一点可以在领受支援任务省份的主要党政官员的表态中窥见。2022年初，在上海新冠疫情防控最关键的时候，党中央、国务院曾指示多个省市组建援沪医疗队，前往上海支援疫情防控工作。4月3日，江西省委书记表示，组建援沪医疗队是"以习近平同志为核心的党中央交给江西的一项十分重要的政治任务"。[10]4月14日，重庆市委副书记、市长指出，组建援沪医疗队是（中央）"交给重庆的重大政治任务，是我们义不容辞的责任"。[11]事实上，不仅在中央和省级层面，领受应急性对口支援任务的各级组织和部门也都在动员过程中采取了类似的话语模式。这种做法的目的也很明确，那就是上级试图通过将支援任务升格为政治任务，以政治标准来促进资源集聚、确保任务完成。

当然，仅靠话语转变还很难完全保证实现预期目标，政治任务话语的背后还有一整套精心设计的组织激励机制。一方面，上级会通过正向激励来弱化抵触情绪。实践中，由于所需资源需要支援方自行筹措并负担成本（极端情况下，一些危险任务还可能引致一线人员伤亡），因此，对于支援方来说，在客观上存在一定程度的激励困境。故而，在动员过程中，支援会被经常性地冠以"光荣的政治任务"等，以此来强化情感激励和组织激励。同时，在支援结束以后，良好完成政治任务还在较大程度上意味着政治激励，如表彰、提拔等。所以，支援即便"在完成过程中'事责权利'不匹配，但最终结果是匹配的"[12]。另一方面，上级还会运用负向激励来加强对下级的行为纠偏。面对客观存在的正向激励失灵等现象，被附加了政治任务属性的应急性对口支援还衍生出种种惩戒机制。正所谓"动员千遍，不如问责一次"，对于执行不力甚至是未能完成任务等现象，政治问责和法律惩戒是最为常见的两种约束机制，其效力则主要来源于党的内部纪律和国家法律法规。汶川特大地震发生以后，某省援建成员就曾在重建项目上弄虚作假，收受贿赂。当其违法犯罪事实暴露并被有关部门查清以后，即便时隔多年，他也仍旧被绳之以法。[13]

于是，通过正向和负向的双重激励，政治任务的贯彻与落实有了更为强大的保障机制。也正是在如上所述的背景之下，政治任务逐步发展为应急性对口支援在动员阶段的最常见话语之一。每当发生重大突发事件，需要启动应急性对口支援的时候，政治任务便会作为一种话语技术融入危机管理的实践之中，并发挥重要促进作用。

（二）法律义务话语的权责加固

应急性对口支援，往往在制度化与法治化不足等方面遭受批评。持这一观点学者的最主要不满在于：目前，应急性对口支援在国家层面还尚无一部专门的法律。同时，对于支援方政府来说，对口支援是一项"额外"任务，只有通过"挤"出资源才能高质量完成[14]，而这会在一定程度上损害"被挤出"领域的地方公共利益。即便是一些财力充沛的地方政府，在这一领域的行动空间也相对有限。但对于涉及维护人民群众生命财产安全的应急性对口支援而言，仍有一些特殊性不容忽视。在某种意义上，支援方政府投身应急性对口支援实践不仅是为了完成上级下达的政治任务，也是为了履行某些法律义务。在这一意义上，法治话语的介入完成了第二层次的危机动员，实现了权责加固。

首先，从从属关系角度来看，地方各级人民政府对上一级国家行政机关负责、服从国务院是有关法律明确规定的义务。《宪法》明确规定："全国地方各级人民政府都是国务院统一领导下的国家行政机关，都服从国务院。"据此可知，对于国务院做出的应急性对口支援决定，地方政府事实上并不存在一个拒斥支援的选项。尤其是在重大突发事件已经对人民群众生命财产安全造成极大伤害时，不严格执行上级命令、对支援任务采取消极抵抗态度不仅违反了组织纪律，而且会损害国家和人民的整体利益。因此，地方政府作为上级政府的组织和功能延伸，执行上级命令其实是在履行法律所确立的义务。

其次，从依法行政角度来看，上级人民政府有关应急性对口支援决定的做出不仅于情合理，而且于法有据。在全面推进依法治国的整体背景下，行政机关任何一个行政行为的做出都应当于法有据，这既是坚持法治思维的良好表现，也是政府依法行政的首要要求。针对区际应急援助，2024 年修订的《突发事件应对法》规定："受突发事件影响地区的人民政府开展恢复重建工作需要上一级人民政府支持的，可以向上一级人民政府提出请求。上一级人民政府应当根据受影响地区遭受的损失和实际情况，提供资金、物资支持和技术指导，组织协调其他地区和有关方面提供资金、物资和人力支援。"依据这一法条，上级人民政府组织其他地区对受灾严重地区提供支援的行为，无论是在形式上还是在内容上都完全于法有据。

最后，从法律效力角度来看，援受双方经协商一致、达成合意等环节订立的政府间行政协议进一步固化了彼此的责任与义务，并因此对缔约主体产生拘束力。政府间行政协议的"实质是'公法契约'，具有'软法'治理价值"[15]。在美国，为了减少联邦政府的权力干预，各州会在自愿的基础上通过缔结州际协议、采取跨州集体行动来治理区域共同事务。[16]在我国，类似协议亦十分常见。汶川地震后，根据国务院有关安排，河南对口支援四川江油恢复重建。为了进一步厘清权责、规范行动，两地政府共同签署了《关于河南省对口支援江油市灾后恢复重建工作总体框架协议》。在这份协议中，无论是甲方河南省人民政府，还是乙方江油市人民政府的责任与义务都得到了明确。更为重要的是，这份政府间协议还极具前瞻意识地设立了纠纷解决条款。例如，该协议"其他事项"第六条就明确规定："甲乙双方严格履行本协议条款，如有违约，违约方承担相应的行政责任或法律责任。"[17]尽管这些协议还未上升至法律层面，但它们仍旧在缔约主体应当遵循诚实信用原则的意义上对援受双方产生一定范围内的拘束力，从而体现一种应尽的责任。

（三）行政伦理话语的认同聚合

在黑格尔看来，"法的命令，从它的根本规定来说，只不过一种禁止"，而伦理才是"自由的理念"，是一种真正实现了主客观统一的"活的善"。[18]从这一判断出发，如果仅依靠政治动员或法律约束，那么附带巨大投入的应急性对口支援是很难在具体实践中建立起具备牢固基础的广泛认同的。因此，只有将它彰显了行政伦理的一面纳入整体性的动员机制一并考察，才有可能避免在研究逻辑上出现大的遗漏。在这一意义上，行政伦理话语促进了认同聚合。

一方面，维护公共利益是政府在行政管理过程中应当肩负起的伦理责任。正如潘恩所说，"政府本身并不拥有权利，只负有义务"[19]。而在政府履行自身义务之时，公共利益至上又是一条最基本的伦理原则，这是由行政权力在公共利益等方面的道德规定性所决定的。尤其是在遭遇公共危机之时，政府及其雇员更"应该以有道德的行政行为来证明，他们是在为公共利益谋取福利"[20]。由此，维护公共利益便在行政伦理的层面充当了危机动员的主要话语，其内在逻辑在于以下几点。第一，公共危机管理应当服从于效率原则。追求高效率是政府在从事行政管理活动时的普遍准则。而在发生重大突发事件以后，为了尽可能维护公共利益、减少损失，政府作为最有能力协调各类关系、进行应急救援的组织更应该尽快采取行动。因此，基于效率原则，中央要求部分地方政府与自己一道共同承担起支援受灾地区的职责，实际上是一种积极维护公共利益的行政行为，有其内在的合理性。第二，政府行为的示范性有利于引导多元主体的共同参与。面对重大突发事件所导致的复杂局面，不仅是单单依靠当地地方政府独自脱困并不现实，而且是仅仅依靠政府力量及时止损亦有难度。因此，只有充分调动起各行动主体的积极性，才有可能更好地维护公共利益。从这一角度来说，政府行政行为在道德实践中所具备的示范性使之拥有了教育和塑造功能，从而可以更好地引导全社会共同参与到公共危机的协同治理之中。

另一方面，应急性对口支援实践所集中展现的是蕴含在我国公共政策伦理之中的道德合理性。"互助是我们的道德观念的真正基础。"[21]无论是中央启动应急性对口支援，还是地方参与其中，本质上都是一种价值选择。只是因其实施主体的特殊性，这一选择才演化为一项公共政策。同时，人们在评价一项公共政策时，通常也会以它是否坚持了正确合理的价值取向为依据。当我们带着政策伦理的目光来审视应急性对口支援实践的动员体系时，就会发现其道德合理性的基石源自党和政府在公共危机面前始终坚持的"人民至上、生命至上"的价值选择。这一判断的依据在于以下方面。其一，应急性对口支援之所以合乎事理是因为"保护生命是我们在政策过程中能明显发现的最基本的价值观"[22]。当他人生命遭受严重威胁时，任何组织或个人伸以援手的行为都在道德伦理层面拥有不证自明的合理性与必要性，坚持"人民至上、生命至上"是一种维护社会公共利益的切实之举。其二，应急性对口支援之所以合乎情理是因为它根源于"一方有难、八方支援"的文化土壤，共同体间互助满足了人们的情感需要。所谓"赠人玫瑰，手有余香"，人不仅因在落难时有人帮助而庆幸，也因在他人遇困时能施以援手而满足[23]。因此，应急性对口支援也是一种援助方基于自我实现的情感上的需要。于是，应急性对口支援便在事理、情理等维度占据了充沛的道德合理性。也正因如此，它才能够在政策制定和政策执行过程中获得广泛认同，进而达到预期目标。

三 控制性分工支援：动员机制设计中的"刚柔并济"

透过话语的治理并不意味着只依靠话语来治理。话语证成的背后还有一整套机制帮助目标实现。就对口支援而言，府际关系是一条贯穿它始终的理论和实践主轴。钟开斌提出，"对口支援实质上是一个中国特色的'控制性多层竞争'过程，即在上级主导下级之间进行多层级的横向竞争"[24]得益于这一发现，对口支援的制度背景以及支援任务启动、实施与分解的整体过程被全然揭示出来，该框架的提出对于理论深化的意义不言而喻。然而，应急性对口支援终究只是地方政府（官员）多重治理任务中的一种，其重要性并不永远靠前，它所能带来的直接和潜在收益亦不十分明确。故而，在政绩考核模式日益丰富、地方治理目标逐渐多元、区际援助关乎行政伦理等多种背景之下，应急性对口支援实践中同级竞争的色彩虽一直存在，但权重有所减小。同时，在灾难面前，柔性的情感因素也是促进应急资源流动的重要动因。有鉴于此，本文在充分汲取前人成果的基础上，主张以"分工"代替"竞争"，尝试用"控制性分工支援"过程（如图1所示）来认识应急性对口支援的动员机制。

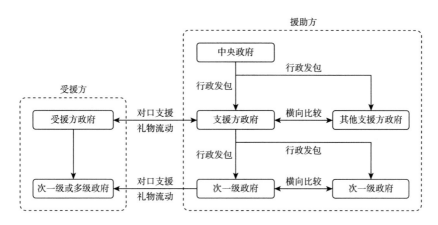

图1 控制性分工支援过程示意

（一）基于纵向势能的垂直控制

针对如何描述中央与地方关系、怎样刻画政策落地逻辑、何以认识政府治理机制等问题，学界先后诞生过压力型体制、政治势能等重要概念。总体上，它们刻画的是一个政府机构内部自上而下的垂直控制体系。这是中国的央地关系和党政关系中极为特殊的一面，其中蕴含的是强大国家能力（尤其是组织动员能力）的生成密码。

对于应急性对口支援来说，压力型体制的分析框架具有较强的解释力。在压力层层传递的控制性环境当中，干部对上负责成为一条"铁律"，下级必须不折不扣地贯彻上级的意图。[25]同时，为了确保某一任务能够如期完成，上级还会将数量化的任务分解机制、各部门共同参与的问题解决机制以及物质化的多层次评价体系引入其中。[26]如此一来，纵向压力既帮助国家完成了救助义务的向下转嫁，也推动并塑造了下级的横向协作[27]。从其作用而言，它很好地帮助了我们理解为什么中国有着远超其他国家的动员能力。

除了压力型体制，另一个新近出现的理论概括也有助于我们理解垂直控制的动员环境，那就是"政治势能"。与西方国家不同，中国的政府过程当中有两条主导性原则：党的领导和群众路线。其中，前者是党和国家的根本所在，并决定了公共政策执行的最终走向，亦即"高位推动"。中国共产党运用政治势能推动了公共政策的落实落细。如果脱离了党的领导这个根本前提，包括应急性对口支援在内的其他一切政治现象都将无从谈起。在具体实践中，中国共产党希望通过"党的领导在场"来提升政治势能，并以此给危机治理带去更大动能。

具体言之，一方面，从央地关系的角度来看，处于科层制体系中的地方政府听命于上级政府本质上是一种强制遵循。不同于一般性的行政事务，应急性对口支援是一种典型的目标任务。为了尽可能减少重大突发事件所造成的生命和财产损失，中央政府希望构建的是一种如臂使指般的高效率应急救援机制。因此，中央所下达的支援任务是一种基于命令与服从结构的强制性要求，具备极强的严肃性，相关地方政府必须高质量完成。与此同时，任何试图变通的行为也都将受到严厉的惩处。所以，在特定时间内，组织协调好应急性对口支援工作甚至会成为一项中心任务，党政机关的主要领导都会将目光聚集于此。另一方面，从党政关系的角度来看，以党领政、党政合作的治理机制是央地共同参与应急性对口支援实践的主要路径。在绝大多数情况下，对口支援被定性为一项必须完成且十分光荣的政治任务。而将这种跨域联结机制从经济发展领域移植到应急管理领域以后，对口支援的政治任务属性得到了进一步加强。在具体实践中，无论是党中央，还是地方各级党委，都对应急性对口支援机制倾注了极大心血。其逻辑在于，作为唯一的执政党，中国共产党一旦进入国家系统，承担起相应的政治和行政的领导职能以后，其"总揽全局、协调各方"的领导核心作用就会得到进一步加强，所能动员的应急资源也会进一步充实。而这对于危机化解的作用不言而喻。

（二）参照横向比较的考核激励

在动员阶段，建立基于政绩考核的激励机制亦十分关键。[28]正所谓"八仙过海，各显神通"，通常而言，中央政府所下达的应急支援命令往往是较为笼统的。因此，对于如何组织支援、怎样恢复常态等问题，中央一般仅做原则性规定，而无具体的规范要求。这样做的最主要好处在于，可以以此来充分激发地方政府和官员的能动性与创造力。现阶段，尽管各地在支援模式上有着各自的选择与特色，但对于其中的绝大多数而言，都在从上到下的政策执行中有一个逐渐细化、层层分解的过程。对待这种现象，可以从纵向发包和横向竞争两个维度来理解其中蕴藏的机制设计。

这套机制设计的第一个维度根植于一个流行很广的概念，即行政发包制。它所刻画的行政事务层层发包和内部控制特征[29]，在应急性对口支援实践中体现得相当充分。以省际应急性对口支援为例，一方面，支援任务依照着政府的行政层级有一个自上而下的逐级发包的过程，省级政府在从中央那里受领支援任务以后，又会将之分派给下属机构与部门[30]。这也是相当一部分县级政府履行了具体事权的主要原因。另一方面，发包完成以后，上级部门会充分发挥正向和负向两种激励的功能，从而确保被定性为"政治任务"的应急性对口支援能够圆满完成。

第二个维度是基于横向比较分析的"政治锦标赛"。对于应急性对口支援动员机制研究（尤其是支援方政府激励因素探析）而言，相对绩效而非绝对绩效概念的引入起到了拨云见日的作用。从实践抽象的角度来看，无论是中央面向省级政府的任务下达，还是在此基础上省级政府面向所属市县及省直单位等的进一步摊派，都能被简化理解为一场"锦标赛"的发起。在这场"锦标赛"中，一旦上级设定好对口支援目标，所有的"运动员"（支援方政府）就都处在同一条起跑线上，面临相似的支援任务，接受同样的成绩（支援效果）考核。于是，一个存在于支援方政府之间的横向比较机制就此建立。一些实证研究进一步表明，在支援过程中，处于同一级别的政府官员会通过相互竞争，以更出色的支援成效来获得上级认可。

以上纵横两个维度的分析构成了周黎安理论的核心。借用他的比喻来说，在行政发包制遇上政治锦标赛以后，两者之间便产生了一种互补关系——实现目标的激励与实现目标所需的资源与空间的互补。一方面，行政发包制赋予了支援方政府极大的行动空间和支配自由，以促使它们更加自主地完成支援任务。另一方面，横向竞争的形成既对下级产生了强大的晋升激励，也进一步巩固了上级的控制权和权威。于是，借助纵横两个维度的力量，一套要素多元、相互作用的激励机制就此建立起来。但也要看到，无论是行政发包制还是政治锦标赛，关于其逻辑是否真的成立的争议都始终不断。尤其是针对后者的挑战与质疑，更是经久不息。一些实证研究表明，政治锦标赛"所预测的官员经济业绩与晋升概率之间的正相关关系不是一成不变的"[31]。随着干部考核评价机制的逐步完善，政治锦标赛的解释力正逐渐减弱。这也是本文主张以"分工"代替"竞争"的重要原因。

（三）嵌入礼物流动的情感相依

由于对口支援较多地采用了在中央政府主导下，援助方无偿向受援方提供各种支持以促进资源定向流动的运作模式，有学者提出，对口支援本质上是一种"政治性馈赠"[32]。通过对口支援机制，人财物等资源完成了礼物化的转变。其意义在于，它既形成了馈赠者与受赠者的分离，又在频繁的横向交往中密切了二者间的联系。对于本文而言，将对口支援视为礼物馈赠，从物的视角和情感的柔性维度[33]来认识和解释府际交往实践无疑是一条新的研究思路。

20 世纪初，马凌诺斯基通过对新几内亚土著社区进行的田野调查，揭示出一种未被过多关注的交换形式——库拉。他发现，"财富的给出和接受是社会赖以组织、酋长的权力赖以显示、亲属关系赖以维持、法定关系赖以体现的主要手段"[34]。而几乎在同一时期，莫斯也发表了日后成为礼物研究领域最重要文本之一的《礼物——古式社会中交换的形式与理由》。他敏锐地关注到古式社会中给予、接受和回报这三种义务之间的内在逻辑关联。他提出，礼物在被赠出以后便具有了一种不可让渡性，这种借助了超自然力量的不可让渡性解释让毛利人的礼物交换体系得以延续。得益于莫斯的论证，古式社会中由礼物交换形成的"总体呈现体系"被全然揭示出来。但更具现实意义的是这种明确规定了"馈赠"与"回礼"义务的礼物交换模式直接促进了部落与部落之间在仪式、婚姻、财物继承等方面的互补与合作[35]。

与西方社会不同，中国语境下，任何试图将馈赠者与受赠者进行严格分离的尝试都是极其困难且注定失败的。这是因为在礼尚往来的文化氛围中，同一主体在两种角色间的互换十分频繁。因此，当研究者把目光转向中国人的礼物交换实践时，就会发现有着浓厚礼物往来氛围的中国社会在无形中绘就出一副有别于西方的礼物流动图景，并且这一特征在广袤的中国农村体现得尤为明显。在《礼物》中，莫斯所要极力传达的核心信息是一种附着于礼物之上的义务性的馈赠与回礼。虽然这一现象在中国传统社会中亦可觅得踪迹，但在莫斯的视野以外，对于黑龙江下岬村村民乃至整个中国情境而言，礼物交换的达成并不需要求助于任何神秘主义解释的力量。在更多情况下，礼物"被视为传达重要的精神信息——诸如关心、眷恋、道德关怀和感情联系——的最有力和最受欢迎的工具之一。因而，礼物创造出送礼者和受礼者之间的精神联系"[36]。

回归到应急性对口支援的研究视域，如果说既有文献侧重于从主体性视角对礼物流动这一现象进行分析，那么倘若将研究视野进一步扩大，被视为礼物的发展性资源的跨地区、跨组织、跨层级流动是否仍然支持莫斯等人的结论，抑或构成反对？应当看到的是，应急性对口支援机制的建立及持续生效，并不是仅仅依靠纵向发包和横向分工的刚性约束，基于礼物流动的柔性维系在这一政策过程当中也扮演了重要角色。因此，同扶贫送温暖等活动一样，应急性对口支援还是一种"缘情治理"机制[37]。各种应急资源与力量以礼物之名，依照馈赠的形式，完成了跨地区、跨组织、跨层级的流动。而这种特殊礼物出场的意义绝不仅限于酌盈剂虚和填平补齐。从更深层次来看，它在使受灾人民感受到温情脉脉的情感关怀与物质支持的同时，也构建出国家的在场，彰显了国家治理和政府责任的本质意涵。更进一步来说，应急性对口支援之所以能够持续生效，甚至产生出"礼尚往来"的良性互动，情感因素在其中的维系作用不容忽视。

四 结论

通过对话语技术及其运用的分析，本文着重关注了应急性对口支援的动员体系和运作机理。其中，前者关心的是应急性对口支援如何形成认同聚合，后者则旨在从理论层面提炼出一种分析跨域应急协作何以持续生效的解释框架。对如上两个问题的回答是本文的核心所在。

分析表明，为了扩大应急资源集聚的程度与向度，中央及各支援方政府逐渐形成了一套极具操作性和可行性的危机动员机制。从其本源来看，这种动员机制所主要依靠的是自上而下的行政力量，运用的多是隐喻式的战时叙事话语。其中的核心逻辑在于，危机管理者要从话语角度论证支援行动是政治任务、法律义务和行政伦理的集合体，并以此来获得各级组织对支援实践的广泛认同与有序进行。

三重"包装"各有分工，又环环相扣。首先，将支援行动刻画为政治任务。如此一来，仅凭话语技术的策略性运用及其附带的正向与负向激励机制，应急性对口支援便成为一项必须完成的刚性任务。在政治性和严肃性都得到大大加强的同时，也通过"一把手工程"确保了任务的高质量完成。其次，将支援行动确立为法律义务。这样做的目的在于，能够进一步建立对参与主体的刚性约束。通过法律条文和行政协议等的确认作用，应急性对口支援既完成了自身的法治化再造，也转变为一种援助方的应尽责任。从某种意义上说，强制性是它能始终保持运行的核心密钥。最后，将支援行动升格为行政伦理。其主要面向是，强化援受双方之间的柔性维系。尽管应急性对口支援作为政治任务和法律义务的一面被揭示以后，其运行得到了基本保障。但倘若能进一步论证其中蕴含的政府伦理责任以及支援行动的道德合理性，那么可以预见的是，拒斥支援的声音就会进一步走向弱化，而参与者的认同度和荣誉感则会持续攀升。这样一来，政策执行的内部阻力就会大大减弱。至此，通过对应急性对口支援三种属性的综合话语塑造，行政体系内部的危机动员正式完成。

当各类应急资源以立体化动员的方式完成集结以后，新的问题又出现了。这种通过话语的治理方式为何持续有效？在充分借鉴前人研究的基础上，本文主张用"控制性分工支援"过程来认识应急性对口支援在资源调配过程中的持续生效机制。

第一，压力型体制缔造了一个垂直控制的制度与政策运行环境。在这种环境当中，不折不扣地贯彻上级意图是下级履职尽责的首要任务。尤其是在"党的领导在场"成功构建以后，应急性对口支援的政治势能得到了进一步加强，由此产生的危机治理动能也随之明显提升。第二，从纵向发包和横向竞争两个维度来看，应急性对口支援实践的开展有一个逐渐细化、层层分解的过程。体现在分工支援的实现方式上，便是事权层层转嫁和相对绩效考察。这样做的好处在于，可以促进实现目标的激励与实现目标所需的资源与空间的互补。第三，应急性对口支援并不是一种只有工具理性的行政行为。从礼物视角来看，它还是充斥着情感互动的地区间联结。借助应急性对口支援这一特殊的"礼物"，原本不易捕捉的国家治理和政府责任得以具象化、实在化，而这正是中国式跨域应急协作能够持续生效的重要原因。

参考文献

［1］徐勇，陈军亚. 国家善治能力：消除贫困的社会工程何以成功［J］. 中国社会科学，2022（6）：106-121.

［2］符平，卢飞. 制度优势与治理效能：脱贫攻坚的组织动员［J］. 社会学研究，2021（3）：1-22.

［3］李正新. 政治动员中的国家话语与青年选择——基于中国高校征兵动员 20 年变迁的分析［J］. 中国青年研究，2022（8）：102-111.

［4］刘晗. 从巴赫金到哈贝马斯——20 世纪西方话语理论研究［M］. 成都：西南交通大学出版社，2017：120.

［5］诺曼·费尔克拉夫. 话语与社会变迁［M］. 殷晓蓉，译. 北京：华夏出版社，2003：62.

［6］郝晓宁，薄涛. 突发事件应急社会动员机制研究［J］. 中国行政管理，2010（7）：62-66.

［7］胡雨濛. "防疫"标语的健康动员：话语策略、框架与权力结构［J］. 国际新闻界，2021（5）：86-105.

［8］林鸿潮. 战时隐喻式应急动员下的问责机制变革［J］. 法学，2022（9）：62-74.

［9］朱玉知. 环境政策执行研究：基于模糊—冲突模型的比较案例分析［M］. 北京：北京大学出版社，2019：74.

［10］魏星. 我省援沪医疗队紧急集结出征［N］. 江西日报，2022-04-04.

［11］王翔. 重庆市援沪医疗队奔赴上海抗疫一线［N］. 重庆日报，2022-04-15.

［12］杨华. 县乡中国：县域治理现代化［M］. 北京：中国人民大学出版社，2022：128.

［13］卢金增，司旭. 渎职受贿交织，肥了自己坑了国家［N］. 检察日报，2018-06-19.

［14］任维德. 检视与展望：对口支援西部民族地区 40 年［J］. 内蒙古大学学报（哲学社会科学版），2019（3）：19-25.

［15］张敏. 政府间行政协议：黄河流域协同治理的法制创新［J］. 宁夏社会科学，2022（2）：60-70.

［16］吕志奎. 区域治理中政府间协作的法律制度：美国州际协议研究［M］. 北京：中国社会科学出版社，2015：223.

［17］《河南省对口支援江油市恢复重建志》编纂委员会. 河南省对口支援江油市恢复重建志［M］. 郑州：中州古籍出版社，2018：569.

［18］黑格尔. 法哲学原理［M］. 范扬，张企泰，译. 北京：商务印书馆，1961：116，164.

［19］托马斯·潘恩. 潘恩选集［M］. 马清槐，等译. 北京：商务印书馆，1981：254.

［20］马国泉. 行政伦理：美国的理论与实践［M］. 上海：复旦大学出版社，2006：57.

［21］克鲁泡特金. 互助论：进化的一个要素［M］. 李平沤，译. 北京：商务印书馆，1963：264.

［22］盖依·彼得斯. 美国的公共政策——承诺与执行［M］. 顾丽梅，等译. 上海：复旦大学出版社，2008：593.

［23］姚尚建. 作为社区应急机制的"邻居"——基于积极公民的跨组织分析［J］. 浙江社会科学，2022（7）：50-58.

［24］钟开斌. 控制性多层竞争：对口支援运作机理的一个解释框架［J］. 甘肃行政学院学报，2018（1）：4-14.

［25］荣敬本，等. 再论从压力型体制向民主合作体制的转变［M］. 北京：中央编译出版社，2001：172.

［26］杨雪冬，胡天宇. 压力型体制：一个描绘和解释中国政府运行机制的概念［J］. 治理研究，2024（2）：35-43.

［27］彭勃，庞锐. 机制演进的分水岭：流域污染治理中纵向压力如何推动横向协作？［J］. 行政论坛，2022（4）：38-47.

［28］李楠楠，赵秋雁. 府际财政应急援助的嵌入式协同治理机制构建［J］. 行政管理改革，2024（2）：35-44.

［29］周黎安. 行政发包制与中国特色的国家能力［J］. 开放时代，2022（4）：28-50.

［30］姚尚建，梅杰. 对口支援的城市出场——政策、空间与行动［J］. 安徽师范大学学报（人文社会科学版），2022（5）：47-57.

［31］梅赐琪，翟晓祯."政绩出官"可持续吗？——挑战晋升锦标赛理论的一个新视角［J］. 公共行政评论，2018（3）：7-27.

［32］李瑞昌. 中国特点的对口支援制度研究——政府间网络视角［M］. 上海：复旦大学出版社，2016：79.

［33］杨帆，徐晓珊，苏敏. 省际医疗对口支援制度变迁的分析与研究［J］. 医学与哲学，2024（7）：51-56.

［34］马凌诺斯基. 西太平洋的航海者［M］. 梁永佳，李绍明，译. 北京：华夏出版社，2002：148.

［35］马塞尔·莫斯. 礼物——古式社会中交换的形式与理由［M］. 汲喆，译. 北京：商务印书馆，2019：19-24.

［36］阎云翔. 礼物的流动——一个中国村庄中的互惠原则与社会网络［M］. 李放春，刘瑜，译. 上海：上海人民出版社，2000：209.

［37］王雨磊. 缘情治理：扶贫送温暖中的情感秩序［J］. 中国行政管理，2018（5）：96-101.

基于危机生命周期理论的洪涝灾害应急管理策略探讨

——以安康市为例

孙振杰　来婉欣*

摘　要：本文在危机生命周期理论的框架下，从危机酝酿期、危机爆发期、危机扩散期以及危机恢复期四个阶段，以安康市为例研究洪涝灾害应急管理。研究发现，该市在洪涝灾害应急管理中面临应急预案机制存在"单一性"、应急响应机制存在"延迟性"、应急保障机制欠缺"整体性"以及灾后重建机制"碎片化"等问题。基于本市特殊地理位置，为了有效应对洪涝灾害，安康市应当采取构建多元治理主体，完善预测预警机制；细化应急响应措施，建设高水平救援队伍；控制灾害发展趋势，防范次生危机发生；完善洪涝灾害风险评估，构建针对性补偿机制等应急管理策略。

关键词：危机生命周期理论　洪涝灾害　应急管理

一　引言

近年来，随着社会主义现代化的推进，公共安全事件的发生频率与危害程度都被限制在可控的水平内，但自然灾害的影响难以控制，众多自然灾害中，洪涝灾害的可控程度小、波及面积大且救灾工作难度大以及灾后重建工作困难等特点都使得它成为基层政府应急管理的重难点之一。[1]2022年，我国自然灾害以洪涝、干旱、风雹、地震和地质灾害为主，台风、低温冷冻和雪灾、沙尘暴、森林草原火灾和海洋灾害等也有不同程度发生。全年各种自然灾害共造成1.12亿人次受灾，因灾死亡失踪554人，紧急转移安置242.8万人次；倒塌房屋4.7万间，不同程度损坏79.6万间；农作物受灾面积1207.16万公顷；直接经济损失2386.5亿元。①

关于洪涝灾害的研究，主要集中在以下几个方面。李云新和阮皓雅认为，随着国

---

* 【作者简介】孙振杰，西北政法大学商学院（管理学院）副教授，研究方向为应急管理、营销与危机管理；来婉欣，西北政法大学商学院（管理学院）硕士研究生。

① 资料来源：2023年1月应急管理部发布的信息。

内新公共管理理论和治理理论研究的不断推进,"全能国家"逻辑逐渐被多中心治理主体和社会共治的理念代替。[2]马晓东指出,由政府、市场以及社会组织组成的灾害协同治理模式才是我国灾害应急管理的新方向。[3]邢振江在对新时代灾害治理的变革研究中,明确表明基层政府灾害治理要从文化层面、主体层面、制度层面以及技术层面完善治理体系,提升治理能力。[4]

我国在应对洪涝灾害的治理措施选择上主要集中在事前防御治理,即通过大规模地修建防洪工程减少灾害发生的频率。然而,随着政府治理能力与水平的提高,人民对灾害发生时的防御需求以及灾后的重建需求提升,传统意义上的"重防御、轻治理"已经不能满足现代化的灾害治理需求,政府需要建立完善的应急管理体系,将事前防御、抢险救灾、灾后重建以及灾后总结教育等多个步骤落实到位,做到工程措施与非工程措施的结合,将灾害的损失降到最低,最大限度地保护人民的生命财产安全。

二 危机生命周期的理论阐释

危机生命周期最初由斯蒂文·芬克在 1986 年提出,指企业危机的生命周期,主要有"征兆期""发作期""延续期"以及"痊愈期"四个阶段。后被引入公共管理专业用于分析公共危机发生的各个阶段的特征。斯蒂文·芬克认为,危机是一个动态的发展过程,从最开始的产生到最后的消亡,经历一个完整的生命周期,在不同发展时期有不同的生命特征。

第一阶段为危机酝酿期,主要指在危机发生之前,危机各潜在因子的聚集,在该阶段有效防范危机能达到最大的危机规避效果。第二阶段为危机爆发期,即危机的表征出现的第一时间,也是突发性最强的阶段,该阶段危机的发生在物质和精神上会带来极大的损失。第三阶段为危机扩散期,主要涉及主危机发生后衍生出次生危机,比如洪涝灾害可能会导致瘟疫疾病、农作物房屋受损严重等危机,政府在该阶段要做到对次生危机的及时防范。第四阶段为危机恢复期,主要指在政府等公共部门的主导下,有序恢复正常生活的过程。在危机生命周期的各个阶段,政府部门尤其是基层政府对危机的应对至关重要。

三 基于危机生命周期理论的安康市洪涝灾害应急管理

(一)安康市洪涝灾害基本概况

安康市位于陕西的最南部,地域辽阔,地理位置特殊,因为有秦岭山脉的存在,安康市是名副其实的"山城"。市内人口分布以汉滨区最为集中,其余市县受灾情况不尽相同,因此本文主要对汉滨区及其周边市县的受灾情况与灾害治理情况进行调研。

同时，本文主要对近 20 年汉滨区发生的洪涝灾害进行统计，灾情选择依据以具体受灾人数、紧急转移安置人数、经济损失等数据为主。近 20 年内，安康市发生的不同规模的洪涝灾害共计 10 余次，其中造成较大损失的分别发生在 2005 年 10 月、2007 年 8 月、2010 年 7 月、2020 年 8 月、2021 年 9 月（见表 1）。从以上发生时间可知，安康市洪涝灾害多发于夏季 6 月和 9 月之间，具有明显的时间特点。

表 1　近 20 年安康市重大洪涝灾害受灾情况

时间	灾情地点	受灾情况
2005 年 10 月	全市 8 个区县 146 个镇受灾	全市受灾人口 114 万人，因灾倒塌房屋 6014 间，直接经济损失 7.5 亿元
2007 月 8 月	汉滨区、紫阳县、宁陕县	全市 60% 以上乡镇不同程度受灾，死亡与失踪 60 人，直接经济损失达 2.8 亿元
2010 年 7 月	全市 9 个区县 168 个镇受灾	全市受灾人口 65.31 万人，倒塌房屋 6303 间，直接经济损失 8.809 亿元
2020 年 8 月	全市 7 个区县 44 个镇受灾	全市共计 29233 人受灾，一般损坏房屋 245 间，直接经济损失 3100.764 万元
2021 年 9 月	全市 9 个区县 98 个镇受灾	全市共计 56748 人受灾，一般损坏房屋 374 户 751 间，直接经济损失 3.2 亿元

（二）安康市洪涝灾害治理现状

1. 洪涝灾害治理组织形式

安康市针对全市洪涝灾害应急处置工作，主要以《中华人民共和国防洪法》《陕西省防汛应急预案》以及《安康市突发事件总体应急预案》等法律法规为基础，结合城市灾害实际情况，制定了《安康市防汛应急预案》，预案中明确规定了安康市地区洪涝灾害应急管理各主体之间的权责界定与协作方式。在市、县（市、区）、镇（街道）之间设立了统一指挥的防汛抗旱指挥部，各部门和单位可以根据工作需要设立分级指挥机构，负责本部门和单位的防汛工作。

市防汛抗旱指挥部，主要负责组织指导全市范围内的防汛抗旱工作，机构内设有各类指挥长 5 位，成员单位共计 32 处，分别涉及教育、公安、文旅、交通、通信等多个方面（各成员单位的职责详细见表 2）。

表 2　安康市洪涝灾害治理相关部门的具体职责

分管领域	成员单位	具体职责
应急管理	安康市应急管理局	应急预案编制、演练、宣传，灾害综合风险评估、全市应急救援管理统筹等

续表

分管领域	成员单位	具体职责
监测预警	安康市水利局、安康市气象局、安康水电厂、安康水文水资源勘测中心	水情、气候监测，防御洪水预案编制、风险隐患排查等
交通保障	安康市交通运输局、安康市公路局、西铁集团公司安康车务段	保证交通运输系统在防汛救灾过程中的畅通等
信息通信	移动安康分公司、联通安康分公司、电信安康分公司、广电网络安康分公司、安康市人民政府新闻办、国网安康供电公司	保障应急通信、救灾用电的正常运转，做好信息公开与舆论引导等
安全保障	安康武警支队、安康市消防救援支队、安康市公安局、安康军分区战备建设处	负责进行抢险救援任务，维护防汛抢险秩序等
生态环境	安康市生态环境局、安康市林业局、安康市自然资源局	环境污染监测，协助洪涝灾害防治工程，提供灾后恢复重建保障
其他	安康市发改委、安康市住建局、安康市商务局、安康市文旅广电局、安康市民政局、安康市卫健委、安康市工信局、安康市财政局、安康市市场监督管理局、安康市教体局	统筹整合所需人力、财力、物力等资源，维护卫生健康系统、教育体育系统的正常秩序

2. 洪涝灾害治理措施

为了更好地应对洪涝灾害，安康市人民政府在 2022 年 5 月印发了《安康市防汛应急预案》，预案中详细说明了在洪涝灾害的不同发展时期，政府具体的应对策略及其展开形式。[5] 在洪涝灾害发生前，要实时监测气象水文、防洪工程、水库工程等信息，做好救灾抢险的思想、组织、工程、预案、物料、通信等方面的准备，要建立防汛信息系统与洪水风险图；要在洪灾发生第一时间及时掌握洪水发生时间与地点、受灾人口和洪水灾情信息，及时上报灾情，提供准确信息，按照预案设置好的不同等级汛情进行响应，不过在预案设置中各级响应并无较大区别，主要流程均为启动响应—安排部署—迅速上报——线救灾—灾情监测—汛情以及救灾情况通报[6]。在初步应急处置结束之后，逐步确保物资供应、交通电力、医疗卫生、治安保卫、资金技术、社会动员方面的基本保障，对可能发生的次生危机（山洪、决堤）等做好临界监测与紧急转移。在灾情恢复期，保证善后工作与分析评估工作的有序进行。

（三）安康市洪涝灾害应急管理过程中存在的问题

1. 危机酝酿期：应急预案机制存在"单一性"

危机酝酿期是危机发生的前一个阶段，致灾因子在该阶段呈现聚集的趋势与扩散的现象，同时该阶段也是控制危机会否发生以及发生后危害程度高低的最有利阶段。如果能够及时察觉危机并对危机进行评估，就能够以最小的损耗将危机限制在可控范围内，基层政府在具体的应对过程中也能达到更好的治理效果。[7] 通过最新印发的《安康市防汛应急预案》（2022 年）可知，安康市基层政府在应对洪涝灾害的过程中，沿袭了保守的"政府主导模式",在应急预案的编制中,主要涉及近 30 个政府部门,其中包括财政、房屋住建、公安、轨道运输等多个部门。由于安康地区常年发生洪涝灾害,已经存在防汛抗旱指挥部等常设机构,不同部门之间存在一定的协作机制,但从应急预案的编制中可以清楚看见在洪涝灾害的治理中治理主体选择的单一性,没有能够充分开发多主体之间的整合协作能力。一是群众这一主体,人民群众作为灾害的直接承受者,自身的抗风险能力与技术十分关键,群众组织人口基数大,涉及范围广,在灾害治理中具有明显的灵活性与自发性,但是安康市缺少对民众的救灾意识宣传与救灾能力培训。二是民营企业这一主体[8],该主体具有群众主体欠缺的整体性与经济性,在安康市历年的洪涝灾害中,已经有非常多的民营企业在灾难发生时组织员工进行救灾活动,在灾难发生后进行无偿捐赠以帮助社会正常秩序的恢复,但始终缺乏整体的规划。

2. 危机爆发期:应急响应机制存在"延迟性"

在洪涝灾害的危机爆发期,政府部门的应急响应能力在很大程度上决定了危机造成的损失程度。安康市基层政府对洪涝灾害的等级做出了详细划分,针对不同级别的洪涝灾害采取不同程度的响应措施,在市防汛抗旱指挥部的统一指挥下启动响应,但应急预案中还是存在以下不足。首先,针对不同级别应急响应的处置措施存在的实质差距并不大。虽然《安康市防汛应急预案》对灾害的等级做了划分,但不同级别的响应机制之间没有做出清晰的层级部门划分。从以往发生的重大灾害事件来看,不同层级的灾害之间管理需求不同,比如一级响应侧重预警、二级响应侧重处置、三级响应侧重处置与重大风险防控、四级响应侧重应急处置与灾后重建,且不同政府部门之间的应急管理能力与专业侧重点存在差别,响应速度也不同。其次,在对洪涝灾害的应急协同治理中,对管理者的决策能力要求较高,需要决策者同时具备多学科的专业知识。从安康市洪涝灾害治理的组织机构与运行机制可知,现阶段在安康市的洪涝灾害治理中缺乏"全能型"管理人才,灾害治理中的人员管理也欠缺一定的灵活性,同样重要的还有灾害治理中的决策体系。现有的城市公共事件应急处置中,决策体系偏陈旧机械,决策方法的选择欠缺"科学性"与"技术性",在危机响应阶段没有很好地利用信息平台构建等技术因素,还没有建立起来一个公开透明的行政规定程序,还需要增加资金投入以开拓信息搜寻渠道,增强对信息技术手段的学习与应用,构建资源优势互补的信息共享平台。

3. 危机扩散期:应急保障机制欠缺"整体性"

洪涝灾害之所以成为自然灾害中危害性最大的灾害之一,一是由于它的发生具有不确定性,二是由于灾害本身的破坏性,它发生时通常伴随着许多次生危机的出现。安康市地处秦巴腹地,呈现群山环绕的地理特征,城区主要房屋建筑均在低洼之处,在洪水发生后城市内涝的可能性较大,除此之外,也时常发生滑坡、山体崩塌、泥石流等灾害，它们给居民房屋、耕地等带来了二次伤害，并且次生危机造成的损失更具针对性和冲击性。危机扩散期是危机管理中的重要一环，从现实的治理实践中发现，基层政府将大部分的管理重点放在了危机爆发时期的紧急应对抢险工作上。从《安康市防汛应急预案》中可知，政府对灾害的善后工作主要由抢险补偿、社会补助、抢险物料补充、水毁工程恢复以及分析评估组成，其中并没有关于可能性次生危机的相关防救措施与补偿机制。从历史上几次重大洪涝灾害事件的经验来看，洪涝灾害过后时常发生大规模的瘟疫，主要是因为洪水过后出现大规模的人口流动与资源短缺，部分受灾群众暂居避难所等地，人口集中导致居住环境恶劣，加上附近倒塌的房屋建筑以及部分尚未运走的垃圾等，极易滋生和传播疾病[9]。以上这些可能发生的次生危机均未在应急预案中得到体现，因此基层政府现阶段的应急保障机制依旧欠缺一定的整体性与完整性。

4. 危机恢复期：灾后重建机制"碎片化"

由于洪涝灾害发生的突然性与危害性，基层政府在应对灾害的过程中会将重点放在危机发生前的预测与危机发生时的应对上，管理中心的偏移导致应对灾害过程中恢复阶段应急资源的流失，应急保障中的资金保障、技术保障、交通电力保障等重要支撑全部用于防汛救灾队伍的建立与物资的运输，灾后重建工作保障不足，灾害的善后工作主要依靠政府部门的抢险补偿、社会组织的自发救助，其余物料补充、工程修复等工作对民众灾后经济重建、房屋重建、心理重建帮助甚微，基层政府没有详细的灾害评估机制，就不能细化民众的各项损失，就无法进行对症下药的补偿救助。[10]也没有组织起社会志愿服务，社会组织自发的救助行为既不全面也不针对，最终达到的效果也是不理想的。政府没有建立起详细的灾害评估机制，无法在洪涝灾害发生的每个阶段去定责，而灾后恢复期，相关部门工作更容易产生"倦怠"，由于没有系统的重建工作指标，恢复期的工作更难细化展开，最终导致整个灾后重建机制呈现"碎片化"的特点。

四 危机生命周期理论下安康市洪涝灾害应急管理策略

（一）构建多元治理主体，完善预测预警机制

提升基层政府应急管理能力，需要构建多元主体合作治理的局面，除了基层政府及市防汛抗旱指挥部以外，企业、社会公众、社会组织等都能够参加到灾害治理的过程中来，这既能够拓宽灾害治理信息渠道，也能减低灾害治理成本。各主体通过政府部门的统一规划指导，根据不同因素组成临时救灾团体，也能在灾害发生的第一时间展开救援活动，以此增强群众的自救意识，将群众纳入抗灾救灾体系。政府部门应该组织动员起民营组织，根据企业的经营特点进行划分，呼吁医药、建筑、电信、食品

等行业积极参与到灾时物资供给中，灾后也可给予它们一定的政策支持，以此增强企业的抗灾救灾能动性，激发企业责任感。[11]预测预警机制的建立需要水利部门、气象部门、财政部门等多部门的合作，在危机发生前通过全时间段监测暴雨，设置水情站，实时提供河流、湖泊、水库等水体的具体情况，配合各部门做好防洪检查，根据洪水形成以及发展规律，结合水文气象数据做好洪水预报，设置洪水预报系统，同时根据不同水情设置不同等级的应急救援方案，充分利用信息平台共享实时数据，以便防汛抢险工作的高效展开。

（二）细化应急响应措施，建设高水平救援队伍

危机爆发期的应急响应措施直接决定了灾害治理的成效，在洪涝灾害应对预案编制中，需要根据以往受灾具体情况进行细化，划分依据可以是受灾地区、受灾严重程度、灾害承受能力等。不同地区的实际受灾情况与灾害承受能力是不同的，救灾资源也应该做好区分，其中要注意工程性救灾与管理性救灾的平衡，不仅要在第一时间加强防洪堤坝、加固水闸，同时还要组织社会力量，及时转移受灾人群，避免人员伤亡；在响应阶段还需要同时关注气象信息，防止灾情的进一步恶化。在细化响应措施的前提下还需要重视防汛抢险部门的人才队伍建设。受到全球气候变暖的影响，极端天气发生的频率加剧，现阶段的防汛抢险压力较大，为了防汛抢险工作的顺利展开，应该引入更多的专业技术人才，组织相关部门工作人员学习洪涝灾害治理的相关专业知识，使之认识到洪灾发生的突发性，加强素质培训与日常演练。同时，政府相关部门可以组成专家团队，其中成员应该囊括水利、气象、交通以及卫生等多行业的人才，组织学习讲解抗洪抢险救灾经验，保证防汛工作的高效性。在各地洪涝灾害的治理经验中，各地驻军、武警等队伍的力量不可或缺，他们在各类自然灾害救援中的作用十分重要，各地政府要以此为依托，保障应急救援物资，鼓励群众展开自救，形成统一救灾的大格局。

（三）控制灾害发展趋势，防范次生危机发生

洪涝灾害造成的损失程度之所以在众多灾害中居高不下，主要是源于它所衍生的次生灾害的危害程度。其一，主要是洪涝灾害会直接导致特殊性次生危机。例如，由于地势原因而形成的易涝地区同时也面临巨大的山洪暴发等风险，在发生洪涝灾害的同时即刻伴随着山体滑坡冲毁房屋建筑等巨大风险，这些次生危机带来的损失甚至会超越洪涝灾害本身，针对性与冲击性也更强。因此，相关部门应该在灾害发生前统计清楚次生灾害受灾群体的信息，按照房屋建筑地点与山洪暴发走势，清楚划分不同等级的易受灾人群，准确掌握每家每户的通信方式，保证日常配合相关抗洪救灾部门定期进行救灾演练，确保能在灾害发生的前夕做到精准预测，有效转移潜在受灾群体，

遵循"以人为本，先救人后救灾"等原则，将损失降至最低。[12]其二，重大自然灾害后都会出现一般性次生危机。首先是灾害直接造成的经济损失，洪水过境会直接导致当地的农作物减产，房屋建筑倒塌损毁，农产品加工业、轻工业等原料成本提高，企业减产甚至是停产。其次就是重大灾害过后，要防止疫情的发生给当地人民带来二次伤害。针对这些一般性的次生危机，政府更需要做出详细周密的预案计划，对于灾害造成的经济损失，政府部门要发挥主导者的作用，除了制定有效的补偿机制，保障基本生活之外，还要鼓励民营企业等组织参与到社会恢复中来，在确保企业自身运转的前提下稳定农作物等产品的收购量与收购价格，分担个体种植户的损失，及时制定颁布对企业以及种植户进行补助减损等政策，加速社会秩序的恢复。

（四）完善洪涝灾害风险评估，构建针对性补偿机制

具体受损程度是灾后进行补偿救助的根本依据，脱离了实际受灾情况的救助行动是没有根本的，相关部门应该依据受灾人数、受灾程度、农作物受损等具体情况开展具体的风险评估。[13]我国现在还是采取传统的灾害补助机制，主要在政府的主导下统一推进，但现阶段灾害发生的特点与频率已经发生变化，政府也在不断地转变职能以提高公共服务水平，政府部门、社会组织、民营企业等多元主体合作的长效灾后补偿机制已经初步形成，并且已经取得了非常好的成效。但是灾后救助的针对性与有效性依旧需要增强，政府部门需要在灾害评估的基础上完善灾后补偿机制，构建人口损失、房屋损失、农作物损失、经济损失等具体损失指标，在此基础上细化损失二级指标，根据《国家自然灾害救助应急预案》《自然灾害救助条例》等的规定，结合具体受灾情况进行针对性补偿，如此更符合补助资金管理要求，更有利于灾后的重建及恢复。同时在灾后，还要加强对公民进行灾害教育，根据具体受灾情况，可以以社区为单位，定期进行自然灾害防范应对知识与技能的讲解，创新宣传方式，增强公民的水患意识，增强群众自救能力与自救意识，增强地区灾害承受能力。

五　结语

随着我国政府治理能力与水平的提高，目前洪涝灾害应急管理的工程性技术手段已经趋于完善，下一步必须实现工程措施与非工程措施（管理技术）的结合。本文通过在危机生命周期的视角下对安康市洪涝灾害治理的研究，证实了把握危机生命轨迹对于危机治理的重大意义，应当在危机生命周期的不同阶段做到有侧重性的预防与应对，危机生命周期的不同阶段治理侧重点也有所不同。随着气候变化带来的不确定性增大、城市化进程的加剧、可持续发展理念的不断渗透等，洪涝灾害治理的未来趋势也在发生变化，新的变化也带来了新的机遇，灾害治理要建立综合性的防灾救灾体系，

治理理念与治理手段也需要不断更新，要更多地将灾害治理与理论体系、智能化工程相结合，要在灾害治理全过程始终坚持"以人为本"的基本原则，政策的制定与实施要更多地体现出"人性化"的特征，在众多基础上建立起完善的应急管理体系。

参考文献

[1] 杨羽菲. 中山市防洪减灾思路与对策研究 [J]. 广东水利水电，2023（10）：60-64.

[2] 李云新，阮皓雅. 自然灾害协同治理的实践过程与运行逻辑——以四川雅安为例 [J]. 西南民族大学学报（人文社科版），2018，39（3）：193-198.

[3] 马晓东. 政府、市场与社会合作视角下的灾害协同治理研究 [J]. 经济问题，2021（1）：18-22.

[4] 邢振江. 新时代灾害治理变革：框架·趋势·路径 [J]. 吉首大学学报（社会科学版），2023，44（2）：70-81.

[5] 宋刚勇，胡洪浩，杨茂松等. 重庆市 2023 年洪涝灾害防御实践与思考 [J] 中国防汛抗旱，2024，34（1）：73-77.

[6] 杜文瑄，施益军，徐丽华等. 韧性理念下流域洪涝灾害治理及规划启示——以韩国汉江为例 [J]. 上海城市规划，2022（6）：40-47.

[7] 吴欢，吴玮. 洪涝全过程自然灾害评估研究及应用实践 [J]. 中国减灾，2023（17）：27-30.

[8] 刘伟俊，杨丹. 城市巨灾风险协同治理机制及其优化路径研究——基于 SFIC 模型的视角 [J]. 城市发展研究，2022，29（3）：12-16.

[9] 李明. 突发事件治理话语体系变迁与建构 [J]. 中国行政管理，2017（8）：139-144.

[10] 文刚，张津榕. 基于危机生命周期的地铁恐袭事件应急管理研究——以比利时布鲁塞尔地铁爆炸事件为例 [J]. 城市与减灾，2018（2）：19-25.

[11] 谌舟颖，孔锋. 河南郑州"7·20"特大暴雨洪涝灾害应急管理碎片化及综合治理研究 [J]. 水利水电技术（中英文），2022，53（8）：1-14.

[12] 陈军飞. 推进城市洪涝灾害治理现代化的重点与难点 [J]. 国家治理，2021（37）：17-21.

[13] 胡象明，邹彤彤. 我国城市洪涝灾害治理政策的特征与效力研究 [J]. 广州大学学报（社会科学版），2022，21（6）：119-130.

VUCA 时代创新生态系统的生态化治理及其评价*

刘岚治昊**

摘　要：创新生态系统能够通过重构组织资源和能力等手段，帮助企业完成创新活动以应对危机或利用危机实现逆势增长。全球创新生态系统都面临 VUCA（易变、不确定、复杂、模糊）时代的不断考验，新的治理逻辑将是保障创新生态系统生存适应能力的关键。研究遵循"资源—能力—治理"的逻辑链路，识别并分析了影响创新生态系统治理的资源与能力两类关键条件，基于实践中创新生态系统应对 VUCA 挑战的各个阶段，提出了 VUCA 时代创新生态系统的三阶段治理机制，最后提出从生存适应性角度对创新生态系统的治理效果进行评价。研究为创新生态系统中的企业提供了新的治理机制选择，也为创新生态系统中企业持续获得创新能力及竞争优势，创新生态系统的生存与协调发展提供了理论支持。

关键词：VUCA 时代　创新生态系统　生态化治理　生存适应性

一　引言

当今世界正处于百年未有之大变局，科技革命、互联网浪潮、经济危机、地区冲突等多重因素，共同造就了复杂多变却又蕴含希望的 VUCA 时代。当我们在 VUCA 时代中探讨创新生态系统的治理时，首先需要认识到易变性、不确定性、复杂性和模糊性的复杂特征给创新生态系统带来了持续不断的新挑战。Lundvall 首次提出，在新的、有经济价值的知识的生产、扩散和使用过程中互相作用的要素和关系构成了创新生态系统[1]，创新生态系统中多主体的复杂关系，加之 VUCA 混合了四种不同类型的挑战，带来了创新资源管理难、创新主体协同难、创新过程管控难的治理挑战。这对创新生

---

* 【基金项目】国家自然科学基金面上项目"核心企业领导力及在技术创新战略联盟中的作用机理研究"（批准号 71972153）；教育部人文社会科学研究规划基金项目"从赋能到回馈：风险投资网络对创新网络的作用研究"（批准号 22XJA630007）；西安电子科技大学经济与管理学院研究生创新实践种子基金项目（批准号 YJSJ24008）。

** 【作者简介】刘岚治昊，西安电子科技大学经济与管理学院博士研究生，研究方向为创新管理。

态系统的生存和发展提出了新的要求，不仅要能够拓展对复杂环境的理解，还要能够及时处理和解决每个新挑战。

VUCA 既可以是颠覆创新生态系统的外部环境，也可以成为驱动系统变化的关键因素，但先前的研究仅强调了 VUCA 带来的负面影响。本文将 VUCA 作为研究创新生态系统治理的起点，沿着"资源—能力—治理"的逻辑链路，提出 VUCA 时代的系统生态化治理思路，同时论证了资源管控与利用和强化持续系统能力对于创新生态系统治理的必要性。并从生存和适应两个方面对创新生态系统的治理效果进行评价，全面分析治理机制在生态整合方面的优劣势，有助于企业掌握创新生态系统运行的规律从而更好地做出治理决策，探索创新生态系统高质量发展之路。

二 VUCA 时代的创新生态系统治理

VUCA 概念最早出现在冷战结束时，美国军方用之描述变化无常、难以预测的世界局面。随着自然灾害、工业事故和恐怖主义威胁等突变事件的增加，"黑天鹅"（小概率但强影响）和"灰犀牛"（大概率且强影响）事件层出不穷，VUCA 概念被引入描述瞬息万变的商业世界格局。[2]学者将当代组织所处的易变、不确定、复杂和模糊的环境定义为"VUCA"，具体反映易变性（volatility）、不确定性（uncertainty）、复杂性（complexity）和模糊性（ambiguity）四种典型特征。随着大数据、智能化、物联网等新兴技术的兴起与广泛应用，以及社会经济转型、产业升级等的加速，企业已经进入一个新的 VUCA 时代[3]，业界需要考虑制定具体的战略以应对这四种席卷环境的主导特征浪潮所带来的挑战。

（一）生态化治理需求

外部环境发生的剧变冲击着创新生态系统的生存和发展，给创新生态系统带来巨大的交互和协调困难，企业和企业所处的创新生态系统都不可避免受到各式各样变化事件的多元影响，现代化的快速转型推进打破了中国传统社会的"确定性"结构，不确定性作为一种新的结构性力量登场，不确定性是 VUCA 时代的核心表征，易变性、模糊性和复杂性皆由不确定性衍生而来。[4]因此，突出 VUCA 时代与多因素复合的背景，发挥契约治理与关系治理在维持创新网络良好关系状态中的重要作用，探索 VUCA 时代的创新生态系统治理要求，是明确创新生态系统治理关键要素与治理机制的重要前提。具体而言，易变性可能会使得创新生态系统持续面临时间未知且意想不到的挑战[5]；不确定性使得系统成员缺乏足够的信息和知识预测未来的变化趋势，导致创新生态系统主体很难利用过去的问题和事件作为未来的预测因素；复杂性是指创新生态系统外部环境中有许多相互关联的要素，但这些要素的数量或性质比较难以确定，提高了决策的困难程度，还可能会导致混淆；模糊性是指创新生态系统中因果关系复杂且不存在可以参照的标准[2]。

创新生态系统在遭受外部风险冲击时，表现出风险敏感性、抵御风险及迅速重组的能力[6]，是 VUCA 时代对创新生态系统提出的新要求。面对 VUCA 时代引致的不确定性，创新生态系统的复杂性、开放性、变革性进一步升级[7]，传统创新生态系统的治理手段失效，需要对创新生态系统的治理模式进行有针对性的再开发和再设计。数字经济时代，越来越多的企业开始从产品战略过渡到平台战略，并升级到生态战略，学者先后提出了创新生态系统的治理机制，主要涵盖控制机制、关系机制、激励机制三个方面，以应对不同的治理需求。但从生态系统理论的逻辑出发，系统本身就是一个持续演化的创新过程，主体的参与退出与价值的创造获取的不确定性与复杂性，使得治理需求随时可能发生转变。在充满不确定性的时代，系统主体更需要重视生态的规划和培育以及生态的整体利益。[8]

VUCA 时代创新生态系统的治理既要保障生态系统维持创新网络功能、适应环境变化的能力，又要尊重网络在整体意义上的动态结构调整。因此，从系统整体出发的生态化治理可能会更易于实现治理机制的动态调整。即在新一代数字技术的持续推动下，实现由创新生态系统核心企业主导、政府监督、其他参与者共治的生态治理。创新生态系统在 VUCA 时代的生存和适应需要有抗毁能力与逆势成长能力两个重要能力。创新生态系统治理作为创新生态系统生存和适应的重要保障，需要在不同阶段，以提高系统"反脆弱"能力或"逆脆弱"能力为目标，通过不同资源和治理机制的组合，实现创新生态系统中短期生存和长期适应成长相辅相成的治理效果。

(二)"资源—能力—治理" 的治理链路

随着创新网络逐渐让位于创新生态系统，生态特定优势发挥出更大的作用，具有网络效应、参与者互动、互补性资源等生态特定优势的关键要素都会对生态价值创造产生重要影响。[9]现有研究的治理视角主要集中于系统中的核心主体企业，随着VUCA 时代特征的不断强化，创新生态系统治理理论将面临比之前更为复杂的研究背景，如何保持创新生态系统的创新能力是企业所关注的重要现实问题。在治理过程中暴露出的治理主体模糊、治理对象嵌套、治理模式不足、治理机制不健全等具体问题也对原本的治理逻辑提出了挑战。[10]这一背景下，创新生态系统治理概念出现了微妙变化，尤其是开始关注超越生存与发展方面的能力、关注更复杂的生态架构与主体之间的互动关系。基于此，本文将"资源—能力"理论框架应用到创新生态系统治理之中，整合资源端与能力端双重视角，提出了"资源—能力—治理"的逻辑链路（如图 1 所示）。

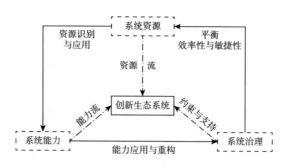

图 1　逻辑链路示意

从系统资源出发，Shaw 和 Allen[11]认为创新生态系统的路径也可以概念化为价值流的路径，对稀缺资源的有效利用和储存使创新生态系统成为重要的实体。VUCA 时代可能造成了创新生态系统的特殊脆弱性，即由于系统应对风险能力的高低（资源储备与利用能力等）、创新目标的难易程度，以及长期主义价值观引导下稳定持续的战略方向等要素而引发的系统易受干扰性或者系统脆弱性。沿着"资源—能力—治理"的逻辑链路，为了达到技术开发和创新这一目的，创新生态系统主体需要考虑他们的战略和风险偏好，以决定自身的资源投入。[12]创新生态系统首先需要有充足的信息资源、数字资源、关系资源，企业通过创造、识别、应用资源以应对不确定性，如此才能从中提高保障这些资源在系统中流通的信息处理能力、数字能力以及维系主体之间交互的协同能力。

从系统资源到系统能力，有学者提出适应 VUCA 时代所需的技能是敏捷性，即要在高度动荡的环境中拥有快速学习、适应、改变的能力。当创新活动发生在生态系统中时，多元化的外部企业可以贡献稳定的创新流[13]，但 VUCA 时代使得创新生态系统自身的创新流面对前所未有的知识产权、信息安全、数据鸿沟等问题，它们不仅会影响创新的效率，也会影响创新生态系统的稳定。治理与创新生态系统中的主体以及整个系统对动荡和不连续性的反应能力密切相关。正如刘景东等认为在开放式网络中，组织需要具备有效管理当前需求和适应未来发展变化的双元能力，当外部环境变化剧烈时，下一个时期内组织的双元就会产生适应性。[14]在创新生态系统之中具有互动需求的多边、异质参与者之间会为了实现共同价值主张，通过对自身能力的控制以及对其他参与者能力的影响作用于创新生态系统价值创造的过程。

从系统资源到系统能力再到系统治理的过程中，为了学习、响应、适应 VUCA 时代的不利情景，且能够快速改变以获得创新生态系统持久的生存和发展，需要匹配合适的治理机制以协调行动者与参与者之间的复杂关系。因此，在识别创新生态系统治理的关键要素之后，治理的核心目标是平衡创新生态系统资源与能力应用的效率性和资源与能力重组的敏捷性。同时也要意识到，这两个方面具有悖论特征，即低成本与高价值的兼顾平衡：一方面要为创新生态系统运转提供强有力的支撑，另一方面需要提供面对外部环境的不确定性与易变性的缓冲，保障创新活动的可持续性[4]。创新生态系统主体通过治理手段，实现系统中资源和能力的多次匹配组合，使得创新生态系统拥有抗毁与逆势成长两种能力，这两种能力决定了创新生态系统能否在易变、不确定、复杂、模糊的外部环境中，实现价值创造和价值获取。

三 VUCA 时代创新生态系统治理的机制与评价

VUCA 时代对创新生态系统提出了巨大的挑战，创新活动不存在任何固定不变的最佳模式，而必须持续进行动态调整和创新，以便对市场变化做出准确且迅速的反应。创新生态系统治理可以理解为企业与系统有效应对逆境事件的特殊能力，系统参与者成为创新生态系统的节点，参与者间的交互关系则是线，点和线构成了创新生态系统的基本框架，因此维持系统的稳定及促进系统主体的流畅交互是治理的核心问题，但现有文献在研究治理应用情景及治理机制等方面相对缺乏。对于创新生态系统整体而言，选择更具生态化特征的治理机制，能够推动系统稳定、高效运行并提升整个系统的技术能力和竞争力，沿着"资源—能力—治理"逻辑链路的治理机制可能会成为创新生态系统生存和适应环境以取得创新成果的关键。

（一）创新生态系统的治理机制

在 VUCA 时代，易变、不确定、复杂、模糊特征改变和提高了创新生态系统之中的关系互动频率，打破了以往参与者间的关系固化，此时创新生态系统治理机制的核心变为保障整个生态系统的短期生存和长期发展。正如李平提出的，VUCA 环境下，不可预测的逆境事件愈加频发，对创新生态系统的干扰严重性较强。[4] 在地缘政治与经济深度震荡的灾难危机，以及新全球化涌现的大变革与大转型时代环境中，治理主体需要变管控为赋能，为系统成员提供最大成长空间以催化生态系统在 VUCA 时代的抗毁和逆势成长能力：一方面通过治理机制帮助主体渡过难关以求得生存，另一方面尝试另辟蹊径实现系统的反思改进，最终"转危为机"，获得创新生态系统的逆势成长。[15] 同时，实践性研究发现，创新生态系统的松散耦合结构与实体生态系统的紧密耦合结构不同，松散耦合结构强调创新生态系统中内部结构的松散与主体行动的多元，创新生态系统治理还需要考虑具体举措的灵活与总体战略的统一之间的悖论选择。基于此，本文从 VUCA 时代创新生态系统面对逆境事件的反应阶段提出新的治理机制（如图 2 所示）。

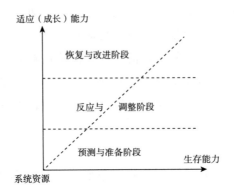

图2 治理机制示意

第一个阶段是预测与准备，即创新生态系统对风险的预测与应急管理。风险预测主要依靠提前检查和广泛收集与处理信息，尽量争取在逆境事件出现早期有所察觉与认知。这与动态能力中的信息处理能力有关，同时也包括系统主体对机遇和挑战两个方面的认知能力。同时，备用的宽裕资源可以帮助创新生态系统强化风险应急管理。应急管理一般可以通过事先预备各种风险应急预案等手段完成，应当特别关注风险应急管理的内生动力，培养系统参与主体前瞻性地研判风险的能力。尤其是要求在生态系统中占据所有者地位的主体拥有总揽全局、考虑长远的安排计划，具有未雨绸缪的前瞻性。[16]因此，创新生态系统的风险偏好与VUCA时代的特征存在内在矛盾张力，要达到系统完备、科学规范、运行有效的治理效果，首先需要在第一阶段实现风险规避具体举措的灵活与总体生存适应战略的统一。

第二阶段是反应与调整，即创新生态系统对已出现逆境事件的及时反应与迅速调整，其核心是时间维度的及时性与快速性，而这两者均高度依赖第一阶段的实现程度。创新生态系统只有有充足的风险应急管理能力，才能在逆境事情出现时，及时反应和迅速调整目标与战略。具体而言，及时反应主要依靠风险防范的可行性，而迅速调整则主要依靠风险应对的能力。同时，这也与创新生态系统能力中的行动力与资源协调能力高度相关，包括对风险和机遇两个方面的行动力与把控力。创新生态系统的反应与调整是对生态系统松散耦合结构的一次考验，一个核心的治理挑战是，领导者必须保留足够的控制权以确保生态系统的完整性，但同时又要放弃足够的控制权以鼓励参与者的生成式创新。系统既要全面动员参与者的力量，又要尽量动员最少的力量避免影响创新活动。这考验参与主体能否正确评估和应对逆境事件对自身的影响，随着时间的推移、风险的演化同步采取合适的规避行为。

第三个阶段是恢复与改进，即创新生态系统由于逆境事件冲击而产生的恢复与反思改进，其核心是内容维度的恢复与改进。创新生态系统不仅要能够在承受打击时，快速恢复至原有状态或功能，而且要超越打击，反思改进原有状态或功能。首先，需要根据实际应用的状态和风险事件反馈出来的机制运行不足，及时发现和诊断问题，寻求解决的工具方法。其次，基于逆境事件中主体反应与调整阶段暴露出来的不足问题和有价值的应对经验，提出新的战略目标或者针对性方案，以修正第一阶段的预测与准备机制，形成一个 VUCA 时代创新生态系统治理的闭环。这考验创新生态系统参与者能否突破逆境事件以获得新的突破，或者遵循"进化选择"理论，借助逆境事件筛选与创新生态系统更为契合的企业。修正后的治理机制会在下一次逆境事件冲击时，显露出新的缺陷，治理机制最终实现与创新生态系统发展同步的动态修正。

（二）基于生存适应性的系统治理评价

生存适应性这一概念最初来源于计算机领域，网络系统在运行过程中经常受到外界环境干扰或破坏，导致功能的减弱或丧失。Venkata 等认为不论是自然还是人工网络系统，都只有适应环境变化才能保持稳定并发展。[17]李黎等指出，网络生存适应性是指网络系统维持网络功能、适应环境变化的一种性能。[18]随后，"适应性"一词逐渐被引入管理学领域并成为衡量企业生存能力的重要指标。适应性拓展到实体网络层面，由于外界环境的复杂多变和不确定性，网络主体是否具有适应环境的能力决定了网络的生存与否[19]，孙冰和姚洪涛从基于复杂适应观和核心企业主导观构建的市场环境的视角分析了创新网络适应性[20]。伴随着 VUCA 环境下创新生态系统治理能力的不断调整，当前创新生态系统治理的效果急需一个评价标准，而能否在 VUCA 时代反思改进和转型已经成为创新生态系统存活甚至撬动未来发展的关键问题。

创新生态系统的治理效果反映了动态能力的平衡综合效用，即系统能否实现生存和适应能力的平衡。基于此，创新生态系统的治理效果可以从两个维度进行评价，即与反弹恢复密切相关的存活（surviving）效果，与超越提升密切相关的成长（thriving）效果。[5]存活效果主要考验创新生态系统治理能否提高系统的抗毁能力，Yin 等指出抗毁能力是当某些节点或关系遭遇故障时，网络保持原有绩效的能力，体现出网络抵御风险的能力[21]。创新生态系统的抗毁能力主要受系统生存能力的高低影响（数字、信息、应变能力等）[22~23]。如果生存能力较强，包括创新生态系统的创新资源以及边界资源能够合理重复利用，在遭遇内源性故障或外部技术冲击时就能维持正常运转[24]，系统就能够调用适当的资源以应对风险，系统的生存能力自然也就较强。

创新生态系统的成长效果体现为生态系统治理能够带来逆势反超的机会，动态演化的视角有助于更好地解析复杂环境下创新网络演化所面临的问题[25]，具体包括系统在稳定生存之后还能产生成果的创新能力，服务于新的目的和新出现的可能性的发展能力，以及维持互补创新关系的能力等。面对成员进入、退出或者联盟关系建立、断裂带来的稳定性变化[26]，系统主体必须懂得通过治理另辟蹊径[27]。主体的多元性使得治理过程中可能会出现治理对象嵌套问题[28]，此时创新生态系统的主导者应发挥能动性，一方面保障整个创新生态系统成员结构的合理，另一方面要拥有在所有者和最终用户之间同时有效地进行调解的能力，将多边用户的创新理念与行为嵌套在治理行为之中[29]。

四　结论

本文阐述了 VUCA 时代创新生态系统的生态化治理及其评价研究对于企业实践和理论研究的独特价值。研究发现：（1）易变性、不确定性、复杂性及模糊性的时代特征对创新生态系统发展提出了新的要求，以提高系统"反脆弱"能力为目标的生态化治理能够降低和控制 VUCA 给创新生态系统带来的风险；（2）聚焦于创新生态系统中的企业行为，结合创新生态系统演化规律发现，资源端与能力端双重视角下的"资源—能力—治理"逻辑链路能够帮助系统主体快速识别关键治理要素以匹配不同阶段的治理机制；（3）引入创新生态系统生存适应性的概念，从存活效果与成长效果两个维度对创新生态系统的三阶段治理效果进行评价能够响应系统短期生存和长期成长相辅相成的治理目标。在新一代数字技术的持续推动下，创新生态系统未来如何实现由核心企业主导、政府监督、其他参与者共治的生态治理，数字化如何赋能创新生态系统治理以及数字能力在创新生态系统治理（包括企业层面与生态系统层面）中的关键作用等问题值得进一步研究。

参考文献

[1] Lundvall B A.*National Innovation System of Economic Learning*: *Towards a Theory of Innovation and Interactive Learning*[M].London: Printer Publishers, 1999.

[2] Bennett N, Lemoine J G.What VUCA really means for you[J].*Harvard Business Review*, 2014, 92(1/2):27.

[3] 贾竣云，陈寒松. VUCA 环境下创业企业如何设计商业模式——基于意义建构视角的案例研究 [J]. 管理评论, 2022, 34 (10)：328-340.

[4] 李平. VUCA 条件下的组织韧性：分析框架与实践启示 [J]. 清华管理评论, 2020 (6)：72-83.

[5] Sarkar A.We live in a VUCA world: The importance of responsible leadership[J].*Development & Learning in Organizations*, 2016, 30(3):9-12.

[6] 李根，刘欣雨，刘家国等. 产业协同集聚如何影响制造业绿色韧性？——基于突变级数与双固定动态空间杜宾模型的实证分析 [J]. 中国管理科学, 2023, 31 (12)：249-260.

[7] 孙永磊，朱壬杰，宋晶. 数字创新生态系统的演化和治理研究 [J]. 科学学研究, 2023, 41 (2)：325-334.

[8] Daymond J, Knight E, Rumyantseva M, et al.Managing ecosystem emergence and evolution: Strategies for ecosystem architects[J].*Strategic Management Journal*, 2023, 44(4):1-27.

[9] Li J, Chen L, Yi J, et al.Ecosystem-specific advantages in international digital commerce[J].*Journal*

of International Business Studies, 2019, 50(9) : 1448-1463.

［10］肖红军，阳镇，姜倍宁. 平台型企业发展："十三五"回顾与"十四五"展望 ［J］. 中共中央党校（国家行政学院）学报，2020，24（6）：112-123.

［11］Shaw D R, Allen T. Studying innovation ecosystems using ecology theory [J]. *Technological Forecasting and Social Change*, 2018, 136: 88-102.

［12］Priem R L, Krause R, Tantalo C, et al. Promoting longterm shareholder value by "competing" for essential stakeholders: A new, multisided market logic for top managers [J]. *Academy of Management Perspectives*, 2022, 36(1) : 93-110.

［13］Tiwana A. Evolutionary competition in platform ecosystems[J]. *Information Systems Research*, 2015, 26(2) : 266-281.

［14］刘景东，许琦，伍慧敏. 网络情境下企业双元能力的动态适应与创新绩效 ［J］. 管理工程学报，2023，37（3）：16-25.

［15］钱悦，温雅，孙亚程. 乌卡环境下如何提升组织韧性？——基于组织学习的视角 ［J］. 南开管理评论，2024（2）：38-52.

［16］Mort G S, Weerawardena J. Networking capability and international entrepreneurship: How networks function in Australian born global firms[J]. *International Marketing Review*, 2006, 23(5) : 549-572.

［17］Venkata S, Mu F P, Katare S, et al. Spontaneous emergence of complex optimal networks through evolutionary adaptation[J]. *Computers and Chemical Engineering*, 2004, 128(9) : 1789-1798.

［18］李黎，管晓宏，赵千川，王恒涛. 网络生存适应性的多目标评估 ［J］. 西安交通大学学报，2010，44（10）：1-7.

［19］Cao L. Dynamic capabilities in a turbulent market environment: Empirical evidence from international retailers in china[J]. *Journal of Strategic Marketing*, 2011, 19(5) : 455-469.

［20］孙冰，姚洪涛. 全球化背景下创新网络适应性演化及仿真研究——基于市场环境视角的分析 ［J］. 中国管理科学，2014，22（S1）：749-758.

［21］Yin R, et al. Research on invulnerability of the random scale-free network against cascading failure [J]. *Physica A: Statistical Mechanics and Its Applications*, 2016, 444: 458-465.

［22］贾卫峰，楼旭明，党兴华. 技术创新网络中核心企业形成过程中知识流动的适应性仿真 ［J］. 系统工程，2017，35（10）：140-146.

［23］肖瑶，胡英杰，成泷等. 破坏-恢复机制下的网络失调连接研究 ［J］. 科学学研究，2023，41（6）：1142-1152.

［24］李莉，程露，林海芬等. 创新开放度分布对产业创新网络抗毁性的影响：技术群体的调节作用 ［J］. 科学学与科学技术管理，2021，42（5）：85-99.

［25］朱晓红，陈寒松，张腾. 知识经济背景下平台型企业构建过程中的迭代创新模式——基于动态能力视角的双案例研究 ［J］. 管理世界，2019，35（3）：142-156+207-208.

［26］Kumar P, Zaheer A. Ego-network stability and innovation in alliances[J]. *Academy of Management Journal*, 2019, 62(3) : 691-716.

［27］雷雨嫣，刘启雷，陈关聚. 网络视角下创新生态位与系统稳定性关系研究 ［J］. 科学学研究，2019，37（3）：535-544.

［28］李广乾，陶涛. 电子商务平台生态化与平台治理政策 ［J］. 管理世界，2018，34（6）：104-109.

［29］谢永平，党兴华，张浩森. 核心企业与创新网络治理 ［J］. 经济管理，2012，34（3）：60-67.

乡镇道路交通安全工作存在的突出问题及对策探究

王云龙*

摘　要：道路交通安全工作是底线工作，关系千家万户的福祉。就华北地区中某镇的道路交通发展现状而言，道路网络覆盖广泛，但质量参差不齐；公共交通线路极少，且实用便利性欠佳；公路规划布局长远，但项目进展滞后。通过调研发现，中某镇道路交通安全工作存在基础设施不完善、防范意识不到位和日常管理有难度等问题。因此，应当从体制机制、立法执法和要素配置层面采取对策，比如明确部门职责分工、优化工作评价机制和强化制度体系保障，完善交通安全法规、加强执法队伍建设和创新基层执法方式，以及增加基础设施投入、增加物防技防投入和增加宣传劝导投入。

关键词：乡镇道路　交通安全　基层乡镇

一　引言

"要想富、先修路。"近年来，在上级党委、政府的大力支持和帮助下，中某镇先后修建了中兴路、沙陈线、中坊路等道路 61 条，里程共计 53.63 公里，11 个建制村加 1 个自然村通硬化路的比例达 92%，全镇交通物流网络基本形成，有效解决了农村地区的"出行难"问题。当前，以 357 乡道为代表的农村公路已经成为中某镇及周边地区人民群众的致富路和幸福路。然而，在这份"亮眼"成绩单的背后，却隐藏着许许多多不为人知的乱象与困境，它们严重制约着乡镇道路交通安全工作的开展成效。由于基础设施薄弱、财政资金困难，道路交通安全隐患长期无法彻底整治；由于安全意识不强，驾乘人员不戴头盔、不系安全带等违法违章行为极为普遍；由于监管人员少、执法不到位，车辆超载超速、乱停乱放等现象十分突出。本文拟通过深入分析中某镇道路交通安全工作的开展现状和问题根源，为有效破解乡镇道路交通安全工作困境提供可靠的对策与参考。

---

*　【作者简介】王云龙，华北地区某乡镇班子成员，研究方向为政府危机管理。

二　乡镇道路交通发展现状

中某镇位于华北地平原南部，全镇总面积33.8平方公里，辖11个行政村和1个自然村，2.1万人口，耕地3.7万亩。中某镇地处冀中平原，地势平坦，槐河自西向东横穿镇境6公里，将全镇12个村落一分为二，107国道、京深高速纵贯南北，距离高铁站13公里，距离冀中南智能港6.8公里，交通运输条件十分便利。总的来说，中某镇道路交通发展现状主要有以下三大特点。

（一）道路网络覆盖广泛，但质量参差不齐

中某镇辖区道路以镇人民政府驻地中韩村为原点，呈"米"字形向四周延伸，境内共有G107、中兴路、沙陈线、中坊路等国乡村组道路61条（具体见表1），里程共计53.63公里。其中国道1条，里程共计4公里；乡道3条，里程共计10.01公里；村道16条，里程共计18.15公里；组道41条，里程共计21.47公里。

表1　中某镇道路统计

序号	类型	名称	数量（条）	里程（公里）
1	国道	G107	1	4
2	乡道	352、357、360	3	10.01
3	村道	中兴路、沙陈线、中坊路等	16	18.15
4	组道	天宇路、小后路、马中路等	41	21.47

在全镇的61条道路中，按路面类型划分，中某镇有沥青道路14条，里程共计16.01公里；水泥道路42条，里程共计36.46公里；未硬化道路5条，里程共计1.16公里。按路面宽度划分，中某镇有路面宽度达8.5米及以上的道路1条；路面宽度达7.5米至8.5米的道路1条；路面宽度达6.5米至7.5米的道路4条；路面宽度达4.5米至6.5米的道路12条；路面宽度在4.5米以下的道路43条。由上述可知，中某镇辖区内的道路呈现建设标准不高、质量参差不齐的总体特征，其中宽阔沥青道路"少且短"，狭窄水泥道路"多且长"的特点尤为明显。

（二）公共交通线路极少，且实用便利性欠佳

为了方便辖区居民出行，中某镇近年来已建成并投入实际使用的汽车站牌6个，分别为中韩村、马村、北陈庄村、河村、里村、赵村，途经辖区的公交线路有3路、8路等2条。由镇政府驻地中韩村站乘坐公交至县城全程约8公里，通行时间在20分钟左右，基本打通了农村人民群众交通出行的"最后一公里"。

但由于辖区公交车数量少，前后班次发车时间间隔不固定，少则 60 分钟，多则 90 分钟，人民群众等候时间长、等候人员多且车辆座位较为有限，故人员搭乘实际体验较为一般。此外，由于辖区公交车辆运营时间基本在早上 8 点 30 分和下午 5 点 30 分之间，其他时间没有公交车辆通行。这对于居住在县城、工作在中某镇以及夜晚想前往市区但又无私家车的部分人员而言存在较大的出行不便。

（三）公路规划布局长远，但项目进展滞后

中某镇辖区内共规划有衡昔高速、两座漫水桥等公路建设项目。其中，衡昔高速将自东向西连接石家庄地区到山西昔阳，极大地缓解从石家庄到昔阳方向要绕行太原的问题，与京港澳高速设立互通口。两座漫水桥为河北建工槐河生态修复与保护利用施工指挥部在南北村之间设立的桥梁公路，该项目在建成后会为生活在两岸的村民提供巨大的出行便利。上述项目竣工后，中某镇辖区内将形成"四横四纵"+"米"字形的复合交通网络，对于便捷人民群众交通出行和加强地区间经济联系具有重大意义。

但是，目前衡昔高速处于征地拆迁建设阶段，两座漫水桥处于建设阶段，原本定于 2023 年下半年启动建设的二期工程因后期资金问题一再拖延，项目进展较为滞后。

三　乡镇道路交通安全工作当前的突出问题

在前述分析的基础上，通过实地走访、查阅资料及电话访谈等形式进行深入调研。经研究和讨论发现，当前中某镇道路交通安全工作存在的突出问题具体表现在以下方面。

（一）基础设施不完善

1. 防护设施少

中某镇现有邻水邻边、急弯陡坡护栏缺失路段 8 处，减速带缺失路段 13 处，标志、标牌等警示设施缺失路段 6 处。由于中某镇河网密布、水系发达，11 个行政村中有 8 个为沿河村，乡村道路邻水邻边、弯急坡陡特征十分明显，故由防护设施缺失导致的道路交通安全事故数量较多。

如自 2021 年以来，中某镇辖区内共有 8 个路段因累计发生 92 起事故（其中死亡事故 1 起、其他事故 91 起），而被列入中某镇"五类重点路段"名单。其中，中韩村、赵村、里村、北陈庄村等的 6 个路段因缺失标志、标牌、护栏或监控等原因共计造成死亡事故 1 起、其他事故 62 起，死亡事故主要为沿河道路人员溺亡。防护设施缺失问题已经成为制约乡镇道路交通安全工作稳定发展的重要因素。

2. 道路破损多

中某镇现有道路破损隐患 20 处，其中路面破损、开裂路段 11 处，边坡塌陷路段 2

处，路基沉降路段 1 处。按照职责划分，本应由城郊公路养护中心负责处理城郊区域公路存在的各种隐患问题，但除安全隐患极为突出或上级下达交办件等情况以外，其他一般程度的道路隐患问题均由属地单位负责处理，"乡道乡管、村道村管"的现象仍普遍存在。而乡镇一级政府受财政收入影响，一般只会对群众出行影响较大的道路隐患采取沥青、水泥浇灌等措施进行临时加固处理，其他则"搁置待办"。但是在临时处理后，原破损路面会因过往车辆反复碾轧而出现"裂痕扩大"等问题，加上原先搁置的各种隐患问题，乡镇道路"越补越烂"。

3. 监控实效差

中某镇现有道路监控摄像头 145 个，其中政法系统"雪亮工程"摄像头 143 个，交通运输局"不停车检测超载超限系统"摄像头 2 个。"雪亮工程"摄像头主要用于农村地区治安防控和社会综合治理，而"不停车检测超载超限系统"摄像头则用于检测过往车辆是否存在超载超限等问题，并不会对交通违法行为进行抓拍，平常完全依靠民众心中的道德底线与守法意识去约束他们的驾乘行为。

而实践证明，在外部监管缺位的情况下，内部约束效果较为有限。如全县《2 月份"戴帽工程"专项行动情况通报》显示，中某镇 2024 年 2 月摩托车、电动车骑乘人员戴帽率仅为 11%（为全县最低值），与全县最高值 67% 相差 56 个百分点。

（二）防范意识不到位

1. 群众安全意识淡薄

中某镇为农业乡镇，由于当前农业产值低，加之集体经济疲软，中某镇辖区内的青壮年劳动力大量外流，空巢化现象较为严重。留居本地的多为无较强劳动能力的老人和儿童，也即"一老一少"群体。而这类群体受教育程度不高，往往缺乏对交通安全知识的必要了解和对交通安全事故的深刻认识，安全意识普遍不强，故在参与道路交通时，更多的是"随心所欲"而非"循规蹈矩"。

2023 年 1 月 1 日至 12 月 31 日，中某镇道路交通劝导员共开展违法劝导 6642 次，其中劝阻摩托车、电动自行车驾驶员不戴安全头盔 2687 次，劝阻违规停车 1024 次，劝阻驾驶员不系安全带 530 次，劝阻改装交通工具 207 次，劝阻群众横穿马路 408 次，劝阻机动车逆向行驶、随意掉头等共计 677 次（见图 1）。在上述数据中，仅不戴安全头盔一项就占比高达 40.45%，接近其余各项之和，这也从侧面反映了中某镇民众自我保护意识不强，交通安全意识较为薄弱。

2. 运输车辆管理缺位

由于中某镇邻近 G107，辖区主干线基础条件较好，故周边地区的工贸企业基本通过该国道南北双向运输货物。据统计，平均每分钟就有 20 辆重型卡车途经 G107。

由于中某镇的村居民舍、商店、学校、政府机关以及企事业单位大多沿 G107 呈带

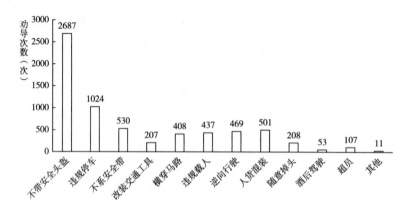

图 1　中某镇道路违法行为劝导数据（2023 年）

状分布，故 G107 沿线人、物密集程度极高。但由于多数大车司机不重视道路交通安全问题，没有严格执行运输车辆管理规定，致使部分运输车存在超速、超载和不礼让行人等违法违章行为，给中某镇人民群众交通出行和生命财产安全带来了极大的安全隐患。

3. 宣传工作简单粗放

宣传工作的本质是群众工作。当前，随着国家治理能力和治理水平的不断提高，乡镇（街道）一级作为国家治理的"最后一公里"所承担的工作任务愈加细化，考核标准也愈加严格，从而使得基层工作愈加烦琐，"上面千把锤、底下一根钉"成为基层工作的真实写照。这也意味着镇村干部在开展宣传工作时，往往不能就某一项任务开展单独宣传，而是需要同时开展如森林防火、交通安全、用电用气、城乡帮困等多项宣传任务。

但由于镇村志愿者队伍建设基础薄弱，辖区村（居）民参与热度不高，无法动员广大群众共同参与基层治理工作，故宣传工作一般由 1~2 个镇干部、2~3 个村干部负责完成。这种工作模式从本质上就决定了宣传工作容易"浮"在表面、"沉"不下去和"用"不了心。甚至在时间紧、任务重和人手少的特殊情况下，还会出现村干部加班加点"替"群众签署知情承诺书、入户"蜻蜓点水"和宣传"打卡拍照"等治理乱象。

（三）日常管理有难度

1. 监管队伍人员少

按照职责分工，中某镇道路交通安全工作主要由中某镇行政执法大队和 11 个村委会负责完成。目前，中某镇行政执法大队有工作人员 6 名，其中 1 名为队长（事业副科），其余为执法人员，负责全镇道路交通安全的日常管理工作。11 个村各有站长 1 名（由村支部书记兼任），劝导员 1 名（由两委干部兼任）。

但在实际工作中，由于基层业务部门架构不完整，往往出现"一肩挑"现象，执法队和劝导站站长出于工作需要，并不会直接参与交通安全工作，故本辖区内的违法劝导、隐患排查及宣传教育等日常工作均由管理员、劝导员单独完成。同时，由于中某镇并未驻有农村交警中队，日常监管执法由中某镇派出所负责，大量工作只能由管理员、劝导员和派出所民（辅）警负责完成。

2. 劝导任务完成难

按照上级规定，乡镇管理员和村劝导员除完成日常工作以外，每月还需完成村级平台数据录入任务。其中，镇本级每月需要录入"干部执勤"数据 30 条，各村每月需要录入"违法劝导"数据 60 条，而镇村两级每个账号每天仅能录入 1 条劝导数据（其中镇本级共 1 个账号，村 11 个账号）。这也意味着村一级每月 30 天每天都需要开展劝导工作，否则无法完成任务。

同时，部分偏远村（如里村、河村等村）由于人口大量外流，人烟稀少，村内主干道车流量密度极低（约每小时 3 辆），常常出现"车少人稀录不得，独坐门前自叹息"的尴尬现象。

3. 柔性劝导效果差

由于群众工作的特点和规律决定了基层宣传工作只能走"情感路线"，故劝导员大多采取入户发警示传单、微信群发安全提醒、"村集体大喇叭"播温馨提示以及道路沿线搞"柔性"劝导等形式开展道路交通安全宣传工作。但从实际情况来看，"柔性"宣传劝导效果欠佳。特别是在违法劝导工作中，由于乡镇劝导员无执法权，无法对群众的违法违章行为进行制裁和处罚，故群众认为政府和村工作人员的劝导行为属于"多管闲事"，大多持无所谓的态度。因此，"前脚说好，后脚拉倒""干部伸手拦，群众加速跑"以及"干部一边劝，群众一边怨"等怪象在基层极为普遍。

四　乡镇道路交通安全工作的对策探究

道路交通安全工作是底线工作，工作成效关乎人民群众的生命财产安全，容不得半点马虎。在实际工作中，应去虚务实，围绕基层道路交通安全工作中出现的痛点、难点和堵点问题，有的放矢、精准施策，合理优化体制机制、强化立法执法和完善要素配置，切实推动基层道路交通安全工作稳定向好发展。

（一）体制机制层面

1. 明确部门职责分工

在现有基础上，进一步梳理住建局、城管局、交通运输局、交警大队、乡（镇、街道）等部门职权范围，明确乡（镇、街道）道路交通安全工作日常管理、宣传劝导、隐患排查、执法执勤、事故处置、道路维护及年度考核等任务的主管及协助部门，加强部门联动，坚持齐抓共管，推动共建共治，改变"一切往下压"的传统局面。

2. 优化工作评价机制

县委办、政府办等管理部门应遵从实事求是、因地制宜的原则，根据乡（镇、街道）的实际情况分别设置不同的考核目标和考核方式，调整"一把尺子量到底"的考核标准。同时，要加强统筹协调，合理调整工作任务，如适当放开"村级事务平台"每日 1 条录入限制、允许劝导员以自拍形式录入数据等。

3. 强化制度体系保障

明确构建基层道路交通安全工作由乡（镇、街道）主管[1]，交警、交通运输局、派出所协管的制度体系，大力推进乡（镇、街道）"两站两员"建设，设立专门的交管站，核定人员，落实工作场所，合理配置 2~3 名专职工作人员，切实推动"两站两员"实体化运行。进一步调动人员的工作积极性。

（二）立法执法层面

1. 完善交通安全法规

市县有关部门应加快完善《农村地区电动车、摩托车交通出行管理办法》《农村地区道路交通安全法》等地方性法规，进一步细化对农村地区电动车、摩托车的出行要求和执法规定，为基层执法和宣传劝导提供法理依据。同时，加快制定《农村地区道路隐患排查整治指导方案》，明确农村地区道路交通安全隐患的评判标准、维护修缮方式及整改责任单位，推动建立道路交通安全隐患"乡镇自查、区县普查、市间复查、省级抽查、专办督察、专家协查"的"六查并举"机制，确保整改成效。

2. 加强执法队伍建设

加强对农村地区人口、物流、资源及道路基础条件等因素的综合研判[2]，通过政府规范文件等形式明确成立由公安、交警、交通运输等职能部门及属地政府组成的 2~3 人移动执法小队，配备专门的执法设备、车辆，重点关注农村地区的红白喜事、上放学、赶集等时间节点，加强对摩托车"三无"（无牌、无证、无头盔）、面包车"三非"（非法改装、非法营运、非法载货）、客货车辆"三超"（超员、超载、超限）及酒驾醉驾等重点行为的执法检查。

3. 创新基层执法方式

市交通运输综合行政执法支队、县（市、区）交警大队等职能部门可探索尝试以"委托执法"的方式将道路交通执法权下放到基层派出所，严格制定委托执法方案，确定委托执法范围，周密组织执法业务培训，积极动员民警参加执法业务考试，鼓励辅警参与道路交通执法工作，并为对应民（辅）警提供相关工作经费支持。

（三）要素配置层面

1. 增加基础设施投入

省、市、县（市、区）三级行业主管部门要立足区域实际[3]，整合政策、资金、人员等资源，加大对农村地区道路基础设施的持续投入力度，建立"谁招标谁主管、谁修建谁负责、谁属地谁管理"的长效工作机制，重点加大对农村地区道路交通安全隐患问题整治资金的投入力度，明确隐患整改责任单位和整改时限，建立"事前、事中、事后"整改过程档案，夯实道路交通安全基础。

2. 增加物防技防投入

县（市、区）交警、交通运输等部门要加强对农村地区地形、地势及人口流动等要素的综合分析，加大对农村地区穿村过镇、平交路口、邻水邻崖等重点路段的物防和技防投入力度，合理设置红绿灯、安全护栏和警示标识等物理防护设施，科学利用电子警察、超载超限检测系统等信息技术手段，加快推动物联网建设，构建"智慧交通"系统，实现"人-车-路"三者协同发展。

3. 增加宣传劝导投入

县（市、区）、乡（镇、街道）及村（社区）要坚持加强宣传劝导"人资投入"和"方式创新"二者并举。一方面，要充分动员党员干部、志愿者加入宣传队伍，积极选树先进典型，激发群众内生动力，努力构建"老乡带老乡"的宣传模式。另一方面，要树立创新意识，改变传统宣传方式，大力引入"道路事故 VR 情景体验""老乡现身说法"等新型宣传方法，积极推动安全宣传进企业、进校园、进驾校、进农村、进社区，从源头上减少和消除交通违法行为，大力营造良好社会氛围。

参考文献

　[1] 曹敬庄. 株洲湘江四大古镇之三门镇 [N]. 株洲日报, 2018-05-26：A3.

　[2] 信息技术前沿知识干部读本·人工智能（2021 年版）[M]. 党建读物出版社：100-101.

　[3] 黄合来. 农村道路交通安全状况调查及治理思路 [J/OL]. 赛文交通网（微信公众号），2022-04-14.

灵活就业人员职业伤害保障制度

——从地方试点到全国统一制度构建探索

李文琦　吴琳鸽*

摘　要： 数字经济时代，构建有效的职业伤害保障制度能够切实保障灵活就业人员的工伤权益，规范新经济形态发展。本文在比较分析各地区职业伤害保障制度试点方案的基础上，指出了职业伤害保障制度试点中存在的问题，比如部分地区试点政策合法性不足和试点方案制度属性模糊、试点中"劳动关系"认定模糊以及职业伤害保障基金管理规则混乱。因此，为了更好地构建全国统一的职业伤害保障制度，应当加强职业伤害保障制度的顶层设计，明确职业伤害保障的制度属性，界定职业伤害保障中的"不完全劳动关系"，完善职业伤害保障基金管理制度。

关键词： 灵活就业人员　工伤保障制度　职业伤害保障制度

一　引言

数字经济时代的到来不仅改变了人们的生产、生活方式，而且间接影响着劳动力市场的就业形势和从业人员的工作内容。研究报告《2023 中国数字经济前沿：平台与高质量充分就业》显示，以微信、抖音、快手等为代表的平台，2021 年为我国净创造就业岗位约 2.4 亿个，为当年约 27% 的中国适龄劳动人口提供了就业机会。这表明，平台在助力社会经济发展过程中发挥着重要的就业"稳定器"作用。据国家统计局数据，截至 2021 年底，中国灵活就业人员已经升至约 2 亿人。[①] 其中，外卖骑手突破千万人，仅单个平台企业外卖骑手数量就高达 600 多万人[②]。此外，随着直播行业的兴

---

* 【作者简介】李文琦，西北政法大学商学院（管理学院）副教授，研究方向为社会保障理论与政策；吴琳鸽，西北政法大学商学院（管理学院）硕士研究生。

[①] 《国家统计局：目前我国灵活就业人员已经达到 2 亿人左右》，新浪财经（百度百家号），https://www.thepaper.cn/newsDetail_forward_16320022，2022 年 1 月 17 日。

[②] 《美团发布 2022 年骑手权益保障社会责任报告》，美团网站，https://about.meituan.com/news/NN230322001054486，2023 年 2 月 28 日。

起，行业平台主播及相关从业人员呈现快速增长态势，达到 160 多万人①。由此可见，我国数字经济正展现出蓬勃发展的态势，随着这种趋势的持续推进，新型灵活就业方式必将迎来不断壮大的新局面。

"灵活就业"相较于"传统就业"而言，在职业性质和劳动关系上皆有差异，这些差异使得以传统劳动关系为基础的工伤保障制度难以覆盖新就业形态（以下简称"新业态"）下的灵活就业群体，无法保护灵活就业群体的职业健康权益。因此，在"新业态"全面加速发展，涉及的灵活就业人员规模还将继续扩大的背景下，如何有效解决灵活就业人员的职业伤害保障问题应是理论界和政府相关部门亟待思考的重大社会问题之一。

二　文献综述

（一）文献梳理

从研究时间来看，灵活就业早在 1995 年就进入了我国学界的研究视野，早期学者曾以"灵活聘用"为名对美国灵活就业趋势进行了前瞻性的探讨。有学者指出，灵活就业方式在社会经济发展过程中具有重要的作用：使美国大公司在雇员减少的同时依然能够保持总就业人数的增长[1]；作为发达国家经济萧条时期解决失业问题的重要手段[2]。2000～2014 年，灵活就业方式被认为是拓展我国劳动力市场的重要途径之一。学者专家在社会保障政策设计和社会保险制度承载力的研究基础上，一致认为将灵活就业人员这一非传统劳动群体纳入社会保障范围具有高度的必要性[3]，做好社会保险接续工作也是推动灵活就业形式发展的重要举措[4]。2014 年至今，灵活就业的研究更着重于分析含义逐渐拓展、形式逐渐多样化的新业态灵活就业人员，并呼吁通过制度设计增强新业态背景下灵活就业人员的参保意愿，加大对灵活就业人员的社会保障力度[5]。随着社会经济的发展及学界对职业伤害保障制度的深入研究，新业态背景下灵活就业人员职业伤害保障的诸多问题被提出，其中职业伤害风险高、劳动关系认定困难等都是使灵活就业人员工伤权益得不到有效保障的关键所在[6~7]。

从研究内容来看，由于灵活就业人员处于我国劳动二分法制度的空白区域[8]，将这一群体纳入工伤保障体系是解决灵活就业人员工伤保障问题的关键所在。学界对灵活就业人员职业伤害保障制度内容的研究，主要包括以下两种观点。一是将职业伤害保障制度纳入工伤保障制度。直接参照现行工伤保障制度运行模式，根据灵活就业人员的职业特征对职业伤害保障制度进行一定程度的创新。[9]这种观点提出的

---

① 《聚微光 成炬火 正能量主播在行动》，搜狐网，https：//www.sohu.com/a/560269257_121198369，2022 年6 月 23 日。

原因在于，新业态背景下灵活就业人员所遭受的职业伤害风险是包含在工伤保障制度中的，若另设职业伤害保障制度与工伤保障制度并行，势必会造成制度的碎片化。另外，若职业伤害保障中职业伤害的认定标准、遭受职业伤害后的待遇标准低于工伤保障中的规定，则后续职业伤害保障制度运行过程中会出现逆向选择与道德风险[10]，从而造成社会保障制度运行混乱的问题。二是将职业伤害保障制度与工伤保障制度并轨运行。灵活就业工作方式的多样性、工作场所的非固定性以及用工方式的多元化，导致灵活就业人员参加工伤保障制度势必会面临复杂的劳动关系、模糊的缴费主体、职业伤害认定难等问题。[11]因此，创新性地制定职业伤害保障制度，并设立独立运营的职业伤害保障基金账户是有效保障灵活就业人员工伤权益的方法之一。[12]构建独立的职业伤害保障制度也能够更好地契合灵活就业人员的职业特性与职业风险。[13]

（二）文献评述

总体来看，灵活就业人员职业伤害保障问题的关键仍在于如何突破传统劳动二分法的限制。劳动关系的本质属性在于用人单位与劳动者的"从属性"关系，同时，劳动法对建立劳动关系的劳动者予以最大程度的倾斜保护，而未建立劳动关系则会完全被排除在外。[14]在新业态背景下，灵活就业人员突破了传统用工完全从属的特点，在一定程度上可以自由地选择自己的工作时间与工作地点。然而，我国采取严格按照从属性是否存在判断劳动关系是否确立的标准。在新型用工方式下，劳动者难以与平台企业建立传统的劳动关系。若劳动关系的确定问题难以解决，创新性地构建职业伤害保障制度用以维护灵活就业人员的工伤权益则势在必行。通过梳理文献发现，现有研究主要集中于职业伤害保障制度的运行模式，在制度属性、经办管理问题等方面仍存在进一步探讨的空间。在我国现行的制度框架下，直接认定基于互联网提供劳务的灵活就业人员与平台企业之间属于劳动关系是不可行的，如何确定新型用工关系的性质仍存在进一步探讨的空间。

三 各地区职业伤害保障制度试点方案比较分析

新业态背景下的灵活就业人员多以自雇佣、多平台流转的工作方式为主，在实际工作中未与平台企业签订劳动合同，从而难以被纳入工伤保障制度范围之中。因此，各试点地区根据自身实际发展情况，分别制定了适用于当地的职业伤害保障制度试点方案。

（一）各地区职业伤害保障制度试点案例梳理

2022年7月1日，人力资源和社会保障部与相关部门正式启动部分地方、部分平台企业灵活就业人员参与职业伤害保障制度的试点工作。试点地区累计做出职业伤害确认结论 3.2 万人次，支付职业伤害保障待遇共计 4.9 亿元。① 从 2006 年到 2023 年，为了解决灵活就业人员职业伤害保障问题，各地区就有关规定对职业伤害保障制度模式进行大胆创新，建立了多种类型的职业伤害保障制度试点方案（见表 1）。

表 1　各地区职业伤害保障制度试点方案

试点地区	政策文件	制度内容
南通市	《关于灵活就业人员参加工伤保险的通知》（2006 年） 《南通市灵活就业人员工作伤害保险暂行办法》（2015 年）	（1）自愿参保，自主缴费；（2）参保对象是未建立劳动关系的人员，只有他们方可申请办理工作伤害保险参保手续；（3）工伤认定参照《工伤保险条例》执行；（4）工作伤害保险基金归入工伤保险基金合并使用；（5）与用人单位签订劳动关系合同后，保险关系自行终止。
潍坊市	《关于灵活就业人员参加工伤保险的通知》（2009 年）	（1）强制参保，个人缴费；（2）参保对象是由劳动人事事务代理机构代理劳动关系的各类灵活就业人员；（3）工伤认定、待遇等参照《工伤保险条例》执行。
浙江省	《关于优化新业态劳动用工服务的指导意见》（2019 年） 《浙江省用人单位招用不符合确立劳动关系情形的特定人员参加工伤保险办法（试行）》（2023 年）	（1）自愿参保，平台承担用人单位依法应承担的工伤保险责任；（2）参保对象是不符合确立劳动关系情形的大龄劳动者、实习生、见习人员、新业态劳动者、家政服务人员、在职村干部和专职社区工作者、群众演员；（4）工伤认定参照工伤保险相关规定执行。
广东省	《关于单位从业的超过法定退休年龄劳动者等特定人员参加工伤保险的办法（试行）》（2020 年）	（1）自愿参保，用人单位缴费；（2）参保对象是超过法定退休年龄人员、实习学生、单位见习人员等未与从业单位建立劳动关系的劳动者；（3）工伤认定、工伤待遇等参照《工伤保险条例》执行，但由用人单位支付的待遇问题按照协议约定协商解决。
吴江区	《吴江区灵活就业人员职业伤害保险办法（试行）》（2018 年）	（1）自愿参保，个人按每人每年 180 元缴纳职业伤害保险费；（2）试行期间，参加了吴江区灵活就业人员职工养老保险或医疗保险的人员，参加吴江区灵活就业人员职业伤害保险，由财政补助每人每年 120 元；（3）参保对象是在吴江区灵活就业的各类人员；（4）委托商业保险公司承办，基金专项管理；（5）工伤待遇为一次性给付，无长期待遇；（6）与具有劳动关系人员参与的工伤保险不能并存。
九江市	《九江市灵活就业人员职业伤害保险办法（试行）》（2019 年）	（1）自愿参保，按照每人每年 180 元缴纳职业伤害保险费；（2）参保对象覆盖范围广，为新经济新业态下不能参加工伤保险的灵活就业人员；（3）不与养老保险、医疗保险等其他社会保险挂钩；（4）保险待遇为一次性给付，无伤残津贴。

资料来源：根据各地区人力资源和社会保障部门政务公开资料整理。

（二）各地区职业伤害保障制度试点方案比较

上述关于灵活就业人员职业伤害保障制度的试点，是在国家顶层设计缺位的情况

---

① 数据来源：中工网（https://workercn.cn）。

下展开的，在一定程度上分担了平台企业的用工风险和用工成本。结合各地试点的具体方案来看，试点方案大致分为三类，分别为直接参加工伤保险、单工伤保险以及非工伤保险。对三类方案进行比较分析，梳理各类型方案的可取之处以及仍需改进的地方，为之后构建全国统一的职业伤害保障制度总结经验。

1. 直接参加工伤保险试点方案的比较分析

潍坊市和南通市是我国最早探索灵活就业人员参与工伤保险的试点地区，试点思路为灵活就业人员直接参加工伤保险，且将灵活就业人员参加工伤保险与他们参加当地养老保险与医疗保险挂钩。南通市将之命名为"工作伤害保险"，相应的基金、经办等都纳入了现行工伤保障制度之中，因此试点方案的实质为灵活就业人员直接参与工伤保险。潍坊市试点方案的核心则在于，将《工伤保险条例》中规定应由用人单位承担的保费责任，确定为由灵活就业人员自身承担，灵活就业人员在遭受职业伤害后仍可按照工伤保险的相关规定获得工伤待遇给付。

两地试点方案的不足之处也显而易见，它们对保障人员进行了严格限制，试点方案"运行良好"的评价也仅限于参与试点的小部分人群，远未达到大范围推广的目标。同时，将原本应由用人单位承担的缴费义务转移给了劳动者，使试点只面向经济水平较高的灵活就业人员，在一定程度上再度缩小了试点方案的覆盖人群范围。从参保对象的条件限制到缴费义务的规定，一再缩小了试点方案保障范围，并且回避了劳动关系、工伤认定等诸多关键问题，导致该类型的方案不具备在全国范围内推广的意义。

2. 单工伤保险试点方案的比较分析

相较于潍坊市与南通市的试点方案而言，广东省与浙江省试点方案的进步意义是显而易见的。首先，单工伤保险的试点方案将新业态背景下各类灵活就业人员都包含在内，且不限制为本地务工人员，为进城务工者提供同等待遇，能够更好地吸引各地务工者选择当地作为工作地点。将灵活就业人员参加工伤保险与参加当地养老保险与医疗保险解绑，进一步扩大了试点方案的覆盖人群范围。其次，单工伤保险的核心内容在于，灵活就业人员可以根据规定先行参加工伤保险，不以建立劳动关系作为参与工伤保险的前提条件，也不与个人参与当地养老保险与医疗保险挂钩。最后，该类型试点方案规定了聘用灵活就业人员的平台企业替代传统劳动关系中的用人单位应承担的责任，承担缴费等义务，在一定程度上减轻了灵活就业人员的经济压力。

这一类型试点方案也存在明显的弊端。首先，方案规定的参保原则为"自愿参保"，自愿原则的弊端会导致平台企业没有意愿去承担劳动者的参保责任，从而导致参保比例低，无法实现真正有效的保障。其次，先行参加工伤保险且不以建立劳动关系为前提，已经改变了我国工伤保险的参与办法。我国工伤保险的参与以劳动关系为前提，目的是使用人单位承担为劳动者缴纳保费的责任。将工伤保险与劳动关系解绑，不仅会导致工伤保障制度的边界难以界定，也将导致难以把握工伤认定条件。因此，单工伤保险试点方案将劳动关系与工伤保险解绑所产生的问题是无法忽略的。

3. 非工伤保险试点方案的比较分析

吴江区通过政府购买的方式，将职业伤害保险委托给商业保险公司承办，相较于其他地区的试点方案而言，其优势是显而易见的。方案规定职业伤害保险的经办与缴费都独立于工伤保险运行。同时，打破了传统工伤认定的"三工"原则，规定"参保人员在从事的职业岗位上，因工作原因受到突发、非本意的、非疾病的事故伤害，造成身故、残疾、受伤的，均可享受职业伤害保险待遇"。该试点方案突破了工伤保障制度的种种限制，更好地契合了灵活就业人员的特性，制度覆盖人员也更加广泛。但是，虽然为政府主导，仍无法避免商业保险本质的营利性。商业性质的保险通常将保险缴费水平与保险待遇水平挂钩，为吸引更多人员参与职业伤害保险，势必会降低参保缴费标准，相应的保险待遇也会降低，难以实现真正有效的工伤权益保障。

九江市将职业伤害保险纳入社会保险体系之中，无任何第三方商业保险公司的参与，其参保、理赔等都由社保经办机构负责，从而避免商业保险营利性造成的弊端。在同样的缴费水平下，九江市规定的待遇赔付水平远远低于吴江区。由此可见，地方财政状况的差异也会造成待遇水平的差异，但类似于九江市这种待遇水平、低覆盖范围广的试点方案反而更容易在全国范围内进行推广。

四　职业伤害保障制度试点中存在的问题

从以上试点方案中可以看出，多地职业伤害保障制度的试点方案都具有一定的创新性，在一定程度上扩大了职业伤害保障在灵活就业人员中的覆盖面，对于分散用人单位用工风险与劳动者职业风险具有一定的现实意义。但是，由于缺乏理论共识，加之经验不足，仍存在一些亟待解决的问题。

（一）部分地区试点政策合法性不足

梳理上文可知，试点地区出台的相关政策会对当地灵活就业人员切身权益产生重大影响。政策的出台往往伴随着对现有制度的改进与创新，旨在更好地满足新业态背景下灵活就业方式的发展需求，为这一庞大的劳动群体提供更加公平、合理和全面的保障。因此，试点政策的确立依据、确立程序以及由何部门进行发布是检验试点政策合法性的重要组成部分。然而，多数地区缺少这一合法性。"先立法、后实施"是国际社会保障制度建制的基本规律，从梳理的文件依据来看，除浙江省试点有行政法规和地方性法规作为其试点方案的依据，其他地区的试点都不具有充分的试点依据。某种程度上可以说，各地试点是在"法外运行"的状况，试点的合法性并未受到重视。

制度的实施需要上位法作为依据，试点政策是制度发展的先行，具有重大的积极意义，这也意味着试点不可随意为之。同时，部分地区的"自愿参保"模式导致参保比例低的问题，在主流平台多数已经为灵活就业人员提供商业保险的情况下，这类平台企业往往不愿意再为灵活就业人员缴纳职业伤害保险费用。究其原因仍是试点地区出台的政策并无上位法支撑，不能仅凭强制手段将全部符合条件的人员悉数纳入，也就无法使参保比例进一步扩大。

（二）部分地区试点方案制度属性模糊

由各地试点方案可以看出，在无行政法规作为依据的情况下，各地对职业伤害保障的制度属性认定不一。例如，吴江区将职业伤害保险委托给商业公司承办，本质为政府主导，在一定程度上有利于试点政策的宣传推广。同时，当地人力资源和社会保障局特设专户，负责试点方案所收缴保费资金的管理工作，确保资金的安全与合规使用。随后，这笔保费转交给合作的商业保险公司，以便它按照约定为灵活就业人员提供相应的保障服务。此举旨在体现政府在该试点方案中的主导性，提高灵活就业人员对该试点政策的信任度。但同时也使职业伤害保险被纳入商业保险的范畴，不可避免地将缴费水平与遭受职业伤害后的赔付待遇水平相挂钩。

构建职业伤害保障制度的目的是为数字经济背景下越来越多的灵活就业人员提供应有的工伤权益保障，若制度属性模糊，在后续的发展中就会出现更多诸如职业伤害认定难、缴费责任不明确、待遇水平过低等问题。此外，一旦商业保险公司出现理赔纠纷问题，就不仅会导致政府公信力受损，也会使主导商业性职业伤害保险的政府部门面临诉讼风险，从而降低参保人员对职业伤害保险的信任程度。职业伤害保障制度试点是为了最大限度地保障灵活就业人员的工伤权益，以更好地帮助这类群体减少职业风险，加强生存能力。若该制度缺乏公法属性，导致目标参保群体对其信任度不足，那么试点方案也将无法有效保障灵活就业人员的工伤权益。试点的真正意义也将荡然无存，无法达到预期的保障目标和改革目标。

（三）试点中"劳动关系"认定模糊

试点方案模式的不同，反映了各地区对职业伤害保障制度的认知差异。2019 年以来，有关职业伤害保障的研究逐渐增多，但在基本的制度属性、制度模式等问题的探讨上尚未达成一个明确的共识。其原因在于，灵活就业人员与平台企业的关系属性难以确定，这也造成了各地试点方案大不相同的结果。例如，广东省的试点方案规定新业态从业人员可按要求先行参加工伤保险，在一定程度上突破了传统工伤保险参保条件的限制，契合了灵活就业人员的职业特性。能够将绝大多数灵活就业人员纳入职业伤害保障制度的保障范围内，确保他们享受到应有的工伤权益保障。然而，这一规定实际上是将劳动关系与工伤保险进行了解绑，而这一原则性规定的改变却缺乏相应的理论支撑。对于灵活就业人员在遭受职业伤害后的工伤认定与工伤待遇问题，该方案也未进行相应的调整或更改。

从各地试点政策可以看出，无论是直接参与工伤保险类的试点方案还是单工伤保险类的试点方案，都难以完全契合灵活就业人员的职业伤害特点。因此，建立在传统工伤保险模式之上的，以劳动关系为前提的参保条件，难以适应新业态背景下灵活就业人员的特点。若仍是照搬传统工伤保障制度的模式或者仅做细小的改动而不具有真正的创新性，则难以满足灵活就业人员对职业伤害保障的需要。在研究职业伤害保障制度的过程中，能否将劳动关系与工伤保险解绑，以及如何判断灵活就业人员与平台企业之间关系的本质属性，都需要一定的理论支撑。理论与实践往往是相互依存、相互作用的，在缺乏理论共识的基础上，制度设计也会受到极大程度的影响。同时，缺乏理论基础的试点方案也不具备在全国更大范围内进行推广的条件。

（四）职业伤害保障基金管理规则混乱

在基金管理方面，有些地区明确职业伤害保险仍为平台企业责任制，由平台企业负责为灵活就业人员缴纳相关职业伤害保险费用。而如潍坊和南通则要求由灵活就业人员自己缴纳参与"工作伤害保险"的费用。这与试点的具体方案有关。从平台企业与灵活就业人员的关系角度来看，尽管他们之间并不具备完全传统意义上的劳动关系的"从属性"，但灵活就业人员所从事的职业活动本质上仍然是为平台企业谋取经济利益。他们在平台上提供服务，完成工作任务，从而帮助平台企业实现业务增长和盈利。因此，在这种合作模式下，平台企业理应承担起为灵活就业人员缴纳职业伤害保费费用的责任。这不仅是对灵活就业人员劳动权益的尊重和保护，也是平台企业履行社会责任、构建和谐劳动关系的必要举措。

有部分观点主张保费应由平台企业与灵活就业人员分摊，认为新业态背景下灵活就业人员对工作时间与工作地点有更大的自主性，灵活就业人员本身也应对职业伤害承担一定的责任。但是，若规定灵活就业人员与平台企业分担职业伤害保费，则如何对保费进行分担势必会成为新的问题。因此，在缴费主体的问题上，仍应坚持获益者负责的观点。至于劳动者道德方面的问题，可采取其他监控措施予以规避。

五　构建全国统一职业伤害保障制度的对策建议

为了更好地维护灵活就业群体的工伤权益，解决现行试点方案中出现的相关问题，并针对性地提出有效解决措施。本文从加强顶层设计入手，提出明确制度模式、明确平台企业与灵活就业人员之间的劳动关系性质以及改善基金管理，为探索构建全国统一的职业伤害保障制度提出对策建议。

（一）加强职业伤害保障制度的顶层设计

顶层设计和实践探索之间是辩证统一、相互促进的关系。科学的顶层设计为实践探索提供科学理念引领、设定实践活动宏观目标和行动方向以及实践路径。我国职业伤害保障制度的构建是通过部分地区先行试点的，旨在通过实践探索积累经验，在此之后总结试点地区的宝贵经验，并结合实际情况不断进行改良与创新，从而完成统一制度体系的构建。因此，加强职业伤害保障制度的顶层设计是确保制度有效性和可持续性的关键。

首先，明确制度的核心理念和基本原则。职业伤害保障制度应根植于人权保障的理念，确保劳动者的平等权、社会保险权和职业安全卫生权得到充分保障。制度设计应坚持公平、正义、可持续的原则，确保所有劳动者都能享受到应有的制度保障。其次，优化制度结构和功能。职业伤害保障制度应涵盖职业伤害预防、康复等多个方面，形成全方位、多层次的保障体系。同时，强化制度实施和监督机制。制定具体的实施细则和操作规范，明确各方职责和权益，建立监督机制，对试点制度实施情况进行定期评估和反馈，及时发现问题并进行改进。最后，注重制度创新和适应性调整。密切关注新业态的发展，及时调整制度设计，确保制度能够适应新的变化和挑战。同时，《社会保险法》也要进行内容的增加，将灵活就业人员的职业伤害保障制度纳入，以解决职业伤害保障制度缺失以及无法可依的问题。

（二）明确职业伤害保障的制度属性

职业伤害保障制度应是具有创新性的社会保障制度，而不是将之归于商业保险的范畴。商业保险的优势在于能够更好地适配灵活就业人员的职业特性，从而能够更大限度地将新业态背景下的灵活就业人员纳入职业伤害保险的保障范围内。在商业保险中，缴费水平往往决定了保险待遇的高低，这种机制虽然在一定程度上能够激励劳动者积极缴费，但也容易导致一些低收入群体因无法承担高额保费而被排除在保障范围之外，无法真正体现社会公平和保障劳动者的基本权益。职业伤害保障制度作为社会保障体系的一部分，应更加注重公平性和普惠性，根据劳动者的实际需求和遭遇的风险程度来设定合理的保障待遇。商业保险可以作为补充部分来提高部分经济条件好的灵活就业人员所需要的保障待遇，但不能够作为职业伤害保障制度的主体部分。

职业伤害保障制度应被定义为具有一定创新性的社会保险制度，其制度属性应明确体现出社会保险制度典型的公法属性。公法的核心在于维护社会秩序和公共利益，确保国家权力的行使合法、公正和合理。职业伤害保障制度正是为了保障数字经济背景下的灵活就业人员在工作中受到职业伤害而设立的社会保障制度，体现了国家对劳动者权益的保护和对社会秩序的维护。因此，要明确职业伤害保障制度的公法属性，从而在制度的运行过程中确保制度能够覆盖所有劳动者，无论其身份、地位或职业如何，都能享受到平等的保障待遇，体现社会的公平和正义。在工伤保障制度的框架之下，在不照搬工伤保障制度模式的基础之上，构建具有创新性的，充分契合灵活就业人员性质和职业特性的职业伤害保障制度。

（三）界定职业伤害保障中的"不完全劳动关系"

针对目前各地试点方案模式多样的现象而言，主要原因在于难以界定新业态背景下平台企业与灵活就业人员之间的关系属性，从而既有使灵活就业人员直接参加现行工伤保障制度的试点方案，又有另外建立职业伤害保障制度用以保障灵活就业人员工伤权益的试点方案。在早期有关互联网平台企业与灵活就业人员之间劳动关系的研究文献中，就有学者认为不应当认定基于互联网平台提供劳务存在劳动关系。正是劳动者的弱势地位，即"从属性"才是适用劳动法的基础条件，若认定新业态背景下灵活就业人员与平台企业之间存在劳动关系，就相当于扩大了劳动法的适用范围，会扭曲劳动法的制度功能。[15]也有学者认为，可以引入"经济从属性"的标准，增加经济依赖型主体并对之进行半倾斜保护或谨慎性倾斜保护，在保护好从业者基本权益的同时，促成新经济业态的健康发展。[16]

2021年八部门发布的《关于维护新就业形态劳动者劳动保障权益的指导意见》，引入了"不完全劳动关系"的概念，推动将一些劳动法规则适用于不完全劳动关系，一定程度上突破了传统劳动用工二分法的限制[17]。"不完全劳动关系"的提出是为了更好地保障新业态背景下灵活就业人员的工伤权益。因此，在职业伤害保障制度试点中明确"不完全劳动关系"，有助于更好地制定制度运行的相关规定，从而识别和保护灵活就业人员的正当权益。在立法尚未出台的情况下，职业伤害保障制度试点可以根据现有研究来制定具体方案，在工伤保障制度之下管理运行职业伤害保障制度，规定符合"不完全劳动关系"的企业与劳动者订立书面协议，在此基础上明确平台企业应承担的责任义务，加强职业伤害保障制度的理论支撑。

（四）完善职业伤害保障基金管理制度

在职业伤害保费的缴纳责任方面，试点初期有地区的试点方案规定，参与试点的灵活就业人员自行承担缴费责任，与工伤保障制度规定的用人单位承担劳动者全部保费缴纳责任完全相反。在对职业伤害保险缴费主体的讨论中，学界的观点各不相同。部分学者主张灵活就业人员也应承担相应的职业伤害保险缴费义务。[18]而部分学者则认为"职业伤害保障应坚持雇主责任原则，与工伤保障制度中的劳动者不缴费的制度设计保持一致"[19]，主张职业伤害保障制度的缴费主体应与传统工伤保险的缴费主体一致，由平台用工企业完全承担费用。笔者认同后一种说法，其原因在于：新业态的劳动方式虽然发生了极大的改变，但平台企业仍是新业态的最大获益者，因此理应承担由于工作方式变化而使劳动者面临的更大程度的职业风险。

在职业伤害保障基金管理方面，首先应建立健全基金监管机制，加强基金管理机构的内部监管，确保它依法合规运作。同时，建立定期审计和检查制度，对基金的使用和管理情况进行监督和评估，确保基金的安全和合规使用。其次，职业伤害保障的基金管理可以采取相对独立的运行方式，在工伤保障制度的框架之下，分设职业伤害保障基金，与工伤保险基金分账管理，独立核算，根据经济发展和实际需要对缴费标准和待遇发放进行不断调整。考虑到新业态背景下灵活就业职业的独特之处，传统以工资为基数的征缴方式无法适应职业伤害保障制度。因此，可以规定按单缴费，以互联网平台企业为主体，以季度或半年为期在规定时间内向所在地的管辖机关缴纳基于总单量的职业伤害保障费。最后，还应建立风险预警和监测机制，通过监测职业伤害保障基金的运行情况，及时发现可能存在的风险和问题，采取相应措施进行应对。

六　结语

数字经济发展的洪流之下，灵活就业群体规模壮大已是必然之势。为保障新业态背景下灵活就业人员的工伤权益，构建统一的职业伤害保障制度刻不容缓。通过比较多地试点方案发现，无论是早期"直接参加工伤保险"模式，还是正在进行的"单工伤保险"模式以及"非工伤保险"模式，都存在难以忽视的问题。首先，在上位法缺位的状态下，各地试点方案均无法强制将灵活就业人员纳入试点范畴，使试点覆盖人群难以扩大；其次，试点地区对职业伤害保障制度的属性认知模糊，在未确定其公法属性的情况下，商业性质的保险问题也不容忽视；再次，由于对新业态背景下平台企业与灵活就业人员之间劳动关系的性质认定模糊，各地试点方案模式难以统一；最后，各试点地区对职业伤害保障基金的管理规定也较为混乱。

在明确各类型试点方案优劣的基础之上，从加强顶层设计入手，尽快就职业伤害保障制度的属性、模式进行统一。运用已形成统一共识的理论基础，如认定平台企业与灵活就业人员之间存在"不完全劳动关系"，明确平台企业与灵活就业人员在职业伤害保障制度中应承担的责任与义务。不断对职业伤害保障制度的设计进行调整与完善，紧跟社会经济发展趋势，解决各类型职业伤害保障制度试点中出现的各种问题，总结有借鉴意义的试点经验，加快实现全国统一职业伤害保障制度的构建，使灵活就业人员的工伤权益问题得到解决。

参考文献

［1］梁燕君. "灵活聘用" ——美国劳动就业新趋势 ［J］. 经营管理者，1995（2）：48.

［2］苏曼江，姜列新．国外的失业问题与解决方法［J］．社会科学，1998（4）：23-26．

［3］于法鸣，王爱文，郭悦．灵活就业需要制度增援［J］．发展，2002（7）：36-37．

［4］黄金光．灵活就业人员社会保险问题与对策［J］．中国社会保障，2003（5）：18-19．

［5］何勤，邹雄，李晓宇．共享经济平台型灵活就业人员的人力资源服务创新研究——基于某劳务平台型网站的调查分析［J］．中国人力资源开发，2017（12）：148-155．

［6］朱小玉．新业态从业人员职业伤害保障制度探讨——基于平台经济头部企业的研究［J］．华中科技大学学报（社会科学版），2021，35（2）：32-40．

［7］蔡继英．灵活就业人员社会保险权益保障问题探究［J］．质量与市场，2023（16）：190-192．

［8］王天玉．从身份险到行为险：新业态从业人员职业伤害保障研究［J］．保险研究，2022（6）：115-127．

［9］郭振纲．灵活就业人员工伤保险困局亟待破解［J］．工会信息，2016（16）：1．

［10］李满奎，李富成．新业态从业人员职业伤害保障的权利基础和制度构建［J］．人权，2021（6）：70-91．

［11］关博，朱小玉．新技术、新经济和新业态劳动者平等参加社会保险的主要制约与建议：基于320名"三新"劳动者的典型调研［J］．中国人力资源开发，2018，35（12）：88-94．

［12］张军．新业态从业人员参加工伤保险难点及对策建议［J］．中国医疗保险，2017（6）：57-59．

［13］白艳莉．新业态从业人员职业伤害保障体系构建研究［J］．中州学刊，2022（7）：80-89．

［14］孙志萍．互联网平台就业者职业伤害保障问题研究［J］．兰州学刊，2021（9）：83-102．

［15］王天玉．基于互联网平台提供劳务的劳动关系认定——以"e代驾"在京、沪、穗三地法院的判决为切入点［J］．法学，2016（6）：50-60．

［16］吴蔚．基于互联网平台提供劳务的劳动关系认定——以网约车为切入点［J］．法制博览，2019（15）：7-10．

［17］沈建峰．新就业形态不完全劳动关系的定性与法律适用［J］．学习与探索，2023（12）：56-66+2．

［18］王增文，陈耀锋．新业态职业伤害保障制度的理论基础与制度构建［J］．西安财经大学学报，2022，35（2）：74-83．

［19］杨思斌．新就业形态劳动者职业伤害保障制度研究——从地方自行试点到国家统一试点的探索［J］．人民论坛·学术前沿，2023（16）：36-49．

最低工资标准的就业效应与收入效应[*]

李玲玲　李晓宁[**]

摘　要： 最低工资标准的就业效应和收入效应是学术界关注较多且具有一定争议的话题。本文基于2004～2022年中国30个省区市的面板数据，分析最低工资标准的就业效应和收入效应。研究表明：最低工资标准与就业存在正 U 形的曲线关系，当前我国最低工资标准的平均水平处于拐点右侧的上升阶段，具有就业促进效应；同时，最低工资标准的提升会提高劳动者收入且这具有长期性；另外，最低工资标准的就业效应和收入效应存在地区差异性。基于以上结论，需要在综合考虑就业效应和收入效应的情况下合理调整最低工资标准，兼顾地区差异性，既要提高低收入劳动者的收入，又要促进就业。

关键词： 最低工资标准　就业效应　收入效应

一　引言

最低工资是在劳动者于法定工作时间或依法签订的劳动合同约定的工作时间内提供了正常劳动的前提下，用人单位依法应向劳动者支付等于或高于最低劳动报酬的工资。中国早在 1922 年就制定了《劳动法案大纲》，以立法的形式明确提出保障劳动者的最低工资。新中国成立后，1994 年生效的《中华人民共和国劳动法》明确了最低工资制度的法律地位。2004 年《最低工资规定》的出台将最低工资制度推向全国范围。此后，各地最低工资标准实现了跳跃性增长。2001 年，全国有 10 个省份上调了最低工资标准；2006 年，有 21 个省份上调最低工资标准；2019 年，有 8 个省市先后调整了最低工资标准。2020 年，由于受到新冠疫情冲击，大多数省份没有调整最低工资标准，

---

* 【基金项目】国家社科基金后期资助项目"马克思主义分配理论与新时期中国劳资和谐共赢问题研究"（JLA007）；陕西省社科基金项目"精准扶贫的减贫成效估计与长效优化机制研究"（2020D036）；陕西省科技厅软科学一般项目"精准扶贫的收入分配效应与长效优化机制研究"（2021KRM081）；西北政法大学研究阐释党的二十大精神专项项目"基于'五唯'视角健全多层次社会保障体系的路径研究"。

** 【作者简介】李玲玲，石河子大学经济与管理学院博士研究生；李晓宁，西北政法大学商学院（管理学院）教授，研究方向为社会保障与劳动关系。

仅有福建、广西和青海 3 个省份调整了最低工资标准。2021 年经济回暖，全国有 19 个省份调整了最低工资标准。2022 年全国调整最低工资标准的有 7 个省份，2023 年有 13 个省份进行了调整。从最低工资标准的水平来看，部分发达省市（如北京、上海等）最低工资标准早已突破 2000 元大关。

最低工资标准被普遍推广，但它对劳动者收入和就业的影响是存在争议的。一方面，如果最低工资标准调整幅度相对较低，则达不到保障劳动者基本生活和提高其收入水平的目的；另一方面，如果最低工资标准调整过高，就会导致企业的用工成本上升，企业可能减少员工福利待遇等其他隐性工资，也可能以裁员的方式降低用工成本，导致增加失业风险。因此，如何合理调整最低工资标准，既能提高劳动者收入水平，又能保障就业是至关重要的。尤其是在当前我国经济新常态及"双循环"背景下，经济拉动就业的动力略显不足，此时最低工资标准提升是否能提高劳动者收入，又是否能提高就业率？本文对最低工资标准对劳动就业和收入的影响进行分析和检验，这有助于保障劳动者权益，也能够为新时期最低工资标准调整提供参考。

二 文献综述

最低工资起源于西方经济学理论，主要有工资最低限度理论、生存工资理论以及马克思主义最低工资理论等。古典经济学派主要以古典劳动价值论为依据，将劳动看成商品，用维持劳动者生存的消费资料来确定劳动的自然价格。马克思的工资理论阐述了工资的本质是劳动力价值，由两种要素构成：一种是纯生理的要素，另一种是历史的或社会的要素，即劳动力的正常价格。劳动力价值的最低界限是由生理的要素来决定的。新凯恩斯主义经济学派提出了效率工资理论，认为支付给工人的最低工资应是一个高于市场出清水平的工资，以保证生产效率。

最低工资标准是事关民生的重要议题，学术界对此展开了多方面、多角度的研究，主要分为对实施最低工资制度的消极和积极两种态度。

一方面，部分学者对最低工资制度持消极态度。最低工资对就业的影响研究中，Partridge 和 Partridge 的研究表明，最低工资制度对劳动力市场就业具有挤出作用[1]。邓大松和卢小波研究发现，最低工资制度会对我国劳动者产生劳动力供给挤出效应。[2] 张丹丹等研究认为，最低工资上调显著增加了流动人口失业的概率。[3] 杨正雄和张世伟研究发现，最低工资对低技能农民工的非正规就业产生了显著的消极影响。[4] 唐镶和马银坡研究认为，最低工资会增加企业用工成本，企业会调整资本劳动比，减少劳动雇佣。[5] 最低工资对劳动者收入的影响研究中，徐维兰研究发现刘易斯拐点前后最低工资对流动人口收入的影响不同，在拐点之前对劳动者收入具有促进作用，在拐点之后最低工资的收入正效应消失[6]。杜鹏程等研究发现，最低工资上涨会显著降低企业的劳动收入份额。[7]彭刚等研究发现，中国各地区最低工资标准虽然能有效缩小收入差距，但降低了居民收入水平。[8]

另一方面，大多数学者对最低工资标准的执行持积极态度。王政武认为，最低工资标准作为政府保障劳动者福利的政策，能促进经济增长和社会发展，是一种好的制度安排。[9]基于对最低工资标准的正面评价，部分学者认为最低工资能促进就业，提高劳动者收入。杜瑶等研究发现，最低工资每上涨 1000 元，流动人口选择正规就业的概率会增加 8.5%。[10]叶文辉和江佳鑫研究发现，最低工资水平提升会提高低收入群体的总体就业率，且这一影响具有地区差异性。[11]马双等研究发现，最低工资上涨会刺激企业对有经验的求职者的需求，增加劳动就业。[12]邸俊鹏和韩清运用"中国健康与营养调查"的微观数据研究发现，最低工资标准每提升 1%，城镇居民工资收入会提升 0.6%。[13]杨娟和李实运用双重差分方法研究了最低工资标准对流动人口收入的影响，发现最低工资标准能提高农民工的收入水平。[14]周广肃等研究发现，最低工资提升能提高低收入人群的工资水平，缩小收入差距。[15]

综上所述，最低工资标准会对劳动就业和劳动者收入产生影响，但学者对最低工资标准产生的影响看法不一。虽有部分学者对最低工资标准持反对意见，但目前大多数学者认为最低工资标准是保障劳动者权益的有力工具。不过，同时关注最低工资标准对就业和收入影响的研究并不很多。黄晓鞾研究发现，最低工资标准对于低收入群体来说，存在收入正效应，但会损害就业。[16]高天一发现，最低工资标准提升对城镇居民就业存在负向影响，但能提高居民收入水平。[17]这说明最低工资标准似乎在协同推进劳动者增收与稳定就业方面存在一定困难，对此尚待多方验证。

三 理论框架与模型构建

（一）理论分析框架

从劳动经济学的视角来看，最低工资制度对就业的影响理论上受到两个方面因素影响，即劳动力市场结构和最低工资水平。首先，在完全竞争市场，由于受劳动力供求关系的影响，该市场存在均衡的劳动力价格和就业量，即 W_o 和 L_o［见图 1（a）］。假设市场上所有企业都按要求执行最低工资标准，当引入的最低工资标准 $W_d<W_o$ 时，则不会产生影响；当 $W_d>W_o$ 时，则劳动力供给大于需求，存在失业风险。另外，假设市场上并非所有企业都按规定执行最低工资制度，并非所有劳动者享有最低工资制度的保护，市场上会存在非正规就业。如果此时引入的最低工资标准 $W_d>W_o$，实施最低工资制度的一级劳动力市场就会存在失业，部分失业者就会流入二级劳动力市场，非正规就业增加。

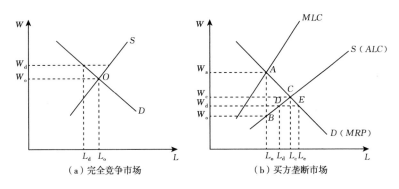

图1　完全竞争市场与买方垄断市场的最低工资标准就业效应

其次，在买方垄断的劳动力市场，劳动力供给曲线（S）是平均劳动成本曲线（ALC），向右上方倾斜［见图1（b）］。劳动力需求曲线（D）是劳动力边际产品收益曲线（MRP），向右下方倾斜。基于利润最大化的目标，企业雇用的劳动力数量应由劳动力边际成本等于劳动力边际产品收益决定。对于买方垄断劳动力市场，劳动力边际成本曲线（MLC）位于ALC上方且更陡峭，因为垄断厂商根据向右上方倾斜的ALC会以更高的工资水平雇用新的劳动者，以平衡原有劳动者的工资待遇。垄断厂商根据劳动力边际成本等于劳动力边际产品收益确定的劳动力雇佣量即图1（b）中A点的雇佣量L_o，并根据该雇佣量在劳动力供给曲线上确定工资水平W_o。如果在买方垄断市场引入最低工资制度，且$W_c > W_d > W_o$时，垄断厂商是工资的接受者，MLC和ALC会重合，且在最低工资水平处变成水平线，此时劳动力的供给数量L_d小于雇主所需要的劳动力数量L_e，因此当最低工资水平W_d处于W_o与W_c之间时，提高最低工资标准具有扩大就业的作用，因为雇主希望在W_d的水平上获得比L_d更多的劳动力。若$W_d > W_c$时，劳动力供给数量会大于需求量，会产生失业。

因此，从上述理论分析发现在不同的市场结构中最低工资标准带来的就业效应不同，现实市场环境更复杂，很难找到完全竞争市场和垄断市场，因此最低工资标准的就业效应亦具有复杂性。因此，本文提出以下假设：

假设1：最低工资标准与就业之间存在非线性关系

最低工资的提升会对整个劳动力市场的工资体系产生影响，劳动力在本质上有高素质与低素质的区分，高素质的劳动力具有较高的边际生产率，能够为雇主带来更多价值。根据初次分配中按劳分配的原则，高素质的劳动力将获得更多劳动收入，相反低素质劳动者的劳动收入较低。在引入最低工资制度后，低素质劳动者的劳动收入会随着最低工资的提升而增加。若不增加高素质劳动者的工资收入，高素质劳动者可能会因公平感缺失而降低生产效率，因此企业为了能够充分利用高素质劳动者的有效劳动，会提高所有劳动者的工资收入，因此最低工资制度会促进劳动者收入水平的提升。

基于图 1 计算采用最低工资标准后劳动者总体收入的变化，计算在完全竞争市场中的收入变化：

$$\Delta R = W_d \times L_d - W_o \times L_o$$
$$= W_d \times L_d - W_o \times [L_d + (L_o - L_d)]$$
$$= (W_d - W_o)L_d - W_o(L_o - L_d)$$
$$= \Delta W \times L_d - W_o \times \Delta L$$

由于需求曲线 D 的需求弹性 $e = \Delta W / \Delta L$，$e < 0$，所以：$\Delta R = \Delta W (L_d - W_o/e) > 0$。因此，在完全竞争市场中，提高最低工资标准会提高劳动者收入。在买方垄断市场中 $\Delta R = W_d \times L_d - W_o \times L_o$，易知 $\Delta R > 0$。基于此，本文提出以下假设：

假设 2：最低工资制度的执行会促进劳动者收入提升，且这具有持续性。

（二）指标选取与数据说明

本文使用的数据来自国家统计局网站、各省区市统计局网站以及各省区市人力资源和社会保障部门的网站，主要包括内地 30 个省区市（剔除西藏）的月最低工资标准、就业人数、平均工资、人均 GDP、受教育程度、固定资产投资、劳动生产率以及城镇化水平。西藏由于与其他省份在经济社会发展、地理位置以及人口密度等方面存在较大差异，因此未纳入样本中。2004 年我国颁布《最低工资规定》后，最低工资标准的调整才逐步进入正轨，因此本文选取的是 2004～2022 年的数据。同时，为了剔除价格因素的影响，根据以 2004 年为基期的定基价格指数调整相关变量。

对于被解释变量，在就业效应模型中就业情况的代理变量用就业人数（JYR）表示，主要选取的是各省区市的年末企业就业人数和个体就业人数之和表示。同时，参照王雅丽等关于最低工资收入效应的研究[18]，选取月平均工资代表劳动者收入，因此本文在收入效应方程中采用月平均工资（PJG）的对数作为被解释变量。

在分析最低工资标准对就业的影响时，最低工资标准（ZDG）是核心解释变量。但《最低工资规定》指出：最低工资标准每两年至少调整一次。在实际调整中由于最低工资标准调整通常不是在年初或年末，因此本文借用罗小兰的做法[19]，利用最高档次的最低工资标准按照时间占比进行加权平均，即按照每个标准的实际实施时间计算加权平均值，得到年度月最低工资标准。

除此之外，本文参照已有研究文献，选取以下变量作为控制变量。（1）人均 GDP（RJG）。人均 GDP 是用 GDP 与总人口之比来表示，人均 GDP 的高低能够反映一个地区生产效率的高低，它对地区就业和劳动者收入会产生影响。（2）受教育程度（*SJY*）。参照李怡乐研究最低工资的就业效应[20]以及杨娟和李实研究最低工资标准对收入的影响[14]选取的受教育程度（受教育年限），本文用受教育年限的长短表示接受教育的程度①。（3）固定资产投资（*GDZ*）。用各地区固定资产投资额来表示固定资产投资程度，我国政府会以增加固定资产投资的方式来缓解就业压力，促进劳动者收入提高。（4）劳动生产率（*LDS*）。参照王小佳研究最低工资与就业的关系时，选取的劳动生产率[21]，本文用地区生产总值除以各地区的劳动力数量表示劳动生产率。（5）城镇化水平（*CZH*）。参照王湘红和汪根松研究最低工资标准对工人收入影响的控制变量[22]，本文用地区城镇人口占地区总人口的比重表示城镇化水平。具体的变量及其描述性统计见表1。

表 1 变量及其描述性统计

变量	变量定义	平均值	标准差	最小值	最大值
ln*JYR*	就业人数的对数	6.359	1.081	3.332	8.864
ln*PJG*	月平均工资的对数	10.558	0.601	9.381	12.267
ln*ZDG*	最低工资标准的对数	6.782	0.491	5.658	7.859
ln*RJG*	人均 GDP 的对数	10.346	0.689	8.370	12.156
SJY	受教育程度	8.921	1.047	6.378	12.701
ln*GDZ*	固定资产投资的对数	9.065	1.116	5.667	11.192
LDS	劳动生产率	23.611	11.603	5.276	96.059
CZH	城镇化水平	55.340	14.148	26.280	89.600

注：部分变量做了对数化处理是因为考虑到异方差性。

在估计面板回归模型时，如果时间序列有较多期，应当对各变量进行平稳性检验，以避免因回归变量存在单位根而引起伪回归。本文使用的面板数据为 19 期的时间序列，有必要进行单位根检验，通过使用 LLC 检验、ADF 类检验和 PP 类检验得到表 2 所示的结果。发现各变量具有平稳性。

表 2 单位根检验结果

变量	LLC 检验	Fisher-ADF	Fisher-PP
ln*JYR*	−1.5290（0.0631）	151.4415（0.0000）	82.5984（0.0282）
ln*PJG*	−1.8081（0.0353）	133.1078（0.0000）	83.4628（0.0243）
ln*ZDG*	−1.9996（0.0228）	169.7670（0.0000）	134.3063（0.0000）
ln*RJG*	−1.8813（0.0300）	146.7858（0.0000）	83.1644（0.0256）
SJY	−3.6364（0.0001）	186.4475（0.0000）	199.1390（0.0000）

———————————

① 人均受教育年限 =（小学人口×6+初中人口×9+高中人口×12+大专及以上人口×16）/6 岁以上总人口。

续表

变量	LLC 检验	Fisher-ADF	Fisher-PP
$\ln GDZ$	-2.7508（0.0030）	148.5217（0.0000）	83.6085（0.0237）
LDS	-1.4843（0.0689）	165.4271（0.0000）	84.4794（0.0204）
CZH	-3.6263（0.0001）	123.6931（0.0000）	90.5600（0.0066）

注：右侧括号内的数字为对应 p 值。

（三）模型设定

为了检验最低工资标准对就业和收入的影响，本文构建如下模型：

$$\ln JYR_{it} = \alpha + \beta_1 \ln ZDG_{it} + \beta_2 (\ln ZDG)^2_{it} + \beta_3 \ln RJG_{it} + \beta_4 SJY_{it}$$
$$+ \beta_5 \ln GDZ_{it} + \beta_6 LDS_{it} + \mu_i + \varepsilon_{it} \tag{1}$$

$$\ln PJG_{it} = \alpha' + \beta'_1 \ln ZDG_{it} + \beta'_2 \ln ZDG\_1_{it} + \beta'_3 \ln RJG_{it} + \beta'_4 CZH_{it}$$
$$+ \beta'_5 SJY_{it} + \beta'_6 \ln GDZ_{it} + \mu'_i + \varepsilon'_{it} \tag{2}$$

其中，$i(i = 1, 2, \cdots, 30)$ 代表 30 个省区市；$t(t = 1, 2, \cdots, 19)$ 代表时间序列单位；μ_i 为地区固定效应；ε_{it} 为随机扰动项。

对面板模型进行检验的结果如表 3 所示。对模型（1）进行 F 检验时，F 统计量为 719.99，其伴随概率为 0.0000，因此拒绝原假设，认为混合模型不适用。Hausman 检验的统计量为 240.01，相应的 p 值远小于 5%，因此选用固定效应模型。但是在运用 Xtcsd、Xttest3 和 Xtserial 命令检验时，发现模型存在截面自相关、组间异方差和一阶组内自相关，因此选用 FGLS 进行估计。同理，对模型（2）也使用 FGLS 估计。

表 3　模型检验结果

模型	指标	F 检验	Hausman 检验	Xttest3	Xtserial	Xtcsd
（1）	统计量	719.99	240.01	1242.13	14.030	-2.384
	Prob	0.0000	0.0000	0.00003	0.0008	0.0171
（2）	统计量	1172.01	13.62	8532.13	326.830	-2.156
	Prob	0.0000	0.0341	0.0000	0.0000	0.0311

四　模型回归过程与结果分析

（一）最低工资标准的就业效应分析

对模型（1）的回归结果如表 4 所示，同时为检验模型稳健性和考察最低工资标准与就业之间是否存在非线性关系,在运用 FGLS 估计模型(1)的过程中逐步引入控制变量和二次项,表4第(1)~(3)列所示的是最低工资标准对就业的线性影响,从中发现最低工资标准对就业的影响为正。第(4)~(6)列在引入二次项后逐步加入控制变量,发现最低工资标准二次项的系数始终显著为正,表明最低工资标准对就业存在非线性影响,且二者是正 U 形关系。

表 4　最低工资标准与就业关系的实证回归结果

变量	FGLS 估计:$\ln JYR$					
	(1)	(2)	(3)	(4)	(5)	(6)
$\ln ZDG$	0.586 ***	0.527 ***	0.274 ***	−3.292 ***	−3.962 ***	−0.373 *
	(24.70)	(18.47)	(14.41)	(−12.14)	(−19.08)	(−1.66)
$(\ln ZDG)^2$				0.284 ***	0.327 ***	0.047 ***
				(13.98)	(21.20)	(2.88)
$\ln RJG$	0.699 ***	0.658 ***	0.527 ***	0.730 ***	0.671 ***	0.514 ***
	(41.37)	(29.72)	(35.97)	(40.42)	(25.38)	(30.81)
SJY		0.101 ***	0.172 ***		0.128 ***	0.159 ***
		(7.56)	(19.10)		(8.89)	(15.72)
$\ln GDZ$			0.181 ***			0.205 ***
			(29.99)			(37.12)
LDS			−0.023 ***			−0.022 ***
			(−74.02)			(−86.22)
$cons$	−5.366 ***	−5.585 ***	−4.086 ***	7.434 ***	9.277 ***	−1.782 **
	(−32.81)	(−33.04)	(−36.66)	(8.08)	(13.24)	(−2.55)
N(个)	570	570	570	570	570	570
Wald 统计量	82090.73	83004.63	210092.49	38222.07	106828.69	213774.06
伴随概率 p	0.0000	0.0000	0.0000	0.0000	0.0000	0.0000

注:*、**、*** 分别表示在 10%、5% 和 1% 的水平上显著,括号中数值为 t 统计量;余表同。

根据表4第(3)列的结果,最低工资标准提高会促进就业增长。这是因为随着最低工资标准的提高,劳动者闲暇的成本提高,劳动力市场将吸引更多潜在劳动者就业;同时,随着我国教育水平的提高,劳动者的素质和能力提高,能为企业创造出更多价值,企业在综合权衡下将不会因最低工资标准的提升而轻易裁员,而是通过不断转型升级,扩大规模,降低成本等方式创造更多就业岗位,这体现了最低工资制度有倒逼企业成长的作用。

从第(4)~(6)列发现,引入二次项后,最低工资标准的一次项系数为负,二次项系数为正且具有显著性,表明最低工资标准与就业存在正 U 形的非线性关系。但是该结论与王小佳的研究结论[21]不一致，她认为最低工资标准与就业呈现倒 U 形的关系。本文的结果表明，最低工资标准与就业呈现正 U 形的关系，即在到达拐点之前，提升最低工资标准会抑制就业，而到达拐点之后，提升最低工资标准会促进就业，与郑适等利用空间杜宾模型研究最低工资标准的就业效应的结论[23]一致。这些表明最低工资标准对就业的非线性影响并非固定的正 U 形或倒 U 形关系，而可能存在一种"波浪形"的非线性关系，最低工资标准的就业效应可能在不同的历史阶段和环境中有所变化。

根据第（6）列的结果，发现就业量到达正 U 形曲线拐点时 $\ln ZDG$ 为 3.97，则拐点处最低工资标准为 52.98 元。最低工资标准对就业存在正向影响，则需要在正 U 形拐点的右侧。我国目前 $\ln ZDG$ 的平均水平为 6.782（见表 1），即最低工资标准平均为 881.83 元，表明我国最低工资标准与就业的关系处于正 U 形曲线的右侧，提高最低工资标准能促进就业，符合当前我国最低工资标准上调的发展趋势。

人均 GDP、受教育程度和固定资产投资对我国就业情况均具有正向效应，只有劳动生产率对就业具有负向影响。因此，推动经济发展、提高劳动者受教育程度、增加固定资产投资都能够提升劳动力市场的就业水平。

为了进一步验证模型的稳健性，本文参照田贵贤的研究[24]，采取核心解释变量适当替换、增加控制变量以及将全国分为东部和中西部地区等方法。表 5 的第（1）列和第（2）列是将核心解释变量最低工资标准换成最低工资标准的一阶差分；第（3）列和第（4）列是增加控制变量——在校大学生人数（$\ln ZXX$），因为在校大学生是劳动力市场人力资源的重要来源，大学生受过较多教育，工作能力和素质相对较高，更容易获得较高的劳动报酬；第（5）列和第（6）列增加了城镇化水平，因为城镇化水平高，会吸引更多就业。从表 5 的检验结果可知，最低工资标准提高能显著促进就业的增长，二次项的系数均显著为正，表明最低工资标准与就业的正 U 形非线性关系具有稳定性。

表 5　最低工资标准就业效应的稳健性检验结果

变量	FGLS 估计：$\ln JYR$					
	（1）	（2）	（3）	（4）	（5）	（6）
$d\ln ZDG$	0.057*** (3.42)	-0.234*** (-5.87)				
$(d\ln ZDG)^2$		0.757*** (5.38)				
$\ln ZDG$			0.296*** (16.32)	-1.839*** (-9.36)	0.267*** (15.46)	-1.743*** (-8.03)
$(\ln ZDG)^2$				0.160*** (10.90)		0.151*** (9.19)

续表

变量	FGLS 估计：lnJYR					
	（1）	（2）	（3）	（4）	（5）	（6）
lnRJG	0.749***	0.746***	0.616***	0.665***	0.575***	0.617***
	（39.82）	（36.22）	（45.34）	（39.38）	（35.87）	（35.13）
SJY	0.128***	0.129***	0.152***	0.123***	0.147***	0.122***
	（15.67）	（12.90）	（18.43）	（16.52）	（16.07）	（13.71）
lnGDZ	0.268***	0.253***	0.144***	0.147***	0.134***	0.126***
	（21.74）	（24.47）	（13.51）	（18.42）	（13.18）	（16.04）
LDS	-0.023***	-0.023***	-0.024***	-0.024***	-0.023***	-0.023***
	（-47.97）	（-49.58）	（-98.51）	（-85.66）	（-86.89）	（-69.25）
lnZXX			0.013***	0.031***	0.010***	0.029***
			（4.54）	（10.84）	（4.03）	（10.03）
CZH					0.006***	0.007***
					（6.98）	（8.07）
cons	-4.959***	-4.773***	-4.830***	1.729***	-4.558***	1.650**
	（-35.81）	（-25.14）	（-36.95）	（2.94）	（-33.21）	（2.32）
N（个）	540	540	570	570	570	570
Wald 统计量	79306.99	56297.29	354621.07	410650.48	276243.73	124661.14
伴随概率 p	0.0000	0.0000	0.0000	0.0000	0.0000	0.0000

为了考虑不同区域最低工资标准就业效应的差异性。本文将全国分为东部和中西部两大区域来检验和分析，分析结果如表6所示。总体而言，最低工资标准对就业的促进作用在中西部更显著，在东部并不显著。这可能是由于东部的最低工资标准相比中西部来说更高，企业的用工成本更高，企业会调整其劳动资本结构。另外，东部地区经济发达，大多以高新技术企业和资本密集型企业为主，劳动密集型企业逐渐被挤出东部，迁至中西部地区。资本密集型企业的就业一般不会受到最低工资标准的影响，最低工资标准更多的是对劳动密集型企业产生影响。因此，中西部地区劳动密集型企业增多，对普通劳动者的需求也会增加，在东部地区难以就业的劳动者就会转向中西部地区的劳动力市场。

表6　分地区最低工资标准与就业关系的实证回归结果

变量	FGLS 估计：lnJYR			
	东部		中西部	
	（1）	（2）	（3）	（4）
lnZDG	-0.036	0.178	0.339***	0.081***
	（-0.94）	（0.42）	（454.68）	（3.20）

续表

变量	FGLS 估计：ln*JYR*			
	东部		中西部	
	（1）	（2）	（3）	（4）
（ln*ZDG*）²		−0.016		0.019 ***
		（−0.50）		（9.63）
ln*RJG*	0.760 ***	0.766 ***	0.366 ***	0.351 ***
	（24.64）	（23.65）	（148.30）	（108.17）
SJY	0.103 ***	0.103 ***	0.217 ***	0.213 ***
	（6.51）	（6.35）	（513.57）	（246.83）
ln*GDZ*	0.248 ***	0.243 ***	0.222 ***	0.230 ***
	（13.63）	（13.13）	（258.12）	（218.33）
LDS	−0.035 ***	−0.035 ***	−0.019 ***	−0.019 ***
	（−53.84）	（−54.75）	（−1063.65）	（−267.61）
cons	−3.248 ***	−3.975 ***	−3.648 ***	−2.631 ***
	（−20.97）	（−2.72）	（−60.56）	（−32.50）
N（个）	209	209	361	361
Wald 统计量	59826.80	61903.48	25300.00	16100.00
伴随概率 p	0.0000	0.0000	0.0000	0.0000

（二）最低工资标准的收入效应分析

为了考察最低工资标准的收入效应，本文利用 FGLS 方法对模型（2）进行估计，得到表 7 所示的结果。表 7 中第（1）～（3）列考察最低工资标准当期值对收入的影响，并逐步引入控制变量；第（4）～（6）列引入最低工资标准滞后一期，考察最低工资标准对收入的长期影响，并逐步引入控制变量。

表 7　最低工资标准与收入关系的实证回归结果

变量	FGLS 估计：ln*PJG*					
	（1）	（2）	（3）	（4）	（5）	（6）
ln*ZDG*	0.991 ***	0.585 ***	0.571 ***	0.771 ***	0.506 ***	0.516 ***
	（42.01）	（28.51）	（26.66）	（28.37）	（21.66）	（22.05）
ln*ZDG_1*				0.309 ***	0.190 ***	0.232 ***
				（11.44）	（8.93）	（10.61）
ln*RJG*		0.362 ***	0.365 ***		0.319 ***	0.314 ***
		（19.01）	（17.91）		（13.02）	（13.17）

续表

变量	FGLS 估计：lnPJG					
	（1）	（2）	（3）	（4）	（5）	（6）
CZH		0.006***	0.007***		0.004***	0.004**
		（7.14）	（9.10）		（3.17）	（2.42）
SJY			0.030***			0.000
			（4.12）			（0.01）
lnGDZ			−0.022**			−0.036***
			（−2.33）			（−2.78）
cons	3.613***	1.860***	1.744***	3.030***	1.744***	1.792***
	（17.61）	（9.15）	（8.07）	（13.38）	（6.99）	（6.96）
N（个）	570	570	570	540	540	540
Wald 统计量	4790.28	6548.73	4737.64	5020.50	4764.73	3894.17
伴随概率 p	0.0000	0.0000	0.0000	0.0000	0.0000	0.0000

从最低工资标准收入效应模型的回归结果来看，最低工资标准的提升始终对劳动者收入存在显著的正向效应，在引入滞后一期的最低工资标准后，当期的最低工资标准对收入的影响会减弱，但仍具有显著的正向影响，因此，假设 2 得以验证。同时，人均 GDP 和城镇化水平对劳动者收入具有显著的正向影响。

同理，为了进一步验证模型（2）的稳健性，采取增加控制变量和将全国分为东部和中西部区域的方法。表 8 中第（1）和第（2）列是增加控制变量——在校大学生人数；第（3）列是将最低工资标准的二期滞后项引入，考察最低工资标准促进劳动者收入提高是否具有长期性。表 8 的检验结果表明模型（2）具有稳健性，增加控制变量后最低工资标准和滞后一期最低工资标准对劳动者收入均具有显著的正向效应；同时，最低工资标准的二期滞后项的系数也显著为正，表明最低工资标准对劳动者收入具有长期的正效应。

表 8　最低工资标准收入效应的稳健性检验结果

变量	FGLS 估计：lnPJG		
	（1）	（2）	（3）
lnZDG	0.506***	0.416***	0.537***
	（21.66）	（27.75）	（21.14）
lnZDG_1		0.245***	0.195***
		（18.26）	（8.40）

续表

变量	FGLS 估计：lnPJG		
	（1）	（2）	（3）
lnZDG_2			0.189 ***
			（8.28）
lnRJG	0.245 ***	0.131 ***	0.297 ***
	（11.67）	（6.67）	（10.69）
CZH	0.007 ***	0.006 ***	−0.000
	（5.68）	（4.86）	（−0.06）
SJY	0.055 ***	0.035 ***	−0.019 **
	（7.21）	（5.81）	（−2.20）
lnGDZ	0.064 ***	0.056 ***	−0.046 ***
	（7.31）	（7.00）	（−3.47）
lnZXX	−0.019 ***	−0.028 ***	
	（−8.84）	（−16.23）	
cons	2.771 ***	3.419 ***	1.428 ***
	（13.02）	（17.31）	（6.84）
N （个）	570	540	510
Wald 统计量	8596.71	12488.74	7414.62
伴随概率 p	0.0000	0.0000	0.0000

由表 9 分析我国东部和中西部地区的最低工资标准对劳动者收入的影响可以发现，当期和滞后一期最低工资标准均对劳动者收入具有显著促进作用。总体来说，相比东部，最低工资标准提升对中西部的劳动者收入影响更大。滞后一期的最低工资标准对中西部劳动者收入的影响也要大于东部地区，这主要是因为中西部地区经济发达程度低于东部地区，低收入群体较多，是最低工资标准惠及的人群；东部地区经济发达，劳动者的受教育程度和能力都比较高，劳动收入水平相对较高，最低工资标准对其收入的影响相对较小。所以，中西部地区最低工资标准的收入效应比东部地区强。

表 9　分地区最低工资标准与收入关系的实证回归结果

变量	FGLS 估计：lnPJG			
	东部		中西部	
	（1）	（2）	（3）	（4）
lnZDG	0.350 ***	0.399 ***	0.664 ***	0.636 ***
	（13.65）	（15.89）	（52.78）	（53.09）

变量	FGLS 估计：lnPJG			
	东部		中西部	
	（1）	（2）	（3）	（4）
lnZDG_1		0.051**		0.245***
		(2.21)		(19.95)
lnRJG	0.347***	0.314***	0.375***	0.311***
	(9.65)	(8.79)	(32.11)	(39.57)
CZH	0.026***	0.024***	0.002***	-0.003***
	(9.41)	(8.40)	(3.70)	(-2.93)
SJY	0.009	0.000	0.059***	0.006
	(0.95)	(0.01)	(17.97)	(1.30)
lnGDZ	-0.036**	-0.053***	-0.018***	-0.037***
	(-2.56)	(-4.13)	(-3.46)	(-9.18)
cons	4.012***	3.966***	1.065***	1.405***
	(16.49)	(14.61)	(7.27)	(8.49)
N（个）	209	198	361	342
Wald 统计量	3589.83	2821.76	43204.58	16059.10
伴随概率 p	0.0000	0.0000	0.0000	0.0000

五　结论与政策建议

本文利用国内 30 个省份的面板数据，研究最低工资标准的就业效应和收入效应，得出以下结论。首先，最低工资标准对就业的影响呈现正 U 形的非线性：最低工资标准在正 U 形曲线拐点的右侧时，对劳动力市场就业产生正向影响；在拐点左侧时则产生负向影响。当前，我国最低工资标准的平均水平处在正 U 形曲线拐点的右侧，所以最低工资标准对劳动就业具有正向作用。同时结合已有研究，本文推测最低工资标准与就业的非线性关系可能存在"波浪形"的趋势。进一步分析发现，最低工资标准对就业的正效应在中西部地区更显著，对东部地区就业的影响不显著，具有明显的地区差异性。其次，对最低工资标准的收入效应研究发现，当期和滞后一期最低工资标准提升可以提高劳动者收入，最低工资标准对劳动者收入具有长期的正向效应。最低工资标准的收入效应在中西部地区比东部地区更强。最后，研究发现人均 GDP、受教育程度和城镇化水平等对我国劳动力市场就业及劳动者收入均具有正向影响。

根据以上结论，本文提出如下政策建议。

第一，充分利用最低工资标准调整的有利范围，适度提高最低工资水平。研究表明当前我国最低工资标准处在正 U 形曲线拐点的右侧，所以最低工资标准调整处于促进就业的有利范围，同时最低工资标准具有正向的收入效应，因此可以继续提高最低工资水平，既能促进就业又能提高劳动者收入。由于最低工资标准与就业可能存在"波浪形"的关系，并非最低工资标准越高越好，因此最低工资标准应在合理范围内适度调整，以达到既有利于提高劳动者收入水平，也不会损害促进就业的状态。

第二，因地制宜调整最低工资标准。由于最低工资标准的就业效应和收入效应具有地区差异，东部和中西部地区的就业效应和收入效应不同，因此各个地区、省份应当根据本地经济发展条件以及当前最低工资水平，合理调整最低工资标准，以在保障并提高劳动者收入的同时不损害就业，甚至促进就业。

第三，推动地区经济发展和城镇化建设以促进地区劳动就业和提高收入。由于地区人均 GDP 和城镇化水平均能促进就业，提高劳动者收入，因此在调整最低工资标准的同时要注重对地区经济发展和城镇化建设的带动作用，全面保障劳动就业和劳动者收入提升。

参考文献

［1］Partridge M D, Partridge J S. Are teen unemployment rates influenced by state minimum wage laws？［J］. *Growth and Change*, 2010, 29（4）：359-382.

［2］邓大松，卢小波. 最低工资会挤出外出劳动力供给吗？——基于第五次人口普查和地级市匹配数据的分析［J］. 学习与探索，2016（10）：102-108+176.

［3］张丹丹，李力行，童晨. 最低工资、流动人口失业与犯罪［J］. 经济学（季刊），2018，17（3）：1035-1054.

［4］杨正雄，张世伟. 最低工资对农民工非正规就业和工资的影响［J］. 农业经济问题，2020（9）：40-54.

［5］唐镰，马银坡. 最低工资上涨、企业资本深化与企业劳动雇佣［J］. 上海金融，2023（5）：54-68.

［6］徐维兰. 最低工资对流动人口收入的动态影响分析［J］. 统计与决策，2018，34（1）：120-122.

［7］杜鹏程，刘睿雯，张烁珣. 要素成本与劳动收入份额：来自最低工资与进口关税的证据［J］. 世界经济，2022，45（2）：85-110.

［8］彭刚，杨德林，姚星等. 最低工资标准与共同富裕：理论逻辑与中国实践［J］. 数量经济技术经济研究，2024，41（2）：47-67.

［9］王政武，人生存和发展视域下最低工资制度的反思与重构［J］. 南京政治学院学报，2016，32（1）：41-47.

［10］杜瑶，王忠，黄建烨. 最低工资降低非正规就业了吗？——基于流动人口数据的实证研究［J］. 南方人口，2019，34（3）：69-80.

［11］叶文辉，江佳鑫. 中国最低工资政策对低收入群体就业的影响——基于 CGSS 数据的实证研究［J］. 山西财经大学学报，2020，42（10）：14-26.

［12］马双，肖翰，李丁等. 最低工资与异质性人力资本需求：基于招聘网站数据的研究［J］.

世界经济，2023，46（12）：92-114.

［13］邸俊鹏，韩清. 最低工资标准提升的收入效应研究［J］. 数量经济技术经济研究，2015，32（7）：90-103.

［14］杨娟，李实. 最低工资提高会增加农民工收入吗？［J］. 经济学（季刊），2016，15（4）：1563-1580.

［15］周广肃，丁相元，张维昊. 最低工资标准、居民收入不平等与共同富裕——基于 CFPS 面板数据的分析［J］. 经济问题探索，2023（10）：31-47.

［16］黄晓鞾. 最低工资制度的收入效应和就业效应［D］. 厦门大学硕士学位论文，2018.

［17］高天一. 最低工资标准提高对我国城镇居民就业和收入的影响［D］. 湘潭大学硕士学位论文，2018.

［18］王雅丽，张锦华，吴方卫. 最低工资提升对农民工收入影响的再考察——基于全国流动人口动态监测数据的分析［J］. 当代经济科学，2019，41（4）：38-47.

［19］罗小兰. 我国劳动力市场买方垄断条件下最低工资就业效应分析［J］. 财贸研究，2007（4）：1-5.

［20］李怡乐. 中国最低工资增长及其就业效应的马克思主义经济学解析［J］. 当代经济研究，2018（7）：47-57.

［21］王小佳. 最低工资管制、产业结构升级与就业［J］. 经济问题，2016（5）：26-29+50.

［22］王湘红，汪根松. 最低工资对中国工人收入及分配的影响——基于 CHNS 数据的经验研究［J］. 经济理论与经济管理，2016（5）：46-56.

［23］郑适，秦明，樊林峰，王志刚. 最低工资、空间溢出与非农就业——基于空间杜宾模型的分析［J］. 财贸经济，2016（12）：133-143.

［24］田贵贤. 最低工资对就业的影响及其作用机制——基于建筑业面板数据的分析［J］. 财经论丛，2015（5）：16-23.

危机管理视角下演艺明星品牌形象保护问题探索

员婉婉　鲍睿晨*

摘　要：演艺明星吸毒、出轨、偷税漏税事件频频曝光，导致经纪公司与明星本人营造的人设瞬间坍塌，对明星及经纪公司产生诸多负面影响。本文从品牌管理、社会学与传播学角度，运用文献综述法，厘清明星品牌、明星品牌价值、明星品牌危机等概念，剖析明星品牌危机产生的原因，指出明星品牌危机产生的影响，如明星本人自我形象的坍塌、经纪公司对明星品牌的管控成本提高、影响社会大众对明星品牌形象的认知以及粉丝幻想破灭导致明星商业价值降低。在此基础上，给出了应对明星品牌危机的整体思路，并强调应该成立专职机构，落实责任主体；启动内部公关，取得员工支持；公开事实真相，遏制谣言传播；等等。同时，对于经纪公司而言，应当正确引导公众情绪良性变化、弥补模式化明星"洗白"缺陷和合理协调内外部矛盾等。

关键词：演艺明星　明星品牌　品牌危机　经纪公司

一　引言

随着国内娱乐业的发展，经纪公司的"造星"能力显著提高。然而，经纪公司的造星行为仅仅停留在对明星话题、舆论、流量的制造上，忽略了对明星艺德的培养。明星言行举止缺乏约束等，导致明星品牌危机发生，造成明星及经纪公司的公众形象受损，事件相关主体声誉受到牵连。作为公众人物的明星，应具有高于普通公众的道德、行为标准，其名誉的养成需要自律和规范。明星品牌危机事件频发引起社会关注，明星品牌危机的应对值得研究（品牌危机管理包括危机预警和危机应对，本文着重研究明星品牌危机应对）。

本文尝试定义明星品牌、明星品牌价值、明星品牌危机等概念，划分明星品牌危机的类型，运用品牌管理、社会学与传播学理论，分析明星品牌危机产生的原因及影

---

* 【作者简介】员婉婉，西安明德理工学院经济与管理学院讲师，研究方向为品牌与公共危机管理、乡村振兴、农产品区域品牌建设；鲍睿晨，西安科技大学高新学院助教，研究方向为危机管理。

响，为经纪公司应对、化解明星品牌危机进而协调明星本人、经纪公司与粉丝、社会大众及大众媒体之间的矛盾提出对策建议。

二　文献综述

目前，国内外学者对"明星"相关问题的探讨，已取得不少成果，包括明星角色塑造与台前幕后的一致性、明星角色塑造与其他社会成员的关联性、"明星"与"明星形象"的含义。

关于"明星"的含义，国外学者认为，"明星"不只是有知名度的演员[1]，更作为一种"产品"。杰里米·G.巴特勒认为，明星产品是经由社会大众、明星个人和其影视作品相互作用、共同打造的，这种产品及其知名度与社会中的意识形态领域和非意识形态领域相互影响。[2]保·麦克唐纳和李二仕则思考了明星身份的差异、区别以及明星的"语境和身份"。[3]

借鉴国外学者对好莱坞明星制的探索[4]，国内学者完成了电影与明星之间的关系[5]、明星形象资本化和品牌化[6~7]、经纪公司利用媒体危机公关[8]、明星形象保护策略[9~10]等研究。

上述研究，多是围绕电影明星概念、明星商业价值以及明星形象资本化和品牌化等展开，关于明星品牌概念，国内学者尚没有清晰的界定；明星形象保护侧重事前预防研究；明星危机公关仅停留在对单个危机事件进行零星、孤立的研究，且仅限公关层面的简单操作，缺乏理论支撑；应对措施缺乏整体性、系统性。

三　明星品牌危机相关概念界定

（一）明星品牌和明星品牌形象

1. 明星品牌

明星品牌指在特定领域或行业，享有较高知名度和良好口碑的品牌。通常以优秀的产品或服务、卓越的管理和领导能力、创新的经营理念和强大的品牌形象而著称。

明星品牌的内涵：优秀的领导力；卓越的产品或服务；创新的经营理念；持续的业绩增长；良好的声誉和品牌形象。

2. 明星品牌形象

明星品牌形象是公众通过亲身体验或对明星品牌各种信息加以归纳和提炼而形成的对明星品牌的主观认知与整体印象。是经纪公司通过明星特有的易于识别的具体化的形象塑造的明星品牌的差异性和独特性，便于公众及粉丝将特定明星与其他明星区别开来。明星品牌形象具有表象性、脆弱性、重塑性、资产性等特性。

明星品牌形象具有两种，即在银幕（荧幕）、舞台上的角色塑造和在生活中的个性展现。经纪公司和明星个人通过塑造固定的形象来吸引粉丝对该明星加以追捧。

（二）明星品牌价值

品牌价值是由以品牌产品或服务的品质为基础的客观属性和消费者的主观感受共同构成的功能价值，以及为企业创造的以无形资产为主的附加价值，是产品属性的升华和提炼。

明星品牌价值是消费者[①]通过亲身体验及对明星品牌信息的认知而对明星品牌产生的认可度，是对粉丝形成的感染力和消费力，以及为经纪公司创造的以无形资产为主的附加价值。明星品牌价值由以下几个方面构成。

1. 明星品牌的功能价值

明星品牌的功能价值指明星品牌以作品质量为基础，向粉丝提供能满足其需求的作品属性特征及其所体现出来的使用价值。功能价值具有明显的客观属性，是影响粉丝对明星品牌形成判断的最基本、最直接的因素，也是形成明星品牌价值的重要基础。明星品牌的功能价值由作品的整体质量、艺术水平和服务等要素构成，其中服务是上述内容中衡量作品质量的关键要素。

2. 明星品牌的附加价值

经纪公司通过有目的的传播，使粉丝对明星品牌有积极的联想或正面的评价，粉丝愿意以高于其他同类产品的价格购买该品牌产品，这种超出产品正常价值的部分就为明星品牌的附加价值。明星品牌的附加价值由粉丝的感受功效、品牌的社会象征意义以及品牌的名称认知度三个要素构成。

消费者的感受功效是由明星品牌产品的物质或有形联想所引起、能够向粉丝提供产品的功能性利益，由粉丝对品牌产品感受到的质量以及功能属性的差异所决定。这种联想是否重要关键在于对粉丝来说是不是最有价值。

明星品牌的社会象征意义是指粉丝通过非物质或有形联想从明星品牌中所获得的以社会和心理层面（主要是价值观、道德观、审美情趣等）为主要内涵的附加价值。具有高度社会象征意义的品牌，能够在粉丝心目中转化为具有人格化的品牌形象。

明星品牌的名称认知度是指粉丝对某个明星品牌的知晓度、认同度及接受度，是衡量明星品牌影响力的重要指标。品牌的名称认知有四种情况：未认知，被动认知，主动认知，首选认知。品牌的名称认知度，依赖于关于该品牌的广告的曝光频率和消费者购买与使用该品牌产品的频次，对品牌产品的感受功效及社会象征意义起强化作用。

3. 明星品牌的资产价值

明星品牌的资产价值是指明星品牌为经纪公司创造的价值，包括有形资产价值和

---

① 本文所出现的"消费者"与"粉丝"属于同一群体，因在相关段落分析不同，所以表述有所不同。

无形资产价值。影响明星品牌资产价值大小的因素包括：品牌的市场份额；市场份额的稳定性；市场带给公司的利润空间。品牌的附加值水平在很大程度上决定品牌资产价值的大小。

（三）明星品牌危机

品牌危机，指由于组织内部和外部因素，品牌在设计、生产、原料、配方等环节出现有损消费者身心健康的隐患，甚至损害消费者的生命安全，造成品牌形象、声誉受损和品牌价值降低。

明星品牌危机，指由于内外部因素而导致明星个人和经纪公司的声誉、形象处于危急时刻。这种危机状态会给经纪公司和明星个人的声誉和品牌价值产生负面影响。

明星品牌危机的主体包括明星个人、经纪公司、社会大众、粉丝和其他利益相关者。

明星品牌危机的特征包括以下方面。（1）突发性。事前难以预测，即使预见，也难以预测危机发生的具体时间、形式、强度等。（2）危害性。明星品牌危机造成的伤害更多地体现为明星品牌形象这一无形资产的受损、流失。（3）蔓延性。明星品牌危机一旦爆发，必然引起舆论及社会关注，置明星品牌于危险境地。（4）被动性。品牌危机事发突然，组织只能仓促反应，被动应对。

（四）明星品牌危机的类型

参照 Pullig 等对品牌危机事件的分类[11]，本文按照危机事件成因将明星品牌危机分为个人能力危机、团队管理危机与行为示范失格危机。

个人能力与团队管理危机指因明星自身专业能力较差及管理团队工作配合、服务等不善而导致的危机事件。

行为示范失格危机指明星个人或其团队与法律法规、社会价值观、道德观、商业伦理、宗教信仰、文化习俗等相悖，或与相关联的群体利益发生冲突而导致的危机事件，包括法律示范失格危机、个人道德示范失格危机。

四　明星品牌危机的起因及影响

（一）明星品牌危机的理论依据

1. 明星品牌形象资产依附的不稳定性及正负资产间的冲突

David A. Aaker 在其品牌理论中提出品牌形象资产依附于消费者。[12]理论认为，消费者即粉丝的喜好决定明星品牌价值，经纪公司将明星影视作品或他参加活动最受粉丝接受和喜爱的"点"，作为明星的市场定位。明星和其经纪公司依靠塑造的明星品牌形象创造商业价值。定位模糊可能导致失去品牌号召力和影响力，当塑造的明星品牌形象超出粉丝的接受程度甚至引起反感时，则会产生负资产。

2. 明星品牌与社会大众互动的矛盾

布鲁诺社会学理论认为，对个体产生影响的，并不是事物本身的内容与功能，能够产生影响的是个体与他人在进行互动过程中的碰撞。个体在遇到对自己有利或不利的事情时，往往通过语言和行为偏向于自己这一方。[13]明星品牌形象一旦受损，明星和经纪公司的第一反应是先撇清事件本身与个体的关系，并通过言行为自己开脱。

3. 新媒体环境对明星品牌形象的影响

新媒体技术打破了原有单向的信息流向模式，为舆论传播带来了新契机。唐波的企业危机公关策略研究指出，新媒体环境下信息传播形成"多对多"的传播方式，传播主体可以不限时间、空间、平台，在没有信息"把关人"的情况下发布负面信息。[4]明星的瑕疵会在这种无所遁形、不可测的网状传播模式下加倍、加速放大甚至导致产生新的危机。

（二）明星品牌危机的起因

1. 按危机产生的主体分类

（1）明星。明星本人是导致一切危机的源头。首先，明星本身带有的光环足以吸引更多的眼球；其次，明星名誉养成需要更严格的自律和规范，对社会有更强和更广泛的示范作用。很显然，有很多明星并未意识到这一点。

（2）经纪公司。不同经纪公司对明星的运作模式有着差异性，但都有一个致命的缺点，就是对明星个人未有更好的监管，未能起到预防作用。大多数危机的起因与明星的私生活相关，虽然经纪公司会通过签约对明星的婚恋状况及职业发展做出各种规定，但监管力度明显不足。

（3）社会大众。社会大众分为三种类型。一是理性型公众，对明星有着比普通人更高的要求，喜欢"斤斤计较"明星的各种错处，通常会使一件小事引发出一场大的危机。二是感性型公众，容易对明星品牌危机事件产生情绪化反应，经不起网络谣言的煽动。三是吃瓜型公众，单纯喜欢凑热闹，但会使危机事件的热度居高不下。

（4）粉丝。粉丝也有三种类型。一是"亲粉"，对明星的感情最为深厚，一旦危机事件爆发，则会站在维护明星的第一线。一旦某位忠实粉丝脱粉，将导致大批粉丝的离开，加剧危机演化。二是"路人粉"，对明星的情感依赖较淡，容易"转黑"。三是"黑粉"，专门针对明星制造谣言、以假乱真甚至进行人身攻击。

2. 按明星主观因素分类

（1）精神需求。由于工作性质和工作环境的特殊性，明星在进行影视作品创作时需要有大量的感情投入，并能与创作的角色保持高度的一致性。而明星所处的工作环境又不能摆脱与异性合作交流的机会，因此对于"入戏太深"和自制力较差的明星而言，很容易因为某一作品而产生角色之外的感情，将作品中的感情延续，甚至产生某种"节外"感情，这是基于明星本人对合作对象的精神依赖。

（2）名利需求。演员和明星的最本质区别就在于对"名"与"利"的定义和追求不同。对于演员而言，"名"在于好的声誉，如在业内的口碑、较好的观众缘和扎实的基本功；"利"则是获得自己分内的酬劳。但对于明星而言，追求"名"的目的就是获得"利"，因此会借助各种手段达到宣传自己的目的。然而，过度包装和曝光最终是为了获取大量的"圈内资源"，从而满足自己对物质的需求，甚至不惜以身涉险。

（3）社交需求。娱乐圈中不同类型的明星为了满足自己的某些目的而会产生不同的社交需求，如想要获得前辈提携、寻求影视资源或者拓展自己的朋友圈。明星不同的社交圈满足其不同的社交需求，但不同的社交圈都会有自己的"社交文化"。

（4）关注度需求。明星在娱乐圈的生存之道就是利用各种机会为自己的个人品牌形象造势宣传，最为突出的是借助新作品的力量博得各方的关注。这种宣传对于明星而言始终是把双刃剑：一方面，能够获得相关群体的关注从而获得相应的资源；另一方面，如果过度宣传则会引起公众的反感情绪，容易起到适得其反的作用。

3. 按明星客观因素分类

（1）明星品牌形象符号异化。基于行业竞争，演艺明星为了区别于竞争对手会为自己树立某种独特形象，这也是明星本人和经纪公司的无形资产，明星在其产品代言、参演作品和日常生活中都会以塑造的人设标准来行事。当"刻画"的明星品牌形象（往往不真实）与明星个人的真实形象产生不一致（符号异化），且超出粉丝的接受范围时则会导致危机的产生。

（2）消费者对明星品牌形象资产依附的减少。面对近年来层出不穷的流量明星，娱乐圈已经处于饱和状态，演艺明星只能依靠其粉丝的支持率来获得相应的市场份额。对于演艺明星而言，由于同类型可替代的流量明星增多，粉丝成为一种稀缺资源。当明星品牌形象成为一种商品时，公众会从多种维度进行选择，形象、演技与艺德都是明星品牌形象的评判标准，伴随着粉丝理性的回归，"良性粉丝"市场大过"劣性粉丝"，因此演艺明星的品牌形象资产面临危机。

（3）演艺明星品牌形象负资产的危害。不论是对于在娱乐圈有根基的资深演艺明星还是对于一夜暴红的流量明星，面对公众的评判都处在平等地位。一旦演艺明星做出了挑战公众道德底线、违背社会公序良俗甚至是触碰法律法规的行为，在媒体的助力之下，就会在瞬间造成不可抗的负面影响，而这种负面影响足以撼动演艺明星在圈内多年打造的根基。

（三）明星品牌危机产生的影响

1. 明星本人自我形象的坍塌

明星的工作是向社会大众奉献文艺作品，通过作品与观众进行对话。"60 后""70 后"观众更加关注的是演员的作品本身而不是他们的私人生活，老一辈演员更是很少通过媒体过多地曝光自己，他们并不与当代的"明星"等同。随着粉丝经济的诞生，一些演艺工作者为了获取公众的更多关注进而拥有一批属于自己的粉丝，利用各种媒体来曝光自己的工作与生活，甚至是故意塑造一种符合粉丝幻想的形象。这种形象的塑造大体分为三类：一是由于某个角色的成功塑造而受大家喜爱，明星为了延续这个角色的热度，会在现实生活中继续沿用此类形象；二是刻意营造自己与其他明星不同的性格；三是通过"自黑"拉近与粉丝之间的距离，撕开明星的神秘感。无论哪种类型形象的坍塌都会对明星本人造成不同程度的影响，同时也影响明星再次复出时公众对他的接纳度。

2. 经纪公司对明星品牌的管控成本提高

对于经纪公司来说，明星作为一个个体是独立自由的存在，但如果是作为本公司打造的某种品牌时，那么它更看中的是其粉丝经济和商业价值。通过估量明星本人在市场上的接受程度，决定对明星个人成长的投资程度。在国家新闻出版广电总局对污点明星的限制规定出台之前以及自媒体发达程度较低时，经纪公司对明星品牌管控的成本较低，经纪公司可以通过各种渠道迅速降低明星负面消息的热度（除非明星本人自愿放弃事业上的发展），在势头较好的时候再恢复明星的工作，如果宣传效果较好甚至可以继续扩大明星的市场份额。随着自媒体的发展和国家新闻出版广电总局对污点明星的限制规定出台，公众对明星丑闻的记忆时间延长，同时，污点明星的工作在国家新闻出版广电总局的限制解开之前是无法继续展开的，作为经纪公司"摇钱树"的明星只能对合作商进行违约赔款。经纪公司如果想恢复其商业价值除了有好的契机之外还需要投入更大的成本。

3. 影响社会大众对明星品牌形象的认知

明星品牌危机事件在当下可以说是一种全民狂欢活动，危机事件足够引起公众或粉丝的好奇心，媒体的推波助澜会使得事件的热度（关注度）提升到高点。对于社会大众来说，明星品牌形象的破坏有两个方面的影响。一是容易干扰还未形成完整价值观体系的未成年人的健康成长，尤其是在当今"娱乐至死"的年代，会使正确社会价值观的地位受到动摇。二是使得社会大众能够更加理性地去追星，粉丝对明星的追逐由肤浅判断到深刻了解。肤浅判断主要来源于明星本人的长相、装扮，深刻了解在于明星本人的个人品质、业务能力等方面。如果明星本人触犯公众的道德底线，就会出现"粉转路""路转黑"的现象。

4. 粉丝幻想破灭导致明星商业价值降低

明星品牌危机一旦发生，就说明明星违背了与粉丝之间的心理契约，打破了二者之间的默契关系，会造成诚信缺失，使得粉丝感觉到遭遇背叛，导致粉丝对明星言行举止及形象的怀疑，甚而对明星品牌形象的幻想就会破灭。而所谓的粉丝经济，就是明星与粉丝之间达成的某种共识，明星负责满足粉丝对其品牌形象的幻想，而粉丝利用经济手段确保明星的商业价值。粉丝如果对明星品牌形象的幻想破灭，就会停止对明星的经济支持，大量粉丝的逃离会使得明星的"流量"降低。广告商、影视剧资源以及各综艺节目都是根据明星近期的热度和流量选择与之合作的，一旦失去粉丝的支持，明星本人的商业价值就会降低。

5. 利益相关者的经济利益与名誉遭受双重损害

明星的利益相关者有影视剧资源的投资商、各大卫视以及广告商等。对于影视剧资源的投资商而言，制作一部影视剧需要耗费大量的时间和资金，由于政策和市场以及其他不可控因素的影响，回款周期很长。如果此时参演明星引发品牌危机事件，则会导致影视作品无法面世，投资商则会遭受重大的经济损失。对于各大卫视和广告商等，它们与明星存在一荣俱荣、一损俱损的关系。一旦明星引发品牌危机事件，则各大卫视和广告商也会面临经济和名誉上的损失。但各大卫视和广告商对危机的反应速度比投资商更快，损失也较于投资商少一些。

五　明星品牌危机的应对措施

品牌危机应对是指在组织管理不善、同行竞争甚至恶意破坏或外界特殊事件，给组织及其品牌带来危机时，组织所进行的一系列针对性的自救行动。不同的组织或品牌遭遇的品牌危机各有不同，处理方法及应对措施也不尽相同。对于明星品牌危机的应对，从经纪公司角度提出如下思路及措施，同时经纪公司也应关注一些重要问题。

（一）应对明星品牌危机的整体思路

不同类型明星品牌危机事件的成因、性质、信息传播人群、影响程度均有不同，经纪公司的应对目的及措施也不相同，但仍存在共性和一般性的整体思路（如表1所示）。

表1　明星品牌危机应对的整体思路

时期	危机类型			
	偷税漏税类	吸毒类	婚外情类	学术造假类
潜伏期	1. 经纪公司聘请危机公关专家分析明星演艺生涯面临的危机。 2. 成立危机管理部门，负责分析明星的负面新闻，确保明星品牌形象台前幕后的一致性。 3. 测量粉丝的忠诚度，并制订补充计划。			

时期	危机类型			
	偷税漏税类	吸毒类	婚外情类	学术造假类
爆发期	1. 由经纪公司召开媒体见面会进行现场答疑。 2. 积极维护粉丝的关注度，传播正确的舆论导向。 3. 危机管理部门联系代言公司、参演作品团队及综艺活动举办方，确保将经济损失降到最低。			
蔓延期	1. 配合相关部门调查。 2. 明星个人召开新闻发布会对事件进行说明和总结。 3. 防止危害扩散，保护明星品牌形象资产。			
恢复期	1. 参与公益事业，刷新公众认知。 2. 对明星品牌形象重新进行定位，评估明星品牌形象资产。 3. 为回归制造消息。			

纵观明星品牌危机事件始末，从危机爆发到事件终结，经历了"态度—行为—态度"的过程，对于整场危机事件的参与者而言都是一场"攻心战"。本文从明星品牌危机事件全过程，提出应对危机事件的整体思路：（1）防止明星品牌形象符号异化的发生；（2）防止消费者对明星品牌形象资产依附的减少；（3）减少明星品牌形象负资产对正资产的危害；（4）创造明星品牌形象正资产。对于经纪公司和明星个人而言，应对危机事件的最终目的并不只是"洗白"，而是防止明星商业价值继续流失甚至是保存一些商业价值以便能够在市场上竞争。

（二）明星品牌危机应对措施

1. 成立专职机构，落实责任主体

调查危机事件肇因，危机给明星品牌形象、经纪公司及利益相关者造成的负面影响及损失，以及相关部门及人员应负的责任等，形成调查报告，以便做出危机应对的正确决策。

2. 启动内部公关，取得员工支持

及时、真实地向员工通报危机事件相关信息，消除员工疑虑以及可能的负面影响；支持员工自觉传递维护公司利益的言论；避免员工对公司失去信心、加剧危机造成的损失。

3. 公开事实真相，遏制谣言传播

了解谣言的形成因素、意图、来源、传播范围以及对公众的影响程度；尽快坦诚地向公众和媒体公布调查结果，公开事实真相；主动联系媒体，及时开放信息通道，建立与公众及媒体的信息沟通渠道；统一对外口径，引导媒体朝有利于公司和品牌的方向发声。如果查明谣言与事实完全不符并有陷害者或有竞争对手操纵，应借助法律途径追究相关责任。

4. 修复品牌形象，重建品牌声誉

虽然危机事件对于明星品牌形象及经纪公司而言是挑战，但是如果应对得当，那么危机事件将是展示和传播经纪公司形象和价值理念难得的机会，甚至会因为经纪公司在危机处理中表现出的诚信、务实和担当而使明星及公司品牌形象在社会舆论和公众心目中获得提升。经纪公司应该高瞻远瞩、胸怀宽广、勇于创新，通过弘扬公司理念、完善公司管理、强化明星自律、加强媒体沟通等，逐步恢复明星及公司品牌形象。

（三）应对明星品牌危机应注意的问题

基于品牌危机应对的快速反应、主动性、真诚坦率、一致性、全员性和人道主义等原则[14]，提出经纪公司应对明星品牌危机事件应注意的问题。

1. 正确引导公众情绪良性变化

明星的负面新闻通过媒体的传播后，公众往往是在第一时间情绪最为高涨，会通过各种渠道进行证伪或讨论。但经纪公司与明星个人的反应往往具有滞后性，导致这种滞后性的原因是：对于负面新闻的真伪及影响程度，经纪公司需要通过评估和判断再决定将要采取的应对措施。对于知名度较高的明星而言，一旦出现负面新闻而未及时通过媒体进行情况说明，就会出现反弹情况。一些别有用心的媒体和个人通过向不明真相的群众传播恶意言论或视频，混淆公众视野、煽动公众情绪，使得经纪公司和明星个人失去在整件事件中的主动权。如何使得公众情绪变化从"微笑曲线"变为"哭脸曲线"，是经纪公司在处理危机事件过程中的关键问题。

2. 弥补模式化明星"洗白"缺陷

经纪公司在应对明星品牌危机事件的过程中，其模式化的流程是利用自媒体如微博发布声明，通过召开发布会公开道歉并承认错误，参加公益活动重塑形象，重回公众视野。在这样模式化的"洗白"过程中，有的明星得以重新回归公众视野，但有的明星依旧还在反复地试探和失败。抛开明星个人在娱乐圈的地位，其中最值得经纪公司去思考的问题是，是谁最终决定了明星的去和留，明星的复出权力是掌握在经纪公司的手中还是公众的手中。伴随粉丝理性的回归和公众的"较真"态度，模式化"洗白"稍显真诚不足。

3. 合理协调内外部矛盾

明星品牌危机事件爆发必然引发相关矛盾的产生。外部矛盾体现为，明星复出与国家新闻出版广电总局规定、媒体宣传、公众接纳程度之间的矛盾。内部矛盾体现为，当明星品牌危机事件危及公司和明星的商业资源与影视资源时，经纪公司能否将所属劣迹明星的资源保留至其东山再起，或者将资源投向其他处于事业上升期的明星，以及经纪公司是否继续保留该明星的品牌形象。这两种矛盾决定了劣迹明星的职业生涯是来自外部矛盾的被动放弃还是内部矛盾的主动放弃。

4. 谨慎对待明星个人的"公"与"私"

当明星作为经纪公司的资产存在时，明星是被经纪公司拥有或者控制的。就所属关系而言，经纪公司对明星个人具有完全的主导权力，但对于明星负面新闻爆发而言经纪公司明显处于被动地位。而大多数明星的危机事件与其私生活相关，相关"劣迹"往往与经纪公司为之打造的品牌形象相违背。因此，经纪公司与明星的关系需要一些改变，或者对于明星是否应该接受经纪公司对其私生活的监督，需要明星个人与经纪公司达成某种共识，以此保证经纪公司在明星职业生涯的运作过程中处于主动地位。

经纪公司在处理明星品牌危机事件时还需要注意：根据事件的危害程度和明星的预期获利能力选择是否将其放弃；如何在其他明星间合理分配资源；明星品牌危机发生后能否利用其负面影响进行商业炒作。

参考文献

［1］邱章红. 形象与资本：好莱坞电影工业明星制剖析［J］. 北京电影学院学报，2006（6）：11-19+105.

［2］沈鲁，姜娜. 论明星品牌与华语电影产业的对接［J］. 成都理工大学学报（社会科学版），2012，20（5）：7-10.

［3］李文明，吕福玉. "粉丝经济"的发展趋势与应对策略［J］. 福建师范大学学报，2014（6）：136-148.

［4］唐波. Z世代主导的网络环境下的企业危机公关策略研究［D］. 北京大学硕士学位论文，2022.

［5］张一萌. 新媒体环境下运动员危机公关的传播特征与应对策略研究［D］. 上海体育学院硕士学位论文，2021.

［6］王艳. 当代中国电影明星社会责任变迁研究（1949~2020）［D］. 山西师范大学博士学位论文，2022.

［7］刘小卫. 公关生涯［M］. 中国人民大学出版社，2023：298.

［8］万传法，朱枫. 电影产业中的明星与明星制［J］. 当代电影，2008（7）：12-16.

［9］刘浩东. 明星制与电影产业［J］. 北京电影学院学报，2003（4）：15-23.

［10］杨晓茹，范玉明. 中国电影明星品牌打造研究［J］. 电影文学，2016（1）：38-40.

［11］Pullig C，Netemeyer R G，Biswas A. Attitude basis，certainty，and challenge alignment：A case of negative brand publicity［J］. *Journal of the Academy of Marketing Science*，2006，34（4）：528-542.

［12］Aaker D A. The value of brand equity［J］. *Journal of Business Strategy*，1992，13（4）：27-32.

［13］杰里米·G. 巴特勒，朱与墨，李二仕. 明星学研究的演绎与方法［J］. 电影艺术，2011（1）：109-116.

［14］张曙临. 品牌价值的实质与来源［J］. 湖南师范大学社会科学学报，2000（2）：38-42.

研究型金融审计在防范化解重大金融风险中的作用机制和实践路径

张荣刚　侯文超*

摘　要：防范化解重大金融风险，是实现金融高质量发展的内在要求。本文结合审计署对 N 银行的审计案例，探索研究型金融审计助力防范化解重大金融风险的独特作用及其内在逻辑，发现研究型金融审计可以运用系统思维将审计工作与中宏观审计目标结合、发挥识别预警机制的作用聚焦风险、通过评估评价挖掘风险深层原因、运用数字技术提升金融风险应对能力等，有效助力防范化解重大金融风险。因此，提出以"政治—政策—资金—项目"为主线开展研究型金融审计的思路，强调坚持"研用结合""研审结合"，依托大数据技术全面提升研究型金融审计效率， 提升审计人员的效能感，与金融机构、 金融监管机构和纪检监察机关协同发力。

关键词：研究型金融审计　重大金融风险　风险管理

一　引言

2023 年 12 月召开的中央经济工作会议要求"持续有效防范化解重点领域风险"，2024 年 1 月召开的全国审计工作会议要求"深入开展研究型审计""牢牢守住不发生系统性风险的底线"。防范化解重大金融风险对于维护国家经济安全、保持金融稳定健康运行都具有重大意义，传统金融审计对助力防范化解重大金融风险的作用不够突出、成果不够显著，研究型金融审计对防范化解金融风险的助力作用值得关注。

在 2009 年提出后，研究型审计在实践中不断发展，受到审计机关的高度关注。开展研究型审计，是国家审计标准日益原则化的必然要求，是国家审计数字化不断发展的必然结果[1]，是体现审计机关政治性的必然要求，是把握审计规律、培养高素质人才的需要[2]。研究型审计通过信息保障和知识积累机制、结果公开和信任增进机制、

---

* 【作者简介】张荣刚，西北政法大学商学院（管理学院）教授，研究方向为国家审计与审计法律制度、数字治理与电子商务法；侯文超，西北政法大学商学院（管理学院）硕士研究生。

共性判断和制度改进机制，有助于提升国家治理效能。[3]

对于研究型审计的概念、具体领域的应用、总体策略和具体方法，尚没有统一的认识。概念有调查研究观、思维模式观[4]、工作模式观、组织方法论等；郑石桥和刘星锐指出了研究型审计的内涵、类型及运用条件[5]；研究型审计在公共投资审计[6]、重大政策落实情况审计[7]、高等教育财政专项资金审计[8]等领域均有典型应用，聚焦重大审计项目、注重审计整改成效[2]。有学者指出，对于研究型审计，在审前调查、审计实施、审计报告和审计后评估各阶段形成了相应的具体做法[9]，应当充分利用数字化技术和理念助力提升审计质量和价值，多措并举，做好审计整改"下半篇"文章[8]。

关于金融审计的流程、方法，国家审计防范化解重大金融风险的机制和路径也有一些研究。李晓鹏提出深入开展研究型审计、发挥金融审计前瞻性和建设性作用、统筹各类资源、维护国家安全。[10]叶陈云等梳理了金融审计促进金融风险防控与经济稳健发展的研究现状及趋向。[11]我国金融面临宏观风险加剧、调控监管不力和利率汇率过度波动等多重风险[12]，国家审计在宏观政府治理、中观市场治理、微观公司治理三个层面发挥预防、揭示、抵御的"免疫系统"功能[13]，形成基于全面监管理念的全覆盖机制和基于独立性与权威性的查处机制，从而有效防范和化解系统性和区域性金融风险。许奕和张宝贤提出加强宏观审慎分析，科学预警系统性金融风险，构建立体化的审计信息化平台，建立风险导向审计治理体系。[14]王家华和周子威提出国家审计通过综合性监督与全面性监督、独立性监督与强化行为监督、专业性监督与穿透性监督、功能性监督与再监督防范化解重大金融风险。[15]王家华和丁文彬提出应树立鲜明的研究型金融审计工作导向、加强对金融审计对象的研究、将研究型审计贯穿于金融审计工作全流程。[16]

前述研究更多的是理念和逻辑层面的探讨，对国家审计防范化解重大金融风险的机理、审计助力防范化解重大金融风险的内在逻辑和实践路径鲜有着力。本文认为应当对金融机构、金融监管部门等审计对象防范化解重大金融风险等履职尽责情况进行深入探究，明晰研究型金融审计的工作机制、提升金融审计质效，并对苗头性、倾向性问题提出建设性的审计决定，以弥补传统金融审计的不足，实现金融审计的升华。

二 研究型金融审计助力防范化解重大金融风险的作用机制初探

（一）相关理论梳理

审计作为国家监督体系的重要组成部分，在国家治理中发挥着重要作用。国家审计是国家治理体系的一项基础性制度安排，是提升国家治理能力的重要力量，是国家治理现代化的重要保障。[17]经济监督是审计的主责主业，防范化解重大金融风险是国家审计的内在要求。运用研究型审计思维，可以在微观层面解决具体审计问题、揭示风险隐患，依托大数据拓展审计技术方法的深度与广度；在中观层面符合与满足审计的结构化特征与全覆盖需求；在宏观层面深化审计成果，把审计的监督职责放到经济社会发展的实践中去分析、考量，将审计资源转化为发展资源。

金融体系是一个巨型系统，重大金融风险因素也可能相互影响、彼此聚集，但是通过科学方法可以识别、监测、预警、化解风险，降低损失，因此需要用普遍联系、系统、发展的观点分析重大金融风险，如此才能把握防范化解重大金融风险的规律。

同时，重大金融风险的防范化解是一项复杂的风险管理工作，也需要考虑成本和收益。因此，研究型金融审计强调以系统观念为指导，既要从金融审计项目中发现具体风险，也要从国家战略全局思考防范化解重大金融风险；从整体视角、将历史与现实贯通来看待金融风险的发展演变，从主次矛盾的视角考察金融风险防范化解的方式和着力点；从金融高质量发展全局出发，从审计发现的具体风险点突破，挖掘机制性问题，增强审计建议的系统性、科学性和可操作性，助力提升防范化解重大金融风险的效果。

坚持面向金融风险防控的问题导向。审计人员通过对审计项目的选取、审计方案的制定，深入实地调查取证研究，科学系统地研究被审计单位可能存在的容易引发重大金融风险的突出问题，在从宏观的政策法律层面揭示问题的同时，从组织内部及管理者多个视角分析问题产生的深层次原因。

（二）作用机制的初步拟合

根据审计"免疫系统"理论、风险管理理论和金融机构的"羊群效应"等，探讨研究型金融审计助力防范化解重大金融风险的作用机制。

1. 识别预警

要做好防范化解重大金融风险的工作，识别重大金融风险的主要来源和可能的表现形式是一个重要的前提。审计"免疫系统"理论认为审计具有预防、揭示、抵御风险的作用。

研究型金融审计在防范化解重大金融风险过程中的识别预警作用由识别揭示、监测和预警等构成。一方面，研究型金融审计依托大数据技术，运用智慧审计等方法，及时识别可能引发重大金融风险的因素，并深入研究党和国家对金融工作提出的重大要求，有计划有重点地开展工作。另一方面，研究型金融审计可以系统分析存在的重大金融风险并尽可能从多个角度、多个层面挖掘问题发生的深层次原因，进而对重大金融风险进行监测和预警，并给金融监管机构和其他有关部门提供高质量的审计建议，督促填补重大漏洞。此外，审计机关将发现的关于重大金融风险的苗头性、倾向性问题以"审计要情"等形式向审计委员会反映，进而揭示存在的风险隐患。

2. 评估评价

风险评估既是对已识别风险及其潜在的危害进行评价的过程，也是连接风险识别和风险应对的桥梁和纽带。在金融风险评估时，要运用系统观念考虑多重因素，特别是要关注单独看似微小但聚集起来危害巨大的风险因素。

研究型金融审计助力防范化解重大金融风险过程中的评估评价作用可以细分为数据积累、风险分级、风险定位和风险评估。首先，研究型金融审计能够全面系统掌握国有金融机构、地方政府、大型房地产企业等与金融相关的大量数据，深入分析和研究被审计单位的内部控制薄弱环节和重大风险点，获得单位或者企业的内部经济数据，发挥数据积累作用。其次，开展研究型金融审计时，审计人员运用系统思维，能够较好评估某一行为对金融系统产生的多方面影响，并从内部控制制度建设、风险管理机制及金融监管等方面入手，根据影响范围大小和危害程度将金融风险进行分级分类，达到防控风险的目的。最后，研究型金融审计可以对国有金融机构、金融监管机构防范化解金融风险的工作成效进行评价，指出相关部门存在的问题，发挥权威性作用，督促及时整改。

3. 控制化解

在对风险进行精准评估后，各种风险已经被分级分类，此时就需要对不同类型的风险采取差别化的应对措施。研究型金融审计助力防范化解重大金融风险过程中的控制化解作用可以细分为抵御作用、矫正作用和问责作用。

首先，研究型金融审计可以发挥经济监督作用，以独立客观公正的立场，通过具体的审计项目，见微知著，及时对金融机构因投机偏好而引发的羊群效应提出审计建议，从而抵御金融风险的蔓延和扩散。其次，研究型金融审计可以发挥矫正作用，通过审计处罚，尽力挽回相关损失，要求被审计单位及时纠正可能引发重大金融风险的问题，并推动解决体制性障碍和机制性问题。在研究型金融审计中发现银行等金融机构存在可能引发重大金融风险的违规违法行为后，通过充分的调查取证和集体讨论，在综合分析判断后依法做出审计决定，根据法律规定，将相关责任人移送司法机关或者做出审计决定，建议被审计单位对相关责任人进行处分。通过问责，能够倒逼管理部门积极履行职责，加强金融监管，努力防范化解重大金融风险。最后，研究型金融审计提出的审计建议可以对被审计单位控制应对存在的重大金融风险因素、促进风险的预防化解起到积极的推动作用。特别是在审计机关监督下，可以督促被审计单位建立持续整改、全面整改的体制机制，始终将金融风险控制在低水平。

三　N 银行专项审计案例分析

（一）案例简介①

为了防范化解金融风险，2021 年第二季度审计署统一组织金融审计队伍，对多家

---

① 本案例的具体内容可参见审计署全国优秀审计案例：《助力防范化解金融风险，这个全国优秀审计项目不一般》（https：//mp.weixin.qq.com/s/_NOO4qcHQsvZoT3bn26z2A）。

地方银行风险管理情况开展专项审计调查。金融审计一局派出审计组，进驻 M 省 N 银行开展现场审计。该行下辖 10 家分行、1 家直属支行和 1 家小企业金融服务中心，137 家营业网点，N 银行作为主发起行设立了 31 家村镇银行。截至 20X6 年第三季度末，31 家村镇银行资产总额达到 319.84 亿元，负债总额 285.20 亿元。

审计组走访了当地监管部门，多维度获取监管动向和行业信息，结合审前调查掌握的实情，围绕当地中小金融机构的突出风险症结，对区域性重大风险做到精准"画像"。审计人员在研究后认为当地村镇银行风险高，是问题集中领域，所以投入专门力量对村镇银行进行审计。

审计人员在获取 A 村镇银行的信贷台账后发现反常现象：该村镇银行有一百余笔数十亿元的羊绒质押贷款，总计超过该行全部贷款的一半，贷款项目对应的质押羊绒超过 800 吨，约是 M 省年产量的 1/10，放贷大量集中在某一时间段，还款来源有明显的同源性。审计人员在发现可疑情况后，收集了资料，发现 A 村镇银行所在的 H 市与羊绒质押地 N 市距离很远，没有吸收农牧业贷款的优势，按理应该在牧区的村镇银行贷款。该反常情况说明羊绒质押贷款的真实性存疑。

审计人员对羊绒质押贷款的疑点，做了进一步的分析。审计人员查阅大量资料并进行初步调查，发现 A 村镇银行的实际控制方为 B 公司，而监管羊绒的第三方机构是 B 公司的关联企业；结合资金跟踪发现相关贷款资金大多集中转到地产、私募等高风险领域。审计组经过集体讨论，做出了一个重要判断：B 公司存在骗贷并转移资金牟利嫌疑。

为了获取充分的审计证据，审计人员深入实地展开调查，直接迅速赶去 B 公司的羊绒仓库开展监督盘库。审计人员将装在包装袋里的羊绒仔细进行抽检测量，发现仓库中的羊绒与入库单和质押权证严重不符。在有力的证据面前，B 公司负责人承认了冒名虚构羊绒质押手续并将资金挪作他用，及连夜借调羊绒、伪造客户标签的事实。在该问题移送有关部门后相关部门采取了追赃挽损措施，避免了银行的重大损失。

在审计发现问题后，经过集体讨论，依法出具了审计报告，并提出了审计建议。审计组提出的科学有效管用的审计建议有力推动了地方政府制定改革化险总体方案，应用多种手段积极综合整治，化解经营风险。被审计单位也建立了规章制度，构建持续整改机制。审计组定期回访，督促 N 银行通过建立问题清单逐项整改并报送进展情况。在地方政府整改管理责任机制的推动下，被审计单位整改率达到 90% 以上。监测数据显示，被审计体检后的 N 银行评级已明显优化改善。可见，审计通过发挥经济体检作用，同时督促被审计单位整改落实，有力地促进了银行风险的化解。

（二）案例的成效与不足

1. 把握了防范化解重大金融风险的内在要求

审计组深入研究了防范化解系统性金融风险的要求和重点任务，从而明确了审计的目标和重点内容，将高风险的村镇银行作为重点审计对象，把准了政策要求、抓住了问题的关键，具有明确的问题导向。该审计项目的选取，体现了审计人员关注金融领域的突出问题，发挥了审计部门的经济监督作用。

2. 面向重大风险揭示深入研究审计对象

审计人员应当对审计对象充分了解，审计组多角度、全方位、深层次地了解 A 村镇银行的基本情况、业务特征、存在的重大异常情况。

审计组在对区域性重大金融风险精确"画像"的基础上，按照审计方案的内容做好"标准件"，坚持具体问题具体分析，将宏观思维和微观探索结合，深入解剖体现中小银行特色的"非标准件"。审计人员经过查找资料进行系统分析，发现 N 银行资产规模和公司治理并不突出，但牵头发起设立了数十家村镇银行，并且其中有近一半处于高风险状态，通过运用矛盾分析法揭示了可能存在的重大风险，为审计提供了重要的方向和线索。

审计人员通过深入研究 N 银行主办的村镇银行特点及其存在的重大风险，充分揭示了风险隐患，并通过对典型村镇银行风险的揭示来督促被审计银行积极整改，特别是加强对主办村镇银行的监管，以此防止村镇银行风险的积累和扩散。

3. 以精准实地调研挖掘审计线索

审计人员在发现疑点后，并未停留在表面，而是深入实地调查研究，寻找充分、适当的审计证据，取得了一手资料。深入实地调查是研究型金融审计提升审计发现问题深度广度的重要方法，审计人员实事求是的品质和强烈的探索意识是做好研究型金融审计的必要条件。

4. 大数据技术应用有待提升

审计人员应该提升应用大数据技术的能力，将大数据技术和方法应用于金融审计的全过程。审计组部分地运用了大数据技术，如在检查被审计单位整改情况时，审计人员就通过监测数据分析、检验整改的成效。由于金融领域的数据众多，通过构建大数据分析模型分析不同数据之间的关系，能够更高效地发现异常迹象。在审计过程中运用大数据分析不够充分，可能制约审计工作效率的提升和问题挖掘的广度。

5. 对重大金融风险的原因揭示深度不足

审计人员对 A 村镇银行的具体问题和风险揭示较多，但对反映出的普遍性问题、苗头性问题研究和揭示不足，对于体制性问题和机制性障碍需要进行深入研究，对于重大的问题应该经过系统研究以审计要情形式向领导报告。此外，还需要深化审计成果的运用，实现"一果多用"。

总体上，开展研究型金融审计可以通过审计前精准了解被审计单位的情况并识别重大的风险隐患，把握审计重点。在审计过程中运用集体研讨、实地调研等审计方法，对发现的可疑问题进行深入挖掘，获取充分有力的审计证据，对审计对象存在的问题有具体的认识和宏观的把握。在审计完成阶段，通过系统梳理审计发现的问题，并分析研判发生的原因，做出科学客观公正的审计决定，并提出具体可行有针对性和操作性的审计建议，督促建立长效机制。同时，对于审计整改情况也要进行研究，分析审计整改的效果和存在的困难，推动整改工作取得成效。

四　风险管理理论视角的研究型金融审计定位分析

开展研究型金融审计，可以运用系统思维，将审计工作与中宏观审计目标结合；聚焦风险，发挥识别预警机制的作用；对重大金融风险进行深层挖掘，发挥评估评价机制的作用；利用数字技术手段更好地提升审计效率。

（一）系统思维：将审计工作与中宏观审计目标结合

防范化解重大金融风险是一项系统的综合性工作，审计人员在审计过程中以联系的观点看待金融领域存在的具体问题，思考各种风险叠加或传染，提前预警各种风险因素。研究型金融审计不仅着眼于从微观角度揭示存在的重大金融风险，也注重从宏观角度发挥经济体检和经济监督的作用，发挥宏观管理部门的作用[18]，以实现审计"防未病"的效果。

金融风险具有系统性和整体性，成因是多样的，表现也有多种形式，有一个产生与发展过程，因此审计人员要坚持系统观念，系统综合全面分析金融风险的形成因素和预防措施，及时发现风险并发出预警、及时化解风险。研究型审计的系统思维方法与防范化解重大金融风险需要及时预判的要求高度契合，强调树立系统观念，运用矛盾分析法，从异常迹象和自相矛盾的现象中分析问题，并深入研究问题的发生与发展过程，进而反映金融风险萌芽、聚集、扩散和外溢的全过程；分析重大金融风险时，在抓住主要矛盾、重点分析风险的主要来源的同时，也要关注次要风险，防止次要风险演化为主要风险。审计人员需要充分了解金融制度法规政策、宏观把握金融领域突出风险；同时，要培养透过现象看本质的能力，把握金融审计助力重大金融风险防范化解的机制和原理。

（二）聚焦风险：发挥识别预警机制的作用

研究型金融审计需要聚焦"国之大者"，聚焦重大金融风险。研究型金融审计可以充分发挥识别预警机制的作用，既能聚焦重大金融风险因素，也能够通过对具体项目的审计来强化对金融风险的分类预警，从而使得审计人员更好把握审计的重点领域和关注的重大风险点，更好发挥审计助力防范化解重大金融风险的作用。

（三）挖掘深层：用好评估评价机制

防范化解重大金融风险需要及时识别引发重大金融风险的因素。研究型金融审计注重采用系统思维方法来识别和分析潜藏的深层次问题，通过深度挖掘和系统分析，采用集体研究、召开座谈会、问卷调查等方式，并构建风险矩阵，识别重大金融风险隐患，深入分析存在的体制机制障碍。研究型金融审计满足了及时识别重大风险因素的现实需要，为防范化解重大金融风险提供了重要支撑。此外，研究型金融审计对审计报告进行充分研究，按照一定的逻辑顺序对发现的问题进行有重点条理的梳理，最终形成高质量的金融审计报告。在形成审计决定和审计建议的过程中，可以征询专家的意见，及时同被审计单位沟通，确保审计决定有效落实。在遇到重大疑难问题时，及时将重大风险以要报的形式向审计委员会报告，为防范化解重大金融风险提供信息保障。

（四）控制化解：发挥数字技术手段的功能

我国国家审计在防范化解重大金融风险中发挥了重要作用，做出了巨大贡献，但同时也存在一些不足。在数字时代，研究型金融审计可以充分利用大数据技术，通过数据关联对比分析，查找分析疑点问题，研究大数据应用，坚持数据先行，精准高效发现问题和疑点。通过大数据进行严格的监督，督促被审计单位及时按要求整改，提高了审计的效果。防范化解金融风险的一个重要方面就是要在发现风险因素后及时阻止风险的进一步扩大与蔓延。数字技术极大地便利了对审计整改情况的监督，有助于防范化解重大金融风险。

五　研究型金融审计防范化解重大金融风险的路径

（一）以"政治—政策—资金—项目"为主线开展审计

研究型金融审计沿着"政治—政策—资金—项目"这条主线系统谋划防范化解重大金融风险工作，选取重点区域、重点领域、重点单位、重点人员实施监督，以重点监督带动全面监督。高度关注金融领域表现突出的房地产风险、地方政府债务风险，研究审计的目标和重点内容，吃透政策要求，精准有效发力，聚焦重大金融风险的防范化解。

在审计准备阶段，审计人员需要认真研究金融审计项目的选择。在选取金融审计项目时，审计人员要深入研究国家关于防范化解重大金融风险的政策要求和关注重点，分析重要风险领域，准确把握审计全覆盖的本质要求和工作重点，做到如影随形；需要认识到审计全覆盖是有重点的全覆盖，需要关注房地产公司、政府债务较多与还款压力较大的地区和使用地方债较多但绩效较差的项目；在选择审计项目时，要综合考虑多种因素，从而选择有巨大审计价值的项目。

在审计实施阶段，审计人员需要研究审计方法的有效性和适用性，需要研究审计揭示问题的准确性和全面性、审计建议的可行性。需要扎实推进审计成果运用权威高效，做到如雷贯耳。审计人员也需要在审计过程中，探究如何高效地发现被审计单位存在的问题。审计人员需要对异常迹象保持客观的态度和研究的思路，深入实地认真开展调查研究；对于在调研中发现的问题，也需要深入挖掘发生的原因，为进一步调查取证打下良好的基础。

在审计完成阶段，审计人员需要在深入研究所发现问题的基础上，出具客观公正的审计报告，并提出具体科学可行的审计整改要求，以及相关建议，促进被审计单位及时整改并完善防范化解重大金融风险的措施。

（二）坚持"研用结合""研审结合"

审计人员要树立"研用结合"的理念。在每一个审计项目中将研究成果运用起来，在每个项目中都发现新的研究成果，将理论和实践相结合，研究透金融风险、研究清审计对象、研究实审计建议，不断丰富审计防范化解重大金融风险的路径，提升研究质量和水平。

在审计过程中，坚持"一体融合，研审结合"。在审计的准备、实施和完成阶段都要深入研究问题。在审计准备阶段，深入研究国家政策和习近平总书记关于防范化解重大金融风险的指示批示精神，明确"为什么审"；通过广泛收集资料、开展调研等准确判断金融风险的重点领域和突出问题，明确"审什么"；通过梳理，并运用综合系统的思维方法，研读审计成功案例、相关理论和实务文章，提炼风险识别的方法路径，明确"怎么审"。通过深入研究学习，把握审计的重点和方向。在审计执行中，对遇到的问题集体研讨，系统分析、综合判断，通过表现出来的问题和矛盾，透过现象看本质，进而发现存在的深层次问题，并通过深入实地调查研究，揭示问题。在审计项目结束后，对项目进行全链条复盘总结，回溯审计思路方法特点、梳理审计流程，反思存在的不足，并思考改进提升的方法，进而助推审计项目不断完善。

（三）依托大数据技术全面提升研究型金融审计的效率

在审计过程中，审计人员应当充分利用大数据技术，提升研究型金融审计的效率，不断提升审计的智能化水平，不断推动金融审计全覆盖。同时，大数据技术的应用可以提升研究型审计的效率。应当对多种来源的数据进行对比，提升信息的质量。运用大数据和人工智能等技术，提升化解重大金融风险的水平。

首先，需要整合数据资源，建立金融大数据审计信息系统。该系统可以利用金审三期平台，实时获取并不断更新数据，提升收集金融行业和相关领域信息的能力；同时，将多来源的数据进行统合，将货币、利率、汇率、债务等领域的政策和市场信息及时进行汇总更新。其次，建立定性与定量结合的风险识别与预警模型，利用大数据技术辅助分析判断，对风险进行分级分类，及时监测预警，进一步明确审计重点。再次，在审计实施的全过程，也需要借助大数据技术提升助力防范化解金融风险的能力。具体而言，通过大数据分析，审计人员可以更加快速和准确地识别潜在的风险和问题，帮助金融机构及时发现并解决存在的风险，减少审计盲区。此外，大数据技术可以帮助审计人员进行全面的数据挖掘和分析，发现异常交易和信号，提高审计效率和质量。综合利用大数据技术，金融机构可以更好地管理和控制风险，提升审计防范化解风险的能力。

（四）提升审计人员的效能感

强烈的自我效能感对人的行为具有导向和激励作用。审计人员是开展研究型审计的重要主体，需要激发审计人员的效能感，不断增强与提升审计人员的研究意愿和能力；发挥主观能动性调动审计人员的研究热情，使之克服困难做实做细研究型金融审计。

审计人员需要树立强烈的使命意识和担当精神，加强理论学习和实践，全面提升审计发现问题、解决问题的能力，提升金融审计工作成效。审计人员在研究型金融审计的过程中，要培养坚定的理想信念，以务实的作风、严谨的态度、饱满的热情开展工作，不断提升自己的学习能力、综合分析能力、问题迁移能力、具体问题具体分析的能力，用扎实的业务能力来推动具体审计项目的落实，产出高质量的审计成果。

（五）直面风险，多部门协同发力

研究型金融审计助力防范化解重大金融风险，既需要审计机关精准发力，也需要金融机构、金融监管机构和纪检监察机关的协同配合，同心协力防范化解重大金融风险，助推金融高质量发展，为金融强国建设提供坚实的支撑。

金融机构积极支持和配合审计机关开展工作。金审三期为汇聚国民经济中重要信息、及时预警重大风险提供了重要的平台载体，但部门信息上报不及时、不全面又影响金审系统功能的发挥。金融机构应当建立完善的重要信息上传机制，及时、准确地填报金融数据，为审计机关及时预警重大金融风险提供信息支撑。同时，重大金融风险是动态演化的，审计机关基于大量的数据，构建金融风险动态预警体系，精准识别风险因素，科学划分风险等级，进行科学预警。

金融监管部门做好与审计部门的协同合作。金融监管部门可以对金融机构进行全面监管，而审计机关对于金融可以发挥独特的监督作用，审计监督和金融监管机构的监督应当形成合力。金融监管部门在发现重大金融风险因素时，可以及时向审计机关反映，帮助审计机关及时掌握重大金融风险。同时，当审计机关发现一些金融机构存在可能引发重大金融风险的行为时，可以向金融监管部门提供专业的意见，促使它提升监督效能。

加强贯通协调机制，叠加金融审计监督合力。需要继续探究纪检监察监督与审计监督贯通协同路径，审计机关加强与纪检监察机关的信息沟通，及时以保密的方式就相关人员的严重违法违规行为线索与纪检监察机关沟通，及时移交问题线索，采取有力有效措施推动审计、纪检、巡视巡察力量整合，实现成果共享，有效增强审计的权威性，维护金融安全和稳定。

六　结论

结合 N 银行专项审计，发现研究型金融审计可以助力防范化解重大金融风险，包括识别揭示预警重大金融风险，评估评价重大金融风险等级并探究风险成因，预测可能带来的影响，提出化解建议并促使被审计单位形成长效制度机制来控制应对风险。为了充分发挥研究型审计在防范化解重大金融风险中的作用，审计人员需要树立系统观念，以"政治—政策—资金—项目"为主线开展研究型金融审计，同时培养和激发审计人员的自我效能感；并运用大数据技术，深入实地展开调查，落实"研用结合"理念。此外，也需要金融机构、金融监管部门和纪检监察机关的支持和协同，多方发力共同提升防范化解重大金融风险的能力。

参考文献

［1］吴秋生. 开展研究型审计的动因与方略探讨［J］. 会计之友，2024（1）：9-13.
［2］秦荣生. 研究型审计的现实使命与实现路径研究［J］. 会计之友，2024（4）：2-5.
［3］晏维龙，庄尚文. 试论研究型审计的国家治理效能［J］. 审计研究，2022（1）：13-19.
［4］杨静，秦心恬. 以研究型审计为依托重构审计思维体系［J］. 财会月刊，2022（16）：99-103.
［5］郑石桥，刘星锐. 研究型审计：内涵、类型及运用条件［J］. 南京审计大学学报，2022，19（1）：18-25.
［6］许亚. 研究型审计必须聚焦重大现实问题——公共投资审计近年来的探索与思考［J］. 审计研究，2022（1）：20-24+93.
［7］李曼，魏小娟. 重大政策措施落实情况审计现状及研究型审计的实现路径［J］. 财会月刊，2022（23）：112-118.
［8］陈伟晓，姚荣，曹晗抒. 高等教育财政专项资金研究型审计探索［J］. 会计之友，2023（23）：25-31.
［9］翟国森，冯丽英. 对研究型审计的几点思考［J］. 财务与会计，2022（12）：80-81.
［10］李晓鹏. 金融审计发展回顾与经验启示［J］. 审计研究，2022（6）：21-25.

［11］叶陈云，叶陈刚，李享. 国家审计化解系统性金融风险的核心功能、约束因素与治理路径研究——基于双向战略协同视角的理论分析［J］. 财会通讯，2023（11）：13-19+109.

［12］王颢澎，赵振智. 以金融审计促进金融安全：机制与路径［J］. 人民论坛·学术前沿，2019（6）：78-81.

［13］审计署金融审计司课题组，吕劲. 审计机关在防范系统性区域性金融风险方面发挥作用的机制研究［J］. 审计研究，2015（4）：22-27.

［14］许奕，张宝贤. 国家审计促进经济高质量发展的路径分析——基于系统性金融风险防范视角［J］. 财会通讯，2022（11）：134-138.

［15］王家华，周子威. 国家审计防范化解重大金融风险的作用机理与路径选择［J］. 经济问题，2020（11）：124-129.

［16］王家华，丁文彬. 研究型金融审计推进国家金融高质量发展的现实思考［J］. 财会月刊，2022（13）：113-116.

［17］刘家义. 国家治理现代化进程中的国家审计：制度保障与实践逻辑［J］. 中国社会科学，2015（9）：64-83+204-205.

［18］王彪华，王帆，褚茂康. 审计机关发挥宏观管理部门作用：理论、路径和展望［J］. 中央财经大学学报，2023（8）：3-11.

"双高计划"项目财务审计监督的关键着力点探析[*]

摘　要：在"双高计划"的建设过程中，财务审计作为过程监督管理机制的重要环节贯穿于项目实施的全过程，对于保障预算绩效管理目标的实现具有现实价值和重大意义。但在实践中发现，"双高计划"项目财务审计存在着与双高学校内部管控的契合度不高、对预算资金多元投入机制有效运行的约束不够有力、专业审计人才缺乏等现实问题，需要在日常项目财务审计的基础上，探寻将树立"以审促管"的先进审计理念、建立和完善内外结合的财务审计监督机制、加快专业财务审计队伍建设改革作为"双高计划"项目财务审计监督的优化路径，从而不断提高"双高计划"项目财务审计监督的效能。

关键词：双高计划　绩效预算　财务审计

一　引言

首轮中国特色高水平高职学校和专业建设计划（简称"双高计划"）项目从 2019 年开始，已于 2023 年结束，目前进入终期绩效评价阶段，而项目财务审计结论是绩效评价的基本依据。[1]从 2024 年开始，"双高计划"项目建设单位将在重新遴选后进入第二个建设周期，第三个建设周期至 2035 年到期。在公共财政管理的视域下，"双高计划"项目属于中央财政支持引导的公共管理项目范畴，教育部和财政部（以下简称"两部"）对"双高计划"项目分类支持，对其实施效果分不同时间段进行考核，实行"总量控制、动态管理，年度评价、期满考核，有进有出、优胜劣汰"的过程监督管理机制。[2]财务审计作为"双高计划"项目过程监督管理机制的重要环节，分析其目标导向、面临的现实问题，探索优化路径，对于监督相关责任主体承诺的建设资金足

---

　*　【基金项目】2024 年度陕西（高校）哲学社会科学重点研究基地（西部现代职业教育研究院）课题"职业教育人才培养体系的建设路径研究"（2024XBZJ-22）。

　**　【作者简介】崔淑淇，陕西工业职业技术学院讲师，陕西（高校）哲学社会科学重点研究基地（西部现代职业教育研究院）研究员，研究方向为财务管理、职业教育；王兆琳，陕西工业职业技术学院讲师，研究方向为财务管理。

额到位，引导和监督建设单位合规使用专项预算资金、防范资金管理风险、提高资金使用效率和效果，以保障预算绩效管理目标的实现，具有现实价值和重要意义。

二 "双高计划"绩效目标导向及财务审计的重要性

中央财政投入专项资金用于"双高计划"建设，对经费实行预算绩效管理，绩效目标导向、绩效考核以及对于公共财政专项资金进行监督的要求，都体现出财务审计的重要性。

（一）"双高计划"建设经费投入机制

1. 以中央财政为主引导的建设经费投入机制

"双高计划"采取中央引导、地方为主，着力构建政府、行业、企业、学校协同推进职业教育发展的新机制。中央财政通过现代职业教育质量提升计划专项资金，对"双高计划"给予奖补支持，发挥引导作用；地方在完善高等职业院校生均拨款制度、逐步提高生均拨款水平的基础上，对双高学校给予重点支持。[2]

2. 健全多元投入机制

在中央财政支持政策引导下，多元投入机制要求各地新增教育经费向职业教育倾斜，各地、学校举办方和行业企业，要以共建、共培等方式积极参与项目建设。项目学校以服务求发展，积极筹集社会资源，增强自我造血功能，强化项目建设的经费保障，确保"双高计划"的资源与经费充足，起"兜底"保障之效。[2]

"双高计划"建设经费投入模式，具有长周期、分阶段以及大投入的特点。

（二）"双高计划"建设经费的预算绩效导向

中央财政对"双高计划"的奖补资金由财政部、教育部共同管理，省级教育部门和学校是资金使用管理的责任主体，实行预算绩效管理，资金使用实行绩效考核。

党和国家明确要求将绩效评价纳入国家预算管理制度之中；提出预算支出绩效评价是预算绩效管理的核心，预算执行结束后，要及时对预算资金的产出和结果进行绩效评价，重点评价产出和结果的经济性、效率性和效益性。[3]从国家的政策导向可以看出，预算绩效管理强调预算支出的责任和效率，要求在预算编制、执行、监督的全过程中更加关注预算资金的产出和结果。而预算绩效运行跟踪监控管理，是预算绩效管理的重要环节，跟踪监控中发现绩效运行目标与预期绩效目标偏离时，要及时采取措施予以纠正。[4]

对政府投资的公共项目实行绩效管理的过程中，预算绩效作为一种提高政府资金使用效率和效果的预算管理方式，顺应了公共管理改革的趋势和国家治理体系及治理能力现代化的要求。国家对于教育系统的预算绩效管理明确提出：要增强支出责任和效率意识，强化预算绩效目标管理，紧密结合教育事业发展，优化资源配置，创新具有教育行业特点的绩效管理体系，提升政府执行力和公信力。[1]从2014年开始实施的新版《高等学校会计制度》，引入了预算绩效管理的相关要求，体现了预算绩效的理念。绩效作为公共财政的核心，决定了"双高计划"项目预算绩效管理就是要以绩效目标为导向。

高等职业教育作为类型教育的主体，肩负着为国家和地区经济社会发展培养高素质技术技能人才，服务区域、行业经济发展和产业转型升级的历史使命。与普通高等教育相比，高等职业教育更具有社会性。高等职业学校的办学目标及任务相对复杂，主要原因是需要随着经济社会的发展而不断探寻服务能力提升的路径。基于高等职业教育的发展逻辑，"双高计划"旨在集中力量建设一批引领改革、支撑发展、中国特色、世界水平的高职学校和专业群，引领职业教育服务国家战略、融入区域发展、促进产业升级。[1]因此，"双高计划"项目的绩效评价，在方法、标准和程序上，更加关注其对项目管理和外部效应所产生的效益，旨在优化项目预算资金配置效益和使用效率。

（三）"双高计划"建设资金使用的绩效考核

"两部"对标国家有关绩效评价的政策设计，对"双高计划"项目的建设资金实行预算绩效管理，对资金使用实行绩效考核。为推进"双高计划"深入实施，规范和加强预算绩效管理，提高资金配置效益和使用效率，确保建设目标如期实现，"两部"明确提出绩效目标要对接国家战略需要，响应改革任务部署，紧盯"引领"、强化"支撑"、凸显"高"、彰显"强"、体现"特"，通过绩效考核体现示范引领作用，力争以项目建设带动职业教育发展大有作为。[5]同时，"两部"设计了"双高学校建设数据采集表"和绩效自评报告框架，要求学校按照年度、中期及实施期结束后三个阶段进行填报，明确提出学校自评包括年度、中期及实施期结束后自评。通过分阶段填报和自评，督促学校落实建设主体责任，持续提高建设水平。2022年4月，"两部"印发《关于开展中国特色高水平高职学校和专业建设计划中期绩效评价工作的通知》，实施"双高计划"中期绩效评价工作，通过绩效评价和绩效管理，确保"双高计划"绩效目标如期实现。2024年1月，《教育部办公厅 财政部办公厅关于开展中国特色高水平高职学校和专业建设计划（2019—2023年）绩效评价工作的通知》，启动了首批"双高计划"终期绩效评价工作。从绩效评价的实施情况来看，主要是在客观、公正地量化学校"双高计划"建设成效的基础上，进一步做出"价值判断"，即对"双高计划"的阶段性建设成效进行结果分析，如评价已有建设成果是否体现"高、强、特"的要求，是否具有"引领""支撑"的贡献度，"五个主体"是否具有较高的满意度等。

（四）"双高计划"财务审计的重要性

对于"双高计划"预算绩效运行跟踪监控管理及其绩效评价，财务审计监督贯穿于项目实施的全过程，也是预算绩效管理的重要环节。2020年"两部"强调：学校要主动接受教育、财政、纪检、监察等部门的监督检查，依法接受外部审计部门的监督，发现问题应当及时制定整改措施并落实。[5]"两部"的这一要求，充分体现了"双高计划"项目财务审计监督的重要性。2022年"两部"明确了"双高计划"绩效评价的重点：各建设单位的建设方案和任务书的落实情况；承担改革发展任务和发挥引领作用的成果成效，包括但不限于支撑国家战略、服务区域发展的贡献度，社会服务尤其是技术服务的成效，社会影响力，人才培养模式创新，产教融合、校企合作的机制创新，学生成长成才，项目管理制度与机制建设，资金到位和执行情况等。[6]2024年初"两部"明确要求：建设单位须聘请具有资质的第三方审计机构完成"双高计划"项目审计，出具项目审计报告，上传至监测平台。审计报告要就资金筹措、使用、管理及其有效性给出具体明确的审计意见。同时，在《"双高计划"建设绩效评价标准》中，将资金到位率、资金预算执行率和资金使用合规性列为一级指标"管理与执行指标"下的二级评价指标，占整个绩效评价总分的26%，充分体现了对"双高计划"项目财务审计监督的重视程度。[7]从这个意义上讲，对于"双高计划"项目这个延续性工程，财务审计监督贯穿于项目实施的全过程，需要应用阶段性审计建议对标对表，持续地通过总结来凝练模式、固化经验、查找差距、改进提升。

三 "双高计划"项目财务审计面临的现实问题

对现有的文献以及"双高计划"项目验收结果的公示信息进行深入研究，发现无论是双高学校各个阶段的绩效评价自评、中期和项目结束后的省级绩效评价还是"两部"绩效评价，"双高计划"实施过程中财务审计监督都面临一些现实问题。

（一）财务审计监督与双高学校内部管控的契合度不高

目前，双高学校内部业务管理部门和财务管理部门存在"两张皮"的现象。"双高计划"专项财务管理制度和项目业务管理制度融合不够，对财务内部控制存在的风险与绩效目标达成的关联的认识不够统一，业务部门往往只注重各项考核评估工作，对于预算绩效管理工作主动性不足，财务部门往往重视预算绩效管理工作，但与业务管理部门沟通不够，也缺少抓手，导致管理结果的有效应用大打折扣，"业务、财务有效融合"任重道远，需要通过外部审计部门的监督，促进学校内部管控的优化。与此同时，"双高计划"的核心价值是引领改革、支持发展，是"职业教育下好一盘大棋"

的"先手棋",不仅仅是一个学校的事,也不仅仅是一个省的事,更是全国职教战线的事,标识着中国职业教育深化改革的方向,决定着中国职业教育为世界职业教育能够贡献的力量。因此,财务审计监督不能仅停留在"完成预算绩效目标"的层面上,要避免"就事论事"的"唯指标"思维,"以审促建、以审促改",把财务审计监督作为激发学校长远发展的动力,引导学校进一步强化内涵建设、提高育人水平,不断增强学校的业内影响力、社会认可度和国际影响力,创新形成学校的核心竞争力和差异化优势,推动学校坚守特色定位、回归发展初心、彰显具有"不可替代性"的品牌特色。

(二)财务审计对预算资金多元投入机制有效运行的约束不够有力

"双高计划"项目预算绩效管理中,预算资金采用多元投入机制,包括中央财政投入资金、地方各级财政投入资金、举办方投入资金、行业企业支持资金、学校自筹资金五种资金来源渠道,除中央财政投入资金每年度保障及时、足额到位外,后四种资金来源渠道的有效畅通,对项目预算绩效目标的达成起着决定性作用。"两部"设计了"双高学校建设数据采集表",每年采集以上五种资金的数据,作为每一轮中期及实施期结束后,"项目资金管理制度与执行情况"指标评价的基本依据。据调研,在筹措建设资金的过程中,有的学校由于受区域、行业和企业发展环境的影响,或者自身财务状况的制约,承诺的投入资金往往难以兑现,对"双高计划"建设带来严峻挑战。如何督促相关方履行资金投入承诺责任,成为财务审计监督面临的现实问题。因此,财务审计还需要监督双高学校不断完善项目建设经费多元筹措机制,根据新情况、新变化,督促学校按照预算及时执行中央财政和省级财政专项到位资金,积极争取行业以及企业承诺的支持资金按时到位,统筹规划学校自筹资金,为项目建设做好经费保障。同时还要督促学校遵循统筹兼顾、保证重点、确保总量的全过程监控原则,合理、合规使用项目建设预算资金,保证专款专用、规范管理,注重实效,实行单独建账、专班管理、专人核算,严格规范资金使用范围和标准,以实现财务审计监督有效化解"双高计划"资金流动性风险的目标。

(三)财务审计监督面临专业审计人才缺乏的问题

"双高计划"项目财务审计的目标,是要确保预算绩效目标的实现。因此,参加项目审计的人员在全程参与的过程中,不但需要具备丰富的审计、财务理论基础和扎实的实操经验,还需要了解高等职业教育的理论和实践,熟悉"双高计划"项目预算绩效、建设任务、绩效目标、绩效评价等相关政策内容,准确把握财务和业务活动开展的流程,具备较强的学习能力和数字素养,以有效履行财务审计监督的职责。但就当前审计专业人才队伍建设的现状来看,虽然我国各地都有一些优秀的财务审计专业人员,但新进人员的补充不尽如人意,主要原因是现阶段我国金融会计专业的学生非常多，而精通财务审计的专业人才相对比较少，无论是第三方审计还是双高学校内部审计，都面临财务审计专业人才缺乏的风险，这不利于财务审计监督的有效实施。目前，从事审计工作的人员中，会计专业人员较多，审计专业人员较少，且有相当多的是从财务管理岗位转过来的，在财务审计的具体实操中缺乏基础的审计专业理论知识，对于财务审计的相关概念和理论体系的认识不到位，导致审计人员缺乏足够的专业技能、专业知识和职业素养来应对不断更新的审计工作，面对"双高计划"这个复杂项目时，表现出专业能力不足的问题。

四 "双高计划"项目财务审计的优化路径

面对"双高计划"这一重大国家战略项目，对其进行财务审计需要更新理念，持续优化日常项目财务审计的路径，从而不断提高"双高计划"项目财务审计监督的效能。

（一）树立"以审促管"的先进审计理念

审计署于 1991 年在全国审计工作会议上首次提出："在开展财务审计同时，逐步向检查有关内部控制制度和效益审计方面延伸"。[8]"双高计划"与以往的"国家示范校（骨干校）"建设项目的不同在于，要实施全面预算绩效管理，具有专项资金体量大、专项管理、资金使用专款专用、政策性强、监测评估严等特点[9]，需要通过财务审计来监督项目财务管理风险，持续提高财务管理风险控制质量。[10]"双高计划"项目实施预算绩效管理的本质，在于引导双高学校建立自我整改、不断优化、持续提升、主动引入外部监督的内部约束管理机制，这也是做好财务审计监督工作的关键所在。预算绩效管理作为政府公共财政管理的自我革新，需要强大的内驱动力推动预算管理的自我优化、升级。"以审促管"就是通过财务审计监督的有效实施，持续推进预算绩效管理落地、做实，促进双高学校不断健全和完善"双高计划"项目实施的管理及约束机制。全面预算绩效管理的绩效导向和财务审计监督的目标导向，都对项目建设和专项资金管理提出了更高要求，通过树立"以审促管"的先进审计理念，激发双高学校的内生动力，促使其积极主动地防范和控制财务管理风险，为财务审计监督创造良好的环境，极大地提高财务审计规范与双高学校内部管控的契合度。2023 年初，"双高计划"中期绩效评价结果公布，197 所双高学校中，160 所学校为"优秀"、37 所学校为"良好"，充分反映出"双高计划"建设取得的显著成效以及财务审计监督取得的实效，显示出"双高计划"建设项目财务审计监督与预算绩效管理目标高度契合的成效。因此，在以后第二、第三轮的"双高计划"项目建设过程中，应秉承"以审促管"的审计理念，持续推进财务审计监督的有效实施。

（二）建立和完善内外结合的财务审计监督机制

进入新时代，财务审计监督的职能已经从审计监督转到监督与服务并重，这不仅仅是基于监督职责范围查"问题"，更多的是基于服务职责，通过审计为项目管理者进行决策提供及时、有效的权威性咨询服务。因此，财务审计监督的思路、方式和方法都要与时俱进地变革。通常情况下，"双高计划"项目财务审计都是由学校委托第三方审计机构来进行，属于外部监督。这种外部监督一般在项目中期和项目结束后实施，对应期间的财务管理风险管控会有时间差。为弥补此缺陷，需要双高学校建立和健全内部财务审计监督制度，构建新型的财务审计监督模式，形成"双高计划"项目内外结合的财务审计监督机制。"双高计划"项目内部审计监督是以财务审计为基础的，是第三方审计机构财务审计监督的补充和完善，既不能替代外部监督，还应"错位"发挥好内部监督的作用。双高学校对"双高计划"项目的内部审计监督，主要是建立相应的财务审计规则和规章制度，持续跟踪项目的执行流程和实施环节，通过风险导向审计监督实现资金的合理、合规使用，有效防范资金管理风险和工作失误风险，减少损失。要建立健全"谁使用，谁负责"的资金使用管理责任制，强化内控风险管理，建立"双高计划"项目预算绩效管理平台，开发与应用相关审计软件，依据设定的绩效目标实现全过程监控，确保绩效目标如期实现。在此基础上，学校还要做到事前事中有效控制、事后跟踪问效，切实提高资金使用效益和效率，保障"双高计划"项目预算绩效管理达到预期的效果。

（三）加快专业财务审计队伍建设改革

"双高计划"是一项周期长、任务重、要求高的系统工程，如何以财务审计监督为抓手促进预算绩效目标的实现，是包括双高学校在内的责任主体面临的一道难题，财务审计结论对决策起着至关重要的作用。加快专业财务审计队伍建设改革，提升"双高计划"项目财务审计人员的专业素养，对防范"双高计划"项目财务审计监督风险具有现实价值。随着"双高计划"项目财务审计监督工作的深入开展，需要对项目财务审计团队的结构进行改善和优化，构建了解高等职业教育、熟悉"双高计划"项目的多学科交叉的专业财务审计团队，提高财务审计团队的专业审计能力。此外，随着经济的不断发展和数字化技术的应用，财务审计专业知识的内容也在不断变化，对"双高计划"项目财务审计团队更新理论知识、管理知识的速度和数字素养的提升提出了更高的要求，需要财务审计团队的成员树立终身学习的理念，对团队成员进行最新管理知识和信息技术应用的培训，构建培养和培训机制，不断提高团队成员财务审计的专业素养，以规避财务审计监督面临的专业人才缺乏风险。特别是对于双高学校来说，要加快内部财务审计监督体制建设，健全内部财务审计人才管理机制和激励机制，加大对专业财务审计人才的培养力度，培养责任心强的财务审计人才，提高内部财务审计员工的综合素质，充分调动审计人员的积极性和主动性，促进"双高计划"项目内部财务审计监督工作的有效开展，及时发现学校"双高计划"项目建设中潜在的管理漏洞和预算绩效目标偏差等问题，提高内部财务审计监督工作的效率和质量，打造内外审相结合的财务审计监督"样板"，促进"双高计划"项目预算绩效管理目标的实现。

参考文献

［1］教育部办公厅 财政部办公厅关于开展中国特色高水平高职学校和专业建设计划（2019—2023 年）绩效评价工作的通知［EB/OL］.（2024-01-16）［2024-2-23］.

［2］教育部 财政部关于实施中国特色高水平高职学校和专业建设计划的意见［EB/OL］.（2019-03-15）［2024-02-26］.

［3］中共中央 国务院关于全面实施预算绩效管理的意见［EB/OL］.（2018-09-25）［2024-02-28］.

［4］财政部. 关于推进预算绩效管理的指导意见［EB/OL］.（2011-07-05）［2024-02-27］.

［5］教育部 财政部关于印发《中国特色高水平高职学校和专业建设计划绩效管理暂行办法》的通知［EB/OL］.（2020-12-21）［2024-02-27］.

［6］教育部办公厅 财政部办公厅关于开展中国特色高水平高职学校和专业建设计划中期绩效评价工作的通知［EB/OL］.（2022-04-22）［2024-02-28］.

［7］教育部办公厅 财政部办公厅关于开展中国特色高水平高职学校和专业建设计划（2019—2023 年）绩效评价工作的通知.（2024-01-16）［2024-02-29］.

［8］梁斌，罗文洁. 论政府绩效管理与绩效审计［J］. 审计与经济研究，2012（2）：20-25.

［9］吴灵辉 ."双高"建设绩效审计应善用"画像"技术［J］. 河南教育（职成教），2020（12）：6-7.

［10］陈鑫，刘晓丽. 高校财务管理风险分析与审计措施［J］. 商业观察，2022（17）：24-27.

基于风险管理视角的关键审计事项披露研究综述

杨柳青　靳新宇*

摘　要：2016年财政部推出新审计准则，打破了传统审计报告模式的固有局限，核心要求是增设关键审计事项段。这对审计报告的沟通价值、信息含量产生了重要影响，学术界对相关问题进行了广泛研究。基于对相关文献的分析、对研究成果的总结，本文从关键审计事项的影响因素、经济后果、披露现状与问题三方面进行了梳理，发现核心影响因素是风险，而经济后果却存在揭示风险与掩盖风险两种观点。未来，要做多层次、多主体、持续性的深入研究，为关键审计事项研究提供借鉴。

关键词：关键审计事项　信息披露　风险掩盖

一　引言

作为独立第三方审计的工作成果，审计报告的鉴证作用可以提高会计信息可靠性，影响利益相关者对企业财务报表的信赖程度和投资决策，对建设高质量资本市场具有重要意义。审计报告的信息含量和沟通价值备受理论界和资本市场的关注。审计失败案例的频发暴露出传统审计报告模式存在的报告格式固化、信息含量不足、审计结论单一等一系列问题，已无法满足报表使用者的信息需求。为缓解此系列问题，也为与国际审计准则趋同[①]，我国在2016年颁布了《中国注册会计师审计准则第1504号——在审计报告中沟通关键事项》等12项新审计准则，打破了传统审计报告模式，以此进一步规范审计报告格式和质量。准则的核心变化是在审计报告中新增披露关键审计事项。该准则于2017年起首先在A+H股和部分H股公司中执行，2018年起覆盖所有上市公司。这意味着清晰地展现审计过程中最重要的事项已成为必然要求。通过强制披露，新准则使审计过程更加透明，以便让读者更好地理解审计结论的形成基础与逻辑，

---

* 【作者简介】杨柳青，西北政法大学商学院（管理学院）教授，研究方向为审计制度与社会责任审计；靳新宇，西北政法大学商学院（管理学院）硕士研究生。

① 英国财务报告委员会、欧盟委员会和国际审计与鉴证准则理事会分别在2013年、2014年和2015年相继发布新的审计准则，要求注册会计师在审计报告中披露某些被认定的关键审计事项。

审计报告的沟通价值更高，能够更好披露企业会计信息。[3]这一措施旨在提高用户对审计结果的理解和信任，增强审计透明度，同时满足监管机构对信息披露的要求，增强市场信心，促进金融市场的稳定和发展。[31]

政策出台后引起相关学者的高度关注，目前的研究主要从政策效应、披露特征、影响因素、经济后果等方面展开。本文回顾现有相关文献，主要从信息披露者（上市公司）、信息鉴证者（审计人员）和信息使用者（投资者、分析师）视角对关键审计事项的影响因素与经济后果进行了梳理，总结关键审计事项披露现状与问题，并进行总结评述，为进一步考察关键审计事项披露政策的制度效果提供思路。

二 影响因素

关键审计事项的定义为：注册会计师根据职业判断从与治理层沟通过的事项中选取的其认为对本期财务报表审计最为重要的事项。从定义角度看，关键审计事项披露受信息披露者、信息鉴证者，以及对前两者都有作用的环境因素的影响。本部分从此三方面进行影响因素梳理。

（一）信息披露者

被审计单位作为审计客体，存在个体差异（如规模、内控制度、所处生命周期等的差异），会影响注册会计师对关键审计事项的确认。

从公司性质来看，规模越大，会计信息相对也越多越复杂，经济业务繁多使得会计处理发生差错的概率增加。审计人员需要实施的审计程序也会更为深入，就无须增加关键审计事项的披露数量以达到降低审计风险的目的。同样出于风险考虑，管理费用作为盈余操作的主要对象，费用率越高时对应存在越高的被操控的风险，关键审计事项披露数量就会随之增加以规避风险。企业财务状况越好、治理水平越高时，管理层失去盈余管理动机，关键审计事项披露数量也会相应越少。[1]但若公司购买董事高管责任保险，发生管理不当问题时，管理层可免受诉讼风险，个人的资产得到保护，管理层就容易产生侥幸心理，进而滋生机会主义行为。[5]管理层既可能做出激进决策，也可能懈怠应对，会造成经营风险。而审计人员识别到此风险时，便会提升自身工作严谨度，披露更多的关键审计事项。[37]

从企业特征来看，数字化特性会强化关键审计事项风险控制决策，也会刺激企业增加对高质量审计服务的需求，由此导致审计投入的增加，进而强化关键审计事项披露的充分性。[4]ESG表现良好的企业，已然提升了信息公开程度，注册会计师无须再依靠增加关键审计事项披露数量来提升透明度。且ESG良好时企业内部治理水平相对也高，因履行ESG而得到的市场关注也会形成外部监督压力，企业无论是出于本意还是外部压力，都会抑制自身错误水平降低经营风险，审计人员也就无须利用关键审计事项的披露来达到预期的审计效果。[6]

（二）信息鉴证者

从专业能力层面讲，审计师行业专长与关键审计事项披露数量负相关，这是因为审计师拥有更专业的行业知识、更丰富的审计资源，就可以利用自身知识经验识别单位重大错报，提高审计质量，不需要通过披露更多的关键审计事项来规避风险。[28]同样，注册会计师拥有更为丰富的执业经验时，可以更加全面地考虑问题并准确地把握被审计单位的重大事项，在审计过程中也更容易发现并纠正存在的错误，亦无须增加披露关键审计事项的数量。[1]主观态度层面，如若被审计单位表现出了舞弊迹象并被审计师察觉，审计师会提高警觉性，投入更多精力加以应对，并在报告中披露更多关键审计事项以表明自身职责。[20]所对应客户的重要性程度不同时，注册会计师的独立性程度也不同，进而会影响职业判断，从而影响关键审计事项的披露。[23]不仅是客户重要程度，审计工作的长期连续性特点也易造成注册会计师与客户建立密切关系，使得独立性和客观性受损，易产生合谋行为。同一家上市公司在变更注册会计师或会计师事务所之后，关键审计事项的同质化程度都会降低的事实就证实了这一点。[22]合谋发生后，注册会计师就会致力于风险掩盖工作，进而发表质量较低的审计意见。[47]

也有学者从审计师个人特征角度出发研究，发现女性审计师因为心理层面相较男性更为谨慎保守，在财务审计工作中就更倾向于稳健处理风险问题。[1]故而女性审计师面对可能会承担的法律风险时，会确定并披露更多的关键审计事项来降低风险。如在客户的并购标的未达预期业绩时，女性审计师比男性审计师更有可能确认商誉减值损失的关键审计事项。这不仅是因为女性审计师本身的强风险规避属性，也是因为她们拥有比男性审计师更高的沟通意愿和更少的过度自信心理。[17]另外，不同学历的审计师在关键审计事项披露方面也存在差异。学历在一定程度上可以反映个人所拥有的知识技能、学习能力，也可以反映其逻辑思维能力。在复杂的审计环境中，学历高的审计师通常会更谨慎，其运用自己丰富的专业知识识别潜在风险并进一步披露。

业务环境层面，同一家事务所内部，通过共同签字经历建立起来的相互合作、利益共享、风险共担的非正式审计团队规模越大，披露的关键审计事项数量越少、文本篇幅越短，且越少采用结论性评价，会更有意识地减少公司特性关键审计事项披露，文本相似度也就越高。[18]具体分析原因，团队规模越大，独立性越受损害，同时内部的资源和信息也愈加冗余、知识转移效率降低、沟通成本增加。

（三）披露环境

市场环境方面，有实证研究表明，被审计单位所处行业竞争越激烈，审计师披露的关键审计事项越多。这是因为行业竞争程度越高，企业经营的不确定性越高，辅以经营压力、绩效压力等，管理层进行盈余管理的可能性就越高，使得审计风险增加，审计师就倾向于实施更多审计程序，披露更多关键审计事项。且企业在市场中处于不同地位时，审计师的披露倾向也不同。企业所处地位较高时，竞争压力较小，管理层就易懈怠，代理委托问题会随之严重，审计师面临的重大错报风险就变高，进而会实施更多审计程序。再者，行业地位越高的企业越需要维护商业机密，对于信息泄露越敏感。外部信息缺乏时，审计师就会披露更多信息来发挥监督作用。总而言之，企业行业地位越高，审计师披露的关键审计事项越多。[38]

政策环境方面，年报问询制度对关键审计事项的披露也有影响。当上市公司在某一年收到的年报问询次数增多时，审计师会对关键审计事项给予更多关注，深入审查相关事项，更加详细地进行披露，同时扩展披露范围，开展更多的审计信息和背景说明，以满足监管机构和其他利益相关者的需求。这有助于增强审计的透明度和报告的准确性，从而提高审计的质量和可靠性。该影响效应在分所层面更为明细。且年报问询监管增加了未来关键审计事项信息量。[4]2019年我国推行的新证券法大幅提升了对未勤勉尽职的证券机构的罚款额度，同时增加了审计师民事赔偿责任，如此增强了审计师的法律责任感知。[44]面对强监管，审计师倾向于利用关键审计事项的"免责效应"，积极主动地提升披露充分性。[39]

社会舆论方面，媒体是资本市场重要的信息中介，其负面报道易吸引广泛关注，会对关键审计事项披露产生影响。媒体自身通过推动行政介入、声誉机制等对企业行为进行约束，是重要的外部治理机制。[7]传统媒体报道可以抑制避税激进机会主义行为[29]、降低盈余管理程度[30]等，其治理作用得到了广泛证明。目前流行的社交媒体相较传统媒体具备高度开放性、形式多样性、交流情绪化的特点，这使得其负面报道更能引起公众关注。负面报道越多时，审计师越倾向于降低自身风险，并降低投资者感知的审计责任，就会选择披露更多的关键审计事项。此影响关系在信息不对称现象更严重的国企中表现更为明显。

三　经济后果

（一）信息披露者

新审计报告体制增加关键审计事项部分后，管理层更愿意与审计师进行沟通，尤其是当双方关系一般时，这种沟通意愿显著增强。[8]管理层行为受到监督，会减少盈余操纵行为，提高风险承担水平，从而在一定程度上抑制企业盈余管理水平。[2]由于相比应计盈余管理，真实盈余管理有较强的隐蔽性，极少引起注册会计师的关注，故而关键审计事项披露数量增加时会对前者有更明显的抑制作用，而对后者无明显影响。[32]抑制盈余管理水平可以提高审计质量，披露关键审计事项可以提升企业的会计稳健性，同时也使利益相关方能够更清晰地了解企业的审计过程和审计师对关键审计事项的关注程度，从而增强对企业财务报告的信任度。[36]披露的关键审计事项数量越多，企业的稳健性就越强。[25]关键审计事项披露可以公示更多的企业特质信息，很大程度上缓解信息不对称现象，这些信息融入公司的股价中，降低了上市公司的股价同步性。[41]加之关键审计事项的披露也可以提升会计信息稳健性，就会起到降低上市公司的债务融资成本、缓解上市公司的融资约束程度的作用，同时也对上市公司的管理层起到了一定的监督作用，降低了上市公司的现金持有水平。[45]同时，关键审计事项的披露还能发挥外部监督作用，通过缓解代理冲突降低上市公司股价崩盘风险，且披露数量越多，发挥的公司治理效应越强[30]，即关键审计事项的数量与股价崩盘风险降低效应成正比。薛刚等[24]的研究，也支持了关键审计事项的这一监督和治理作用。

但也存在不同结论的研究。Cade 和 Hodge 在 2014 年发现当审计师被要求披露关键审计事项后，管理层不愿意跟审计师分享更多关于这方面的信息了。这是因为该准则使管理层倾向备受关注，使其感知到的压力增加[24]。关键审计事项披露会降低管理层对于发布自愿盈利预测的意愿，就是因为管理层认为盈利预测信息的公开披露会向外界提供企业的可诉事项，带来法律风险。且预测信息提高了经营透明度，管理层将会面临更大的外部监督压力。披露信息若不准确也会使企业丧失部分公众信誉，带来声誉风险。[21]此外，由于关键审计事项能够帮助注册会计师降低事后的责任风险，所以会导致一些公司和注册会计师存在投机心理，将审计工作过程中识别出的存在重大错报风险、未经审计调整的事项披露在关键审计事项中，进而发表标准的审计意见，这降低了标准审计意见的质量，增加了审计报告综合信息的不确定性，可能会误导报表使用者。[47]审计报告改革后，基于对风险导向审计的执行，审计师面对较低质量的财务信息时，会披露更多数量的关键审计事项来平衡风险。此累积效应在标准无保留审计意见上市公司的审计报告中更为典型。[46]

（二）信息鉴证者

新准则赋予注册会计师更大的监督责任的同时，也要求注册会计师更加专业和谨慎地履行职责，通过更严格的审计程序和要求，提高会计信息的质量和可信度，确保持续输出高质量的会计信息[26][43]。这对审计师的责任感知产生了影响，但理论研究对影响方向有分歧。披露行为也可以向外界传达自身客观公正的态度，审计师将可能会有深远影响的事项披露出来，可视为发出警告信号，财务错报发生时可以减轻审计师的责任。心理学中的有罪控制理论表明，在评判一个人的行为时，我们会考虑他是否采取了适当的预防措施来避免负面后果。如果行动者在面对潜在风险或危险时采取了合理、合适的预防措施，我们通常会认为他们已经尽可能地控制了局势。这表明多披露关键审计事项有助于减轻审计师的责任。不仅理论分析如此，实践也同样表明，审计师在报告中披露相关关键审计事项后，其法律责任会明显减轻[19]，而责任判定的主要影响因素是关键审计事项与其后发生的重大错报的相关性。但也有研究表明，新准则下的审计报告中针对关键审计事项的结论性评价会增加审计人员感知的审计责任。[8]

此外，关键审计事项披露增加了注册会计师的工作量，也增加了审计投入，这提升了审计质量，也导致了审计费用随之增长。实施更多审计程序的代价就是成本增加，包括人力与时间成本。制度需要学习，实施需要精力，且需要投入时间成本，事务所一般会进行成本转移，通过提高审计费用将成本转移到客户身上。这一点在非央企控股的上市公司中表现得更为明显。[9]如此，披露数量越多，复杂性与精确度越高时，企业所付出的成本更高，审计费用就更高。其中，不同类型事项对费用的提升作用也不同，如减值类事项披露，因其具有酌量性特征，注册会计师面对的情形更为复杂，需要更为审慎地应对，故而其对审计费用的提升效应就更明显。[33]

（三）信息使用者

对于投资者而言，关键审计事项的披露能够提供与财务报表相关的重要信息，投资者会基于此调整投资决策。从内容来看，关键审计事项类型不同，投资者会根据不同类型的风险而有选择性地进行决策。[10]从结构来看，披露事项段中含有结论性评价时，其对投资者的吸引力更高。这是因为结论性评价会表达出更为明确的观点，信息也相对更为直接简明，更便于使用。进一步研究发现，在针对关键审计事项金额估计的结论性评价中，相较于"是可以接受的""没有发现存在重大问题"两类评价，"估计是合理的"评语所传达的保证程度更高，对投资者的投资吸引力就更高。[11]实证研究表明，审计师越勤勉尽责，感受到的受托责任压力越低，对自身判断更具信心，考虑到声誉维护，就会越倾向于披露结论性评价。审计师勤勉尽责程度越高，越会以积极的语调进行结论性评价。[40]

分析师在资本市场中扮演信息中介的角色，向报告使用者传递企业信息，而审计报告是其信息源之一，报告模式的改革必然会对其产生影响。实证研究表明，关键审计事项披露能够提升分析师的信息精度，无论是公共信息还是私有信息[12]，进而对预测准确度也有提升作用，且提升效果在信息透明度较低的公司中表现更为明显。这是因为关键事项披露降低了信息风险，使得治理风险更易把控，也降低了低透明度企业信息获取的成本。[13]此外，关键审计事项披露还可以降低分析师预测分歧度，可以明显提升分析师信息效率，在管理层具有信息优势时尤为显著。[12]但审计报告中披露的关键审计事项越多，篇幅越长时，传达的信息就越为复杂，分析师越难以做出准确的预测。这也表明出于规避审计责任的考虑，审计师面对漏洞多、披露信息质量低的客户，会倾向于披露更多数量的关键审计事项，从而增加披露的篇幅，但这并不是有意义的信息增量。[27]

四　现状与问题

（一）披露现状

根据对 2018~2022 年沪市与深市的披露信息，上市公司披露的关键审计事项数量集中在 1~6 个，其中披露数量为 2 个的企业最多，平均披露数量逐年下降。具体来看，出于信誉维护，"四大"的平均披露量要高于非"四大"的平均披露量，但此差异在制度实施之初是显著的，现已不显著。披露数量差异在不同行业间是显著的，金融业平均披露数量最多，为 2.59 个；房地产业、教育业次之，分别为 2.22 个和 2.20 个；平均披露数量最少的是住宿和餐饮业，为 1.71 个。[16]横向来看，不同行业的风险水平不一样，使得披露需求不一样。例如，金融业市场与房地产市场波动幅度大，风险水平高，披露需求就会高；住宿和餐饮业行业情况相对稳定，风险水平低，披露需求也低。纵向来看，各行业波动情况存在较大差异，其中，金融业、建筑业、信息技术行业、制造业、农林牧业、综合六个行业都存在明显减少趋势。

披露内容主要包括资产减值、收入、固定资产及在建工程、金融工具等 15 类。其中资产减值类别的关键事项最多，接近披露总数的一半；其次是收入类关键事项，占比第二高；二者合计占比达 89%。这表明不同企业都将资产减值和收入类事项作为重要披露对象。进一步研究表明，在资产减值类事项中，披露涉及内容最多的是投资者最关心的贷款及应收款项，其他主要披露内容还包括商誉、存货、固定资产及在建工程等。[34]披露理由一般有 2 个，分别是"事项重要性"和"重大估计或判断"，前者体现审计工作的指导思想，后者为关键审计事项定义中确定关键审计事项的重要依据。其他常见理由还有"错报风险""关键业务指标"等。此外，大多数审计报告没有在关键审计事项段披露审计结论。已披露审计结论的报告中，积极语气占比略高于非积极语气，但二者差异并不明显。

（二）存在的问题

首先，披露现状存在格式混乱的情况。总体来看，披露包括表格式披露和段落描述式披露，前者从视觉上看更简洁清晰。段落描述式披露也存在不同情况：部分审计师未进行分段表述，直接列示了具体内容；总—分结构与总—分—总结构都存在等。也有学者认为对披露者的代称存在表述不明的情况。例如，大部分审计报告中披露事项段使用的代称是"贵公司"，这满足了新准则中关键审计事项需要注重和管理层之间的沟通的要求，但也使得被审计单位的管理层成了信息的传达对象，不符合向外部的报表使用者提供相关数据的要求。[35]披露信息的目的是供人获取、理解、使用，杂乱的披露格式会增加信息使用者的信息提取难度，不利于信息被搜索、被运用，会降低信息使用率。

其次，还存在披露数量少、用词过于专业化的情况。虽然披露数量大多集中在 2 个，但相较于新准则实施之初，披露 3~6 个关键审计事项的审计报告明显减少，而披露 1 个的占比在增加。披露数量少在某种程度上意味着关键审计事项信息含量不足。另外，披露语言中使用的会计专业词汇较多，如"控股合并""吸收合并"等字面相近的词汇，就易被搞混，难以被理解。披露多采用定性描述方式，虽有部分金额体现，但描述语言较为含糊，无法准确判断被审计单位所面临的潜在风险的大小，且无具体参照标准，不便于信息使用者理解和提取关键信息。[14]

再次，目前关键审计事项披露存在同质化问题。审计师针对同一家上市公司的不同会计年度，所披露的关键审计事项重复度较高。[15]甚至部分审计报告中的关键审计事项内容仅变更年份与金额，语言表述模板化明显，缺乏针对性。虽有研究表明审计师变更可缓解此现象[22]，但基于沟通成本、外界关注等多种原因，企业并不会经常主动更换审计师，审计依然会存在连续性，同质化问题也还会存在。而同质化带来的后果是，关键审计事项的有效性被削弱，难以产生有效信息增量。

最后，关键审计事项披露部分已成为合谋发生的风险掩藏区。近三年内受到证监会处罚的公司，其年报虚假记载的事项通常出现在关键审计事项披露部分。例如，希努尔 2018~2019 年的审计报告中，关键审计事项部分均包含政府补助，而 2022 年证监会下发处罚书，表明政府补助的确存在错误，公司虚增了营业外收入，2018 年虚增部分占当期利润总额的 51.29%，2019 年为 27.68%。这些注册会计师根据"职业判断"选择的关键审计事项是存在重大错报风险、未经审计调整的事项。此情况发生的主要原因是注册会计师独立性丧失，与客户发生合谋，利用关键审计事项披露可降低事后责任的特点，进行了风险掩盖。此时的审计报告不仅没有增加价值，还失去可信度。

五　总结评述与展望

关键审计事项的披露受多重因素的影响，文献研究表明核心影响因素是风险。法律风险、财务风险、审计风险、追责风险等风险程度增加时，审计师就可通过执行新准则——披露关键审计事项来缓解。此方面研究结论较为统一。但针对关键审计事项披露所产生经济后果的研究结论存在些许差异。一种观点认为，关键审计事项披露制度同时监督着企业与注册会计师，限制前者的盈余管理行为，督促后者严谨工作，审计质量得到提升，审计报告更具揭示风险的作用。另一种观点则认为，企业管理层是欢迎新准则的，因为新准则内利经营，可以缓解融资约束、降低股价同步性等，外利形象，可以吸引投资者；但企业也有消极应对的理由，他们不愿意配合提供信息，因为不愿意受到过多监督，担心额外的披露可能会带来可诉事项，管理层可能会就此与注册会计师进行协商。而对于注册会计师而言，关键审计事项披露降低了其责任感知的同时也增加了工作成本。当注册会计师独立性受到与客户间密切关系的影响时，会接受管理层的协商，达成新的利益平衡，利用关键审计事项披露可降低事后责任的特点，达成风险掩盖。

总结披露现状后发现，关键审计事项披露除前述可能成为风险掩盖的手段外，也存在趋同化问题。这是因为大部分企业经营状况相对稳定，加之审计的连续性可能会损害注册会计师的独立性，许多注册会计师已然模板化了这一环节。且在宽泛的制度下，不同能力水平的注册会计师，其披露水平也参差不齐，可能会存在言少但有效言多但无意义的情况，易产生向行业水平看齐的心理，使得行业内同质化现象尤为明显。而企业在沟通过程中发现这一情况后出于投机心理，可能抓住机会进行盈余管理。

目前关于新准则经济后果的结论仍不统一，有较多研究关注到了同质化问题，但尚未有较为有效的对策。基于对现有文献的梳理和评价，对于未来的研究提出三项展望。一是多层次研究。一方面，研究细分化。可以根据行业划分、股权特征对关键审计事项披露进行分组研究，进行组内纵向对比、组间横向对比，探讨披露制度如何在不同市场中达到趋于理想化的实施效果。另一方面，多主体研究。从多个具体市场主体入手关注披露程序的实施全程，对披露制度形成体系化理论框架。二是实用性研究。可聚焦于披露制度在执行过程中已显现出的问题，研究探讨解决方案，不仅要指明理论改进方向，更要有切实可行的具体方案。三是持续性研究。新准则实施时间并不长，可跟踪研究。拉长研究年限，充分利用数据验证已有结论是否随时间发生变化，研究制度的滞后效应，对目前存有争议的问题进行探索等。

参考文献

[1] 陈凤霞，郁静. 关键审计事项披露的影响因素研究——基于 A+H 股上市公司的经验数据 [J]. 西南大学学报（自然科学版），2023，45（7）：160-171.

[2] 唐凯桃，何文姝，赵琳等. 关键审计事项披露的经济后果：一个综述 [J]. 重庆理工大学学报（社会科学），2023，37（2）：99-109.

[3] 王艳艳，许锐，王成龙等. 关键审计事项段能够提高审计报告的沟通价值吗？[J]. 会计研究，2018（6）：86-93.

[4] 耀友福，周兰. 企业数字化影响关键审计事项决策吗？ [J]. 审计研究，2023（1）：123-135.

[5] 丁方飞，陈智宇，李苏等. 关键审计事项披露与非机会主义盈余管理——基于两种盈余管理方式转换视角的研究 [J]. 审计与经济研究，2021，36（5）：35-46.

[6] 郭令秀，王雪丹，付莉. ESG 表现与审计费用——基于关键审计事项披露视角 [J]. 会计之友，2023（8）：114-121.

[7] 吴芃，张晶，顾嵚炀等. 媒体负面报道对关键审计事项披露的影响研究——以新浪微博为例 [J]. 审计与经济研究，2022，37（5）：33-42.

[8] 韩冬梅，张继勋. 关键审计事项披露与审计人员感知的审计责任 [J]. 审计研究，2018

（4）：70-76.

[9] 周中胜，贺超，邵蔚. 关键审计事项披露与审计费用 [J]. 审计研究，2020（6）：68-76.

[10] 王旭东，程安林. 关键审计事项段信息含量实证研究 [J]. 中国注册会计师，2018（10）：51-55+3.

[11] 张继勋，倪古强，张广冬. 关键审计事项的结论性评价与投资者的投资判断 [J]. 会计研究，2019（7）：90-96.

[12] 王霞，许汝俊. 关键审计事项披露与分析师信息精度 [J]. 中国注册会计师，2020（9）：24-30+3.

[13] 张卓，蔡晓通，何春飞. 关键审计事项披露会影响分析师预测准确度吗？[J]. 会计之友，2021（22）：100-107.

[14] 姜丽莎. 关键审计事项信息披露：现状及实施建议 [J]. 财会通讯，2023（7）：106-111.

[15] 王云. 上市公司关键审计事项披露的同质化问题探讨 [J]. 财会通讯，2023（11）：116-119.

[16] 韩慧林，庄飞鹏. 关键审计事项持续披露的信息特征研究——基于审计报告改革全面实施5年以来沪深两市的数据分析 [J]. 中国注册会计师，2023（2）：44-49+3.

[17] 曹燕明. 审计师性别对关键审计事项披露的影响——基于商誉减值关键审计事项的证据 [J]. 山西财经大学学报，2021，43（7）：97-111.

[18] 陈丽红，周佳，张龙平等. 非正式审计团队规模与关键审计事项披露 [J]. 会计研究，2022（11）：139-154.

[19] 崔春. 新证券法背景下审计师选择性披露行为研究 [J]. 中国注册会计师，2023（11）：25-31+3.

[20] 张婷，张敦力. 审计师对舞弊的察觉影响其披露关键审计事项吗？[J]. 审计与经济研究，2023，38（1）：31-39.

[21] 操巍，吴忧，李雅琪. 关键审计事项披露对自愿盈利预测的影响 [J]. 财会月刊，2022（21）：111-120.

[22] 陈丽红，孙梦娜，冀妮妮等. 审计师变更会影响关键审计事项披露模板化吗？[J]. 审计研究，2023（3）：72-84.

[23] 付强，廖益兴. 审计独立性对关键审计事项披露的影响——客户重要性视角 [J]. 审计与经济研究，2022，37（1）：53-68.

[24] 薛刚，王储，赵西卜. 谁更关心关键审计事项：管理层还是分析师 [J]. 审计研究，2020，No. 214（2）：87-95.

[25] 徐焕章，王玥. 关键审计事项、公司透明度与会计稳健性 [J]. 会计之友，2021（15）：132-138.

[26] 杨明增，张钦成，王子涵. 审计报告新准则实施对审计质量的影响研究——基于2016年A+H股上市公司审计的准自然实验证据 [J]. 审计研究，2018（5）：74-81.

[27] 李奇凤，路军伟. 关键审计事项段的特征具有信息含量吗？——来自中国A股上市公司2017年报审计的经验证据 [J]. 审计与经济研究，2021，36（2）：30-40.

[28] 陈雅倩. 关键审计事项、审计师行业专长与会计信息质量 [D]. 中国财政科学研究院硕士学位论文，2023.

[29] 田高良，司毅，韩洁等. 媒体关注与税收激进——基于公司治理视角的考察 [J]. 管理科学，2016，29（2）：104-121.

[30] 马壮，李延喜，王云等. 媒体监督、异常审计费用与企业盈余管理 [J]. 管理评论，2018，

30（4）：219-234.

[31] 许一青，丁俊. 我国审计报告中披露关键审计事项的研究述评与展望 [J]. 中国集体经济，2022（15）：41-44.

[32] 李延喜，赛骞，孙文章. 在审计报告中沟通关键审计事项是否提高了盈余质量？[J]. 中国软科学，2019（3）：120-135.

[33] 涂建明，李宛，朱渊媛. 我国资本市场审计报告改革的政策效应——基于审计费用视角 [J]. 证券市场导报，2020（8）：2-11+19.

[34] 张泽宇，苑涵凝，赵怡冉等. 关键审计事项信息特征分析——基于 2022 年深交所上市公司审计报告的数据 [J]. 现代商业，2023（22）：185-188.

[35] 万鹏飞. 新审计报告准则下关键审计事项披露问题研究 [J]. 老字号品牌营销，2023（11）：49-51.

[36] 刘梦雪，胡红霞. 新审计报告中的关键审计事项研究 [J]. 中国农业会计，2023，33（15）：83-85.

[37] 汤玉娟. 董事高管责任保险与关键审计事项披露 [J]. 现代营销（下旬刊），2023（3）：163-165.

[38] 梁誉妍. 行业竞争与关键审计事项披露的实证研究 [J]. 现代营销（下旬刊），2023（1）：158-160.

[39] 刘杰，张帅帅. 处罚力度是否会提高审计师对关键审计事项的披露程度？[J]. 重庆文理学院学报（社会科学版），2024，43（4）：1-19.

[40] 何淼. 审计师勤勉尽责与关键审计事项结论性评价 [D]. 兰州大学硕士学位论文，2023.

[41] 束敏. 关键审计事项、事务所变更与股价同步性 [D]. 南京财经大学硕士学位论文，2022.

[43] 李晓月，肖星，喻子秦. 关键审计事项披露与 CPA 审计监督治理职能强化 [J]. 武汉大学学报（哲学社会科学版），2022，75（3）：136-150.

[44] 李奇凤，刘洪渭. 关键审计事项：上市公司审计师责任感知与披露决策的实证分析 [J]. 山东大学学报（哲学社会科学版），2021（2）：174-184.

[45] 姜丽莎. 关键审计事项披露对上市公司现金持有水平的影响研究 [J]. 会计师，2023（3）：86-89.

[46] 涂建明，刘慧中，田树铭. 关键审计事项对财务信息质量的累积效应 [J]. 财会月刊，2023，44（4）：87-96.

[47] 吕先锫，付一迪. 审计报告信息多元化带来的不确定性——关键审计事项的风险遮掩效应 [J]. 审计研究，2023（6）：84-96.

财务审计中企业社会责任感与组织治理策略的交互关系

李红兵　马聪聪[*]

摘　要：本文研究探索财务审计领域企业社会责任感与组织治理策略的交互关系，旨在揭示其对审计质量与风险管理的深层次影响。研究发现，强烈的企业社会责任感与有效的组织治理策略对审计的信任度、可靠性和风险管理都产生了积极影响，进而确保了财务报告的真实性和完整性；企业社会责任感与组织治理策略之间的交互对提高审计质量具有重要价值。

关键词：财务审计　企业社会责任感　组织治理　治理策略

一　引言

在全球化浪潮之下，企业不仅面临经济压力，社会责任、企业治理以及风险管理等多个方面的问题也对它们提出了挑战。《毕马威全球 ESG 信息披露调查（2022）》显示，越来越多的企业开始重视社会责任报告的编撰和评估，这种趋势导致对企业社会责任审计的需求增加，以确保企业真实、完整地报告其社会责任活动，并确保这些活动与其组织治理策略相一致。随着现代企业规模的迅速扩大和业务结构的复杂化，它们提供的财务信息对投资者、股东以及广大公众而言变得前所未有地重要。这不仅需要审计为企业的财务报告提供保障，确保其真实性和完整性，同时也意味着审计必须考虑到企业在履行社会责任以及优化治理策略时所做的努力。

审计的质量和其在企业中的地位的提升，受到企业社会责任感的不断增强和组织治理策略的持续优化的双重影响。而审计的重点也因此逐渐发生变化，从传统的信息验证，逐步转向对企业整体战略的合理性和可持续性进行评估。虽然财务审计、社会责任以及组织治理策略在学术界已有大量的研究，但这三者之间如何相互作用，特别是在实际操作中的交互关系，还是一个相对空白的研究领域。针对这一空白，本研究旨在探讨它们的交互机制，为理论和实践提供新的视角。

针对当前企业面临的全球化挑战和日益增强的社会责任意识，财务审计与企业社

---

* 【作者简介】李红兵，西北政法大学商学院（管理学院）副教授，研究方向为风险管理与内部控制、审计理论与实务；马聪聪，西北政法大学商学院（管理学院）硕士研究生。

会责任感及组织治理策略之间的交互作用明显增强。在追求经济效益的同时，企业对环境效益、社会效益和公司治理日益重视，这使得审计不局限于财务层面，而是与企业的整体战略和企业社会责任感紧密联系。本研究将系统性地分析企业社会责任感对组织的风险应对机制的增强作用，以及组织治理策略是如何塑造、维护和激发企业社会责任感的。本研究旨在深入挖掘并阐明财务审计与企业社会责任感、组织治理策略间的互动机制，期望揭示它们之间的因果关系和相互作用的微观逻辑。深入了解这一交互机制，不仅有助于提升审计的质量，还能够帮助企业更为准确地识别和预防可能出现的风险，制定更加完备的风险管理方案。

二　文献综述

在探讨财务审计与组织治理、企业社会责任感的交互关系的诸多研究中，不同的学者提出了各种各样的观点。Hamad 和 Çek 研究表明公司治理在确保公司财务稳健和透明方面扮演着重要角色，在审计和评估公司财务绩效的过程中，需要深入分析和理解公司治理的各个方面和它们的运作方式。[1]史媛婷则深入探讨了内部审计质量、公司治理和企业社会责任如何共同作用，影响财务报告的质量。她指出，尽管内部审计质量和公司治理与财务报告质量之间存在正向关系，但企业社会责任与财务报告质量之间并无明显关联。[2]

进一步地，Fajriah 和 Jumady 的研究强调了 CSR 和良好公司治理（GCG）对公司价值的直接和间接影响，其中，CSR 和 GCG 通过提升公司的声誉和股东信任度来促进公司价值的提升。[3]此外，李杨探讨了 GCG 和 CSR 对银行财务绩效的影响。研究发现，尽管审计委员会对银行财务绩效没有正面且显著的影响，CSR 对银行财务绩效也没有影响，但当它们同时存在时，它们对财务绩效产生了影响。[4]刘扬则揭示了内部审计质量、公司治理和公司社会责任在决定财务报告质量方面的关键作用。[5]这些因素不仅对财务报告质量产生直接影响，而且通过提高透明度和准确性，进一步增加了公司治理结构的效用。由此推断，内部审计的质量在提升公司治理水平和社会责任感方面发挥着至关重要的作用，与此同时，这两者又能反映内部审计的质量。在此基础上，Cahyaningati 等发现，尽管 CSR 和 GCG 可以提高公司价值，但是这种提高在一定程度上受到审计费用的影响，即更高的审计费用可能会抵消这两者对公司价值的正面影响。[6]最后，王凯等的研究关注了董事会的女权主义、审计委员会和企业社会责任与家族企业的价值之间的关系。[7]他们发现董事会的女权主义对公司价值产生了负面影响，而审计委员会对公司价值没有影响。这些发现进一步强调了审计和公司治理策略在维护公司价值中的关键作用。

综上所述，这些研究一方面反映了财务审计中组织治理策略和企业社会责任感的重要性，另一方面也凸显了这一领域的复杂性和多元性。审计师和财务专业人员在实践中需要灵活运用各种理论和方法，以便更好地适应不断变化的市场环境和企业实践。同时，未来的研究也可以进一步探讨组织治理和社会责任在不同行业、市场和文化背景下的具体作用和影响机制。

三 相关概念及理论基础

（一）财务审计的理念

全球经济领域中的财务审计扮演着金融监管基石的角色，当前的财务审计不仅关注组织财务报表及相关经济活动的完整性、准确性和合规性，更致力于通过深入细致的分析和评估，为各利益相关者提供关于组织财务信息真实性的合理保证，进而维护市场的公平和透明。在探究财务审计的核心时，不得不强调其远超过对基础数值的核实，更深入到对财务制度、内部控制及经济活动的彻底审查，其中内部审计侧重于评估组织内部的控制体系及其效率，外部审计则由无关联的第三方独立机构执行，关注财务报表的真实性和公正性，以提供可靠的财务信息。[8]在财务审计实践中，财务审计人员需要具备独立性、完整性、客观性和专业怀疑精神。其中独立性要求审计师在审计过程中排除所有可能影响其判断的因素，确保对审计对象的无偏性；完整性体现在无论是财务信息还是交易活动，审计工作都需全面覆盖；客观性强调审计师须在执行工作时保持公正的态度，避免受到个人或第三方利益的影响；专业怀疑精神则要求审计师在整个审计过程中保持高度的警觉和质疑态度。在具体的操作过程中，财务审计遵循一定的审计准则，如国际审计准则或美国通用审计标准，以保障审计活动的程序性和可比性。审计师在这一过程中运用多种方法，如抽样检查、比率分析，以系统、科学的方式进行风险和问题的识别，并在此基础上提出专业建议。

（二）企业社会责任感的概念

社会责任感作为一种深刻的伦理观念和价值理念，要求个体或组织在追求自身利益的同时，不仅要衡量自身行为对社会的影响，还要积极采取措施，推动社会的积极发展，并致力于降低或抵消自身行为可能带来的负面社会影响。这一理念将道德义务与实践精神紧密结合，强调的是在各自的角色与位置上，无论是个体还是组织，均应寻求在实现自我价值的过程中，实现对社会整体福祉的提升。它所强调的并非简单地遵循法规、规避负面影响，而是一种积极的、主动的价值追求，强调在实践中不断寻求与社会整体利益的契合，推动社会和谐发展。

在实践层面上，企业社会责任感是指企业在追求经济利润的同时，注重其经营活动对社会、环境的影响，并积极承担相应的责任。这不仅涵盖企业的经济责任，也包括企业在道德、法律和伦理层面的责任。企业社会责任感强调的是企业在追求自身利益的同时，应关注并积极参与解决其经营活动可能产生的社会和环境问题，推动企业在实现自身可持续发展的同时，也促进社会的可持续发展。企业在制定和执行其战略和政策时，需要全面考虑其社会影响。在此基础上，企业社会责任感要求企业不仅要在法律法规框架内合规经营，而且要主动识别并承担起经济、社会和环境责任，推动形成一个公正、公平、可持续的社会发展格局。

（三）组织治理策略的概念

在当代企业领域，组织治理已经确立其核心地位。它作为确保企业有效平衡各种利益关系、制定并执行稳健决策机制的纲领，被视为企业成功的关键。组织治理可以被定义为一套原则、制度和程序，旨在指导企业的决策过程和运营方式，确保其行为与利益相关者的期望和法律法规相一致。从分类的角度来看，组织治理主要包括结构治理、策略治理、风险治理和绩效治理。组织治理策略对于确保企业的透明度、公正性和责任感至关重要，合理的治理策略能够增强利益相关者的信心，提高企业的市场声誉，并降低潜在的法律和金融风险。其根本目标是建立一个透明的决策体系，使利益相关者不仅能够洞悉决策背后的逻辑，而且能够评估其有效性。在这样的体系下，组织治理不仅保障了股东、员工、客户及供应商等核心利益相关者的权益，还确保了企业能够在经济与市场环境日新月异的背景下，维持长期的视角，并制定具有前瞻性的策略。

四 财务审计中企业社会责任感与组织治理策略的交互机制

（一）财务审计中被审计单位的企业社会责任感

在现代商业环境中，企业社会责任感已经逐渐被视为企业核心价值观和经营理念的基石。对于接受财务审计的单位而言，展示其社会责任感不仅有助于增加外部利益相关者的信任，还有助于企业实现经济效益和社会效益的平衡，为企业实现可持续发展奠定基础。在财务审计的框架下，被审计单位的企业社会责任感通过多个维度得以体现，并对审计结果产生实质性影响。

首先，具备社会责任感的企业在财务报告上通常表现出更高的透明度和真实性。这些企业致力于准确、全面地公开其经济活动和财务状况，从而杜绝任何形式的虚假记账行为和误导性信息披露。此种行为不仅彰显了企业对利益相关者的责任，也有助于构建稳健且长期的商业关系。其次，当被审计单位在财务审计过程中展示出社会责任感，如通过发布真实公正的财务报告，其在公众及投资者中的形象和声誉将得到显著提升。此种信任的逐渐积累，将为企业带来无形的资产，如社区的支持和客户忠诚度的提高。最后,从可持续发展的视角来看,具有社会责任感的企业更能够在经济效益和社会效益之间达成平衡。在制定经营策略时,这些企业充分考虑社会和环境因素,以确保企业的长期稳健发展。

在财务内部审计的各个阶段中,被审计单位的社会责任感始终扮演着关键角色。[9]在审计计划阶段,企业的社会责任感促使内部审计人员制订更为全面且科学的审计计划,以确保充分考虑企业的社会责任实践和相关风险。在审计执行阶段,有社会责任感的被审计单位会为审计师提供真实、准确的财务信息,进而为精确评估企业财务状况提供有力支撑。在审计报告阶段,具备强烈社会责任感的企业将充分展示其在社会责任领域的成果,进而提升审计报告的信息量和可信度。在审计的后续阶段,被审计单位的社会责任感推动其不断改进社会责任实践,为未来的审计工作提供更有价值的参考。

综上所述,在财务审计过程中,被审计单位的企业社会责任感所起的作用不容小觑。它不仅对审计结果产生影响,而且是推动企业长期稳定和可持续发展的关键因素。因此,在评估和提升企业财务状况的同时,也应深入认识和充分认可企业在社会责任领域所做出的努力和取得的成就。

(二)财务审计中被审计单位的组织治理策略

组织治理策略在财务审计中的作用尤为重要。被审计单位的组织治理策略不仅影响其日常的运营和管理,更在财务审计过程中发挥着不可或缺的作用。它贯穿于审计的各个阶段,确保了审计活动的有效性和准确性。

在提升财务报告质量方面,被审计单位的组织治理策略起到的作用是根本性的。通过建立健全内部控制体系以及有效的风险管理机制,被审计单位能够确保财务信息的真实、完整、准确,进而提升财务报告的质量。这不仅可以避免因财务人员舞弊引发的问题,更能确保财务报告真实反映企业的经营状况和财务状况。

在增强审计效率方面,被审计单位的组织治理策略也发挥着重要作用。策略的明确性和导向性可以确保审计目标和范围的精确设定,从而促使审计资源得到合理的分配和利用。这意味着,审计师能够准确、快速地找到审计重点,减少资源浪费,提高审计效率。

在保障审计质量方面,被审计单位的组织治理策略要求遵循国际或国家的审计准则,确保审计活动的高质量进行。同时,策略的持续改进和跟踪评估也确保了审计质量的持续提升,增加了审计活动的长期效益和价值。

在财务审计的各个阶段,被审计单位的组织治理策略也起到了关键作用。无论是计划阶段的目标设定、资源分配,还是执行阶段的程序执行、风险管理,乃至报告阶段的准则编制和信息披露,都离不开良好的组织治理策略的引导和支持。[10]这使得审计活动更加科学、规范、有效，进而在一定程度上保障了企业的经济利益和社会声誉。

总的来说，被审计单位的组织治理策略在财务审计中起着至关重要的作用，它不仅塑造了企业的运营环境，同时也确保了财务信息的真实性和完整性，提升了审计工作的效率和质量。因此，在进行财务审计时，需要充分理解和考虑被审计单位的组织治理策略，以确保审计工作准确有效。

（三）组织治理策略如何促进和维护企业社会责任感

组织治理策略在促进和维护企业的社会责任感方面起到了至关重要的作用。首先，明确的责任感和角色是组织治理策略的核心。当组织为各个管理层和董事会设定了明确的责任感和角色时，就为企业的长期成功和稳健发展奠定了坚实的基础。更为重要的是，当这些责任感和角色明确地包括社会责任感时，组织更有可能将社会责任感融入企业管理中。[11]企业社会责任感不仅仅是对外部社会的承诺，更是对内部员工和利益相关者的承诺。一个明确的组织治理策略可以确保企业的决策过程是透明的、公正的，并且始终以社会责任感为导向，这样，不仅可以增强公众对企业的信任，还可以提高员工的归属感和忠诚度。此外，当组织治理策略明确地强调社会责任感时，也为企业打造了一个积极的社会形象。[12]在当今的商业环境中，消费者、投资者和其他利益相关者越来越关注企业的社会责任感，那些具有社会责任感的企业更有可能获得市场的青睐。

其次，组织透明度也是不可或缺的要素。组织治理策略对透明度的强调确保了企业的所有决策和活动都能够经得起公众的监督。当组织对其社会责任活动保持透明并对结果负责时，不仅会增强公众的信任，还会为企业赢得更广泛的支持。提升监管透明度还意味着企业需要与各种监管机构和非政府组织进行合作，确保其活动符合所有相关的法律和标准。这种合作可以帮助企业更好地理解和满足社会的期望，同时也为企业提供了一个与公众沟通的平台。此外，透明度高的企业还为利益相关者提供了一个参与企业决策的机会，这种参与不仅可以增强企业的社会责任感，还可以为企业带来更多的机会和资源。

最后，培训和教育在组织治理策略中占据了重要的位置。决策者在企业中扮演着关键的角色，组织治理策略鼓励对这些关键决策者进行持续的培训和教育。当这些培训和教育包括社会责任感的内容时，会加深决策者对社会责任感的认知。当面临决策时，他们更有可能考虑到企业的社会责任，确保其决策是符合社会和环境标准的。此外，这种培训和教育还可以帮助决策者理解社会责任感对企业长期成功的重要性，使决策者意识到社会责任感不仅仅是道德上的责任感，还是企业长期成功的关键因素。

五 组织治理策略与企业社会责任感在财务审计中的协同影响

（一）对审计信任度与可靠性的协同影响

在财务审计领域，社会责任感与组织治理策略的协同作用对审计的信任度和可靠性产生了深远的影响。从专业角度来看，这种协同效应可从以下几个层面进行解析。

社会责任感是企业对社会和环境问题的主观认知和积极态度，它推动企业主动采取行动，践行社会责任。当企业拥有强烈的社会责任感时，它会更加关注自身行为对社会和环境的影响，并致力于可持续发展。此种态度和实践的公开与透明，使得外部利益相关者能够更加准确地理解企业的运营策略和财务状况。

同时，良好的组织治理策略有助于企业内部决策、监督和制衡机制的完善。这种机制确保了企业财务报告的准确性和完整性，进而降低了企业内部与外部利益相关者之间的信息不对称。[13]

企业社会责任感与组织治理策略的结合，不仅提升了公众对审计的信任度，还为审计师提供了更高质量的信息，提升审计可靠性。这种协同作用恰恰契合了利益相关者理论和信息不对称理论，使得企业能够在更高的层次上实现社会效益与经济效益的平衡。

总之，企业社会责任感与组织治理策略在财务审计中的协同作用对审计的信任度与可靠性产生了积极的影响。这种协同效应不仅增强了公众的信任，还为审计师提供了更为真实和完整的信息，从而提高整体审计质量。

（二）对审计风险管理的协同影响

在财务审计中，企业社会责任感与组织治理策略的协同作用对审计的风险管理产生了显著的影响。

首先，企业的社会责任活动都可能带来一系列的财务和非财务风险。企业为确保其长期生存和成功，需要对面临的各种风险进行识别、评估和管理。其中，社会责任活动，如环境保护和员工权益保障，可能涉及合规、声誉和财务相关方面的风险。企业需要确保这些风险得到适当的控制，这要求审计师深入探讨企业如何识别、应对这些风险，以及它们对财务报告的具体影响。再者，企业的决策和行为是多方面的，不仅涉及内部目标，还受到外部利益相关者，如社区和环保组织的影响。响应这些利益相关者的需求和期望，实际上是企业确保其决策和行为得到广泛支持的过程。在此过程中，审计师的任务是判断这些需求和期望如何塑造企业的财务状况。至于企业的管理层，虽然他们代表股东行事，但他们的决策往往需要平衡短期的投资与长期的回报。治理结构的作用在于确保管理层的这些决策与股东的长期利益保持一致，从而使得短期的投资在长远来看是有价值的。审计师在此背景下需要仔细评估这种短期与长期之间的平衡，及其对财务报告的影响。

其次，具有健全治理策略的企业往往更加注重其决策的长期影响。为了长期生存和成功，企业不仅需要确保当前的决策和行为是合适的，还需要对其未来的影响进行深入的考量。特别是那些具有健全治理策略的企业，它们在制定决策时往往更注重未来的影响，力求保持持续的竞争优势和稳定的发展。这种前瞻性的管理与决策方式，要求审计师在审查时，不仅关注当前的财务数据，还要深入挖掘其对企业未来盈利能力的潜在影响。企业在决策时考虑这些利益相关者的期望和需求的过程，实际上也是在建立和稳固与他们的合作关系的过程。这种关系的深化，使得企业的财务状况更为稳健，同时也为审计师提供了更多的数据和信息源，有助于他们更准确地评估企业的真实财务状况。另外，企业的治理结构也起到了关键的作用。管理层作为企业的执行者，他们的决策不仅要符合企业的长期利益，还需要得到股东的支持。当治理结构能够保证这两者的利益一致时，管理层的决策就更有可能得到广泛的认可。审计师在这方面的任务，是确保这种一致性存在，并且这种一致性能恰当地体现在企业的财务报告中。

最后，企业社会责任感与组织治理策略在财务审计中的协同作用对审计的风险管理产生了积极的影响。这种协同效应不仅帮助审计师更为准确地识别和评估与社会责任活动相关的风险，还使他们能够更为全面地评估企业决策的长期影响，从而提高审计的整体质量。

（三）对审计质量与效率的协同影响

企业社会责任感与组织治理策略在财务审计中的协同作用，对审计质量与效率也产生了积极的影响。

一方面，社会责任感强的企业通常更重视内部控制系统的完善与风险管理的实施。它们能够确保财务报告的真实、完整，降低错误和舞弊的概率，为审计人员提供更为可靠的数据基础，进而提高审计的质量。[14] 而组织治理策略的一个重要目标是确保企业信息的透明度。当企业信息公开、透明，审计人员能够迅速、准确地获取审计所需的数据，对财务报告做出更为准确、客观的评估，提高审计的公信力。

另一方面，企业的社会责任感与组织治理策略结合，可以促进企业内部形成诚信为本的文化。这种文化会降低员工采取违规行为的概率。因此，审计人员在审计过程中需要投入的验证和调查时间会减少，从而提高审计的效率。而一个设计良好的治理结构能够明确各部门、各员工的职责与权限。这种明确性在审计过程中至关重要，因为审计人员能够迅速找到关键决策者和数据，快速获取必要的信息和文档，从而加快审计工作的进展。[15]

企业社会责任感与组织治理策略在财务审计中的协同作用不仅增强了审计的公信力，提高了审计的质量，还使审计工作更为高效、迅速。面对今天复杂多变的商业环境，这种协同作用显得尤为重要，它不仅保障了审计工作的准确性和及时性，也持续地维护和增强了投资者和公众对企业的信心。在这样的协同作用下，财务审计能够更好地发挥其监督、评价和指引的作用，为企业的可持续发展保驾护航。

六　结论

在深入探究财务审计中的企业社会责任感与组织治理策略的交互关系后，本研究得到以下重要结论。首先，企业社会责任感在审计风险管理中具有显著影响，组织内部对企业社会责任的深入认知能使其更迅速地识别潜在风险，同时，企业强烈的社会责任感有助于提升审计过程中的信任度和透明度。其次，组织治理策略是强化企业社会责任感的关键要素，一个结构化的治理策略不仅应明确各管理层的职责，还应整合利益相关者的反馈，确保决策过程的透明度。当企业社会责任感与组织治理策略有效结合时，审计过程中的信任度、可靠性和风险控制表现尤为优异。

鉴于此，笔者建议现代企业进一步关注企业社会责任感和组织治理策略在审计中的作用，同时也期望本研究成果能为财务审计领域的研究者和实践者提供有益的指导和启示。

参考文献

［1］ Hamad H, Çek K.The Moderating effects of corporate social responsibility on corporate financial performance: Evidence from OECD countries[J] .*Sustainability*, 2023, 15(11) : 35-39.

［2］ 史媛婷. 企业社会责任耦合协调性对风险承担水平的影响研究 ［D］. 杭州师范大学硕士学位论文，2022.

［3］ Fajriah Y, Jumady E.Good corporate governance and corporate social responsibility on company value with financial performance[J] .*Jurnal Ekonomi Dan Akuntansi*, 2022, 26(2) : 11-17.

［4］ 李杨. 浅析国有企业内部控制审计 ［J］. 现代营销（学苑版），2021（5）：182-183.

［5］ 刘扬. 新时代推动国有企业内部审计高质量发展路径研究 ［J］. 铁道经济研究，2022（3）：11-14.

［6］ Cahyaningati R, Miqdad M, Kustono A. Analysis of the relationship between corporate social responsibility and good corporate governance on fee audit and firm value[J] .*International Journal of Economics and Business Development*, 2022, 5(2) : 212-216.

［7］ 王凯，王辰烨，周亚拿. 女性董事对城市商业银行绿色贷款的影响 ［J］. 首都经济贸易大学学报，2023，25（2）：81-96.

［8］ 邓小军，侯枫婷. 内部控制质量，财务报表重述与审计费用 ［J］. 财会通讯，2022（19）：38-43.

［9］ 杨娜娜. 新审计报告准则改革与审计收费 ［J］. 国际商务财会，2022（13）：25-28.

［10］王鹏程. 当前审计独立性的若干问题与保障机制重构［J］. 中国注册会计师, 2021（12）: 24-28+3.

［11］朱妍, 林盼. 权力代表性, 地位竞争性与关系排他性——影响组织社会资本形成的因素［J］. 社会学评论, 2021, 9（4）: 18.

［12］李慧, 温素彬, 吕欣. 企业社会责任对盈利质量的影响机理——媒体治理的调节作用［J］. 科学决策, 2023（4）: 69-91.

［13］余可, 李林木. 公司治理机制差异下的税收遵从与企业绩效［J］. 广东财经大学学报, 2022, 37（6）: 104-113.

［14］孙文远, 龙舒萍. 审计全覆盖背景下政府审计与内部审计协同机制研究——基于 PSR 模型［J］. 财会通讯, 2021（15）: 112-116.

［15］徐飞, 薛金霞. 内部控制评价、审计师监督与股价崩盘风险——"治理观"抑或"机会观"［J］. 审计与经济研究, 2021, 36（4）: 33-45.

基于 Z-score 模型的新能源汽车企业财务风险识别与控制

——以 D 汽车公司为例

袁祥勇　郭　萍*

摘　要：党的二十大报告指出要发展绿色低碳产业，加快发展方式绿色转型，新能源汽车是战略性新兴产业，也是我国实现"双碳"目标的重要领域。本文以新能源汽车行业 D 公司为例，运用 Z-score 模型评价 D 公司2018～2022年的财务风险，研究结果表明 D 公司财务风险目前仍处在安全区域，但仍需要提高警惕。在此基础上本文分别从筹资风险、投资风险和运营风险三个方面提出 D 公司要从关注市场环境变化、提升盈利能力、提升资金利用率、加强资产运营管理和提高营销能力等方面控制财务风险。

关键词：新能源汽车　财务风险　Z-score 模型

一　文献综述

国内许多学者从不同视角利用多种方法探讨研究企业的财务风险。李艳从筹资、投资、偿债和资金回收四个方面对新能源汽车企业财务风险进行了研究，同时指出了新能源汽车企业财务风险所存在的六大问题，并针对这些问题提出了相应的应对措施。[1]黄永梁和苗玮了解比亚迪发展现状，并通过研究比亚迪的各项财务指标，分析比亚迪存在的财务风险，根据财务风险形成原因提出了建议。[2]贾庚泉提出了大数据背景下，财务管理的重要性以及财务管理变革的建议，并将 Z-score 模型以及 F 分数模型应用于舍得酒业，阐述 Z-score 模型以及 F 分数模型对财务风险预警研究的作用。[3]桑增林提出了上市公司财务风险的三大成因，阐述了五个上市公司在财务风险管控中所存在的问题，并提出优化策略。[4]

综上所述，针对 Z-score 模型和上市企业财务风险的研究比较多，但把它们二者结合起来研究的文献较少，在中国新能源汽车属于新兴行业，因此国内关于新能源汽车

---

*　【作者简介】袁祥勇，惠州学院经济管理学院讲师，研究方向为财务与风险管理；郭萍，惠州学院经济管理学院副教授，研究方向为区域经济发展及风险管理。

企业财务风险方面的研究并不充分，财务风险管理尚未形成完善的理论成果，因此本文的研究具有较强理论和现实意义。

二 风险管理理论

风险管理理论是指公司在运营过程中，其各个阶段都可能存在风险，要妥善识别与评价相关风险，对其实施预防与防范，避免造成大规模的财务危机，让公司能够保持健康的运营状态。[5] 风险管理理论主要包括三个方面：风险识别、风险评价、风险控制。

财务风险的识别就是确定公司财务风险的种类。首先，要从多个层面来审视财务风险；其次，综合利用动态识别因素有效识别财务风险，因为财务风险识别的周期比较漫长；最后，要明确识别财务风险的目的，及时化解重大风险。

对识别的财务风险展开评价，能够强化对该风险的认知，为公司经营者合理地制订决策计划提供参考。风险评价可以采用层次分析法和因子分析法展开，将财务风险分解为筹资风险、投资风险和运营风险三个层面，然后根据三种风险各自的影响因子进一步分析，找出主要因子并进行具体评价，并据此进行风险预防与控制。这一般从技术和制度两个层面开展工作，技术层面主要采用分散法和转移法，如通过公司之间合作的方式分散财务风险，通过购买保险的方式将损失转移给保险公司；制度层面注重对其本身的调整，如制定严格的内部控制制度。

本文借助风险管理理论，通过 Z-score 模型对 D 公司进行财务风险识别，采用层次分析法和因子分析法对财务风险评价进行分解细化，最后采用分散法和转移法提出控制公司财务风险的建议。

三 D 公司财务风险评价

D 公司是我国上市公司，总部位于武汉，现有资产总额 5377 亿元，员工人数 13.1 万人，2022 年汽车的销售量为 327.5 万辆。2005 年着手新能源汽车产品的研发，拥有授权专利超过 1 万项，已完成新能源汽车领域电池、电机、电控产业化布局，拥有许多核心技术和关键资源。目前 D 公司已开发多款新能源车型，包括纯电动客车、纯电动厢式物流车、纯电动轻卡、纯电动轿车等，是该行业头部企业之一。

（一）Z-score 模型简介

Z-score 模型是以多变量的统计方法为基础，以制造企业为样本，通过大量的实验，对企业的运行状况进行分析、判别的系统方法。Z-score 模型被广泛用于评价制造企业财务风险，D公司属于制造行业，该模型可用于分析D公司财务风险。Z-score模型如下所示：

$$Z = 1.2X_1 + 1.4X_2 + 3.3X_3 + 0.6X_4 + 0.999X_5$$

D公司的Z值分布和风险等级对应情况如表1所示。

表1　Z值分布与风险等级

项目	Z<1.81	1.81≤Z<2.99	2.99≤Z
判别区间	破产区	灰色区	安全区
风险等级	较高	适中	较低

（二）D公司Z值的单因素财务风险评价

1. X_1值

$$X_1 = 净营运资本/总资产 = （流动资产-流动负债）/资产总额$$

这一指标反映流动性和规模。净营运资本＝流动资产-流动负债，流动资产越多，说明偿债的风险越小，该指标可反映短期偿债能力。[6]

由表2可知，D公司在2018~2022年的X_1值分别为0.1915、0.2047、0.2026、0.2222以及0.2819，可以看出X_1值明显增大。同时，D公司的流动资产和流动负债之间的差额在增大，企业的流动资产在减少，但流动负债下降的幅度更大，因此企业的短期偿债能力也在增强。

表2　D公司2018~2022年X_1值的主要数据

项目	2018年	2019年	2020年	2021年	2022年
流动资产（亿元）	15425.95	14435.97	15364.87	15157.47	13335.67
流动负债（亿元）	11666.44	10583.22	11280.05	10738.82	8349.61
流动资产-流动负债（亿元）	3759.51	3852.75	4084.82	4418.65	4986.05
资产总额（亿元）	19629.71	18818.91	20163.00	19881.65	17686.08
X_1	0.1915	0.2047	0.2026	0.2222	0.2819

数据来源：D公司年度报告。

2. X_2值

$$X_2 = 留存收益/资产总额$$

这一指标用于衡量企业每一单位资产所拥有的累积利润，反映企业的经营年限和资金实力。[7]

企业从全年的利润中提取或形成的留存与企业的内部积累就是留存收益，包含盈余公积和未分配利润。由表 3 可知，D 公司在 2018～2022 年的 X_2 值分别为 0.2291、0.2538、0.2571、0.2711 以及 0.3146，可以看出 D 公司的 X_2 值在逐年增加，留存收益也在升高，意味着该企业的累积盈利能力较强，企业的运营情况较好。

表 3　D 公司 2018～2022 年 X_2 值的主要数据

项目	2018 年	2019 年	2020 年	2021 年	2022 年
盈余公积（亿元）	788.04	844.99	899.63	911.36	935.99
未分配利润（亿元）	3709.06	3931.30	4285.20	4479.02	4627.87
留存收益（亿元）	4497.10	4776.28	5184.84	5390.38	5563.87
资产总额（亿元）	19629.71	18818.91	20163.00	19881.65	17686.08
X_2	0.2291	0.2538	0.2571	0.2711	0.3146

数据来源：D 公司年度报告。

3. X_3 值

$$X_3 = 息税前收益/总资产 = （利润总额+财务费用）/资产总额$$

这个指标是考察在不包含税款和融资的状况下，企业资产的生产能力，是衡量运用债权人和所有者权益总额获取的盈利的指标。这个值越高，表明公司资产的运用越合理，也说明运营管理水平越高。[8]

X_3 在整个 Z-score 模型中赋权是最高的，这也反映了该指标在 Z 值评估中处于较为重要的地位。从表 4 中可以看出，2018～2022 年，D 公司的 X_3 值分别是 0.0236、0.0190、0.0219、0.0136 以及 0.0068，X_3 值较为稳定，但是整体的趋势是下降的，这些数值都较小，意味着 D 公司的息税前收益较低，其主要原因是汽油价格上涨，国内汽车市场容量趋于饱和，需求量下降，这也导致企业的获利能力下降，企业的投资风险上升。

表 4　D 公司 2018～2022 年 X_3 的计算结果

项目	2018 年	2019 年	2020 年	2021 年	2022 年
息税前收益（亿元）	462.92	357.18	442.00	269.54	119.71
资产总额（亿元）	19629.71	18818.91	20163.00	19881.65	17686.08
X_3	0.0236	0.0190	0.0219	0.0136	0.0068

数据来源：D 公司年度报告。

4. X_4 值

$$X_4 = 优先股和普通股市值/负债总额 = （股票市值×股票总数）/负债总额$$

这一指标衡量企业的价值在资不抵债前可下降的程度，反映股东所提供的资本与债权人提供的资本的相对关系，反映企业基本财务结构的稳定性[9]。同时，这一指标也反映债权人投入的资本受股东资本的保障程度。

由表 5 可以看出，D 公司 2018~2022 年的 X_4 值分别为 5.9169、8.2347、15.6406、11.7570 以及 12.9937，可以看出 D 公司 X_4 值不太稳定，但是优先股和普通股的市值完全可以覆盖负债总额，债权人投入的资本受股东资本的保障程度大，没有出现资不抵债的情况。负债总额也在明显下降，可以看出企业的偿债能力是很强的。

表 5　D 公司 2018~2022 年 X_4 值的主要数据

项目	2018 年	2019 年	2020 年	2021 年	2022 年
优先股和普通股市值（亿元）	72000.00	91600.00	188800.00	136200.00	119600.00
负债总额（亿元）	12168.50	11123.69	12071.16	11584.63	9204.43
X_4	5.9169	8.2347	15.6406	11.7570	12.9937

数据来源：D 公司年度报告。

5. X_5 值

$$X_5 = 销售额/资产总额$$

这一指标衡量企业产生销售额的能力，反映企业资产利用的效果。值越高，表明资产的利用率越高，说明企业在增加收入方面有良好的效果。

如表 6 所示，D 公司 2018~2022 年的 X_5 值分别是 0.7346、0.7184、0.6811、0.7821 以及 0.6892，虽然有些起伏，但总体处于平稳状态。2021~2022 年，X_5 值下降是因为受到国内运力过剩、油价上涨等多重不利因素影响，销售额下降。

表 6　D 公司 2018~2022 年 X_5 值的主要数据

项目	2018 年	2019 年	2020 年	2021 年	2022 年
销售额（亿元）	14420.63	13520.14	13733.40	15550.04	12189.99
资产总额（亿元）	19629.71	18818.91	20163.00	19881.65	17686.08
X_5	0.7346	0.7184	0.6811	0.7821	0.6892

数据来源：D 公司年度报告。

（三）D 公司财务风险评价——基于 Z-score 模型

Z 值可以用于评价公司总体的经营情况和财务情况。如表 7 所示，D 公司 2018~2022 年的 Z 值分别为 4.91、6.32、10.74、8.53 以及 9.29，结合表 1 可知，D 公司处于低风险的安全区，说明 D 公司的经营状况和财务状况良好。但 D 公司 2020~2021 年的 Z 值有所下降，D 公司仍需时刻关注财务风险。

表 7　D 公司 2018~2022 年的 Z 值计算结果

指标	2018 年	2019 年	2020 年	2021 年	2022 年
X_1	0.1915	0.2047	0.2026	0.2222	0.2819
X_2	0.2291	0.2538	0.2571	0.2711	0.3146
X_3	0.0236	0.0190	0.0219	0.0136	0.0068
X_4	5.9169	8.2347	15.6406	11.7570	12.9937
X_5	0.7346	0.7184	0.6811	0.7821	0.6892
Z 值	4.91	6.32	10.74	8.53	9.29

数据来源：D 公司年度报告。

虽然 D 公司在 2018~2022 年的 Z 值受市场环境的变化而有所波动，但 D 公司在这五年的 Z 值总体上呈上升状态（见图 1）。虽然 D 公司这两年的营业状况不太乐观，但是企业仍然处于安全区内，并且风险等级较低，生存能力还是比较强的。不过 D 公司的 Z 值出现下降的情况值得管理人员关注，需要及时针对目前存在的问题采取应对措施。

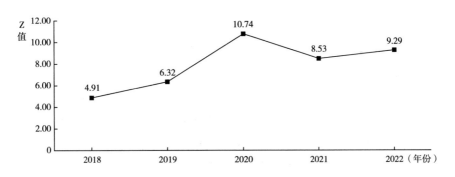

图 1　2018~2022 年 D 公司 Z 值的变化情况

（四）D 公司财务风险评价结果

根据 D 公司财务风险的识别和评价分析，从公司整体角度来看，D 公司受外部环境影响很大，不利于公司对财务风险进行管控。

1. 筹资风险评价结果

从筹资方面来分析，对 D 公司的流动比率、速动比率以及资产负债率的数据进行分析可以看出，D 公司的偿债能力并不弱。不过 D 公司的流动比率和速动比率均高于行业平均水平，表明其可能存在大量闲置资产占用公司资金的情况，不利于公司的长远发展。与比亚迪的横向对比来看，D 公司的 X_1 值以及 X_4 值都高于比亚迪，其中 X_1 值代表短期偿债能力而 X_4 值代表债权资本受股东资本保障的程度，这也说明 D 公司的偿债能力较强，筹资风险较低。

2. 投资风险评价结果

从投资方面来看，D公司2018~2022年的营业收入变化幅度较大，整体呈现下降的趋势。在2021~2022年，D公司的营业收入下降更加明显，这主要是受疫情影响，国内经济下行，人们对非必需产品的需求量下降。即使营业收入下降，D公司的费用总额仍处于一个比较高的水平，这就会导致D公司的投资收益下降。在2021~2022年，竞争对手新能源汽车企业比亚迪的 X_5 值稳步上升，因为比亚迪对生产经营的资金投入量在上涨，而D公司的资金投入量变化不大，在同样的市场环境下，比亚迪的 X_5 值比D公司高是很正常的。当然，这样的结果可能还受产品质量、社会舆论导向等因素的影响，这也从侧面反映出比亚迪的盈利能力比D公司强。总体而言，由于D公司容易受市场环境变化影响，企业盈利能力也在降低，因此D公司的投资风险较大。

3. 运营风险评价结果

从运营方面来看，2018~2022年D公司的总资产周转率总体处于较低的水平，流动比率以及速动比率在这五年内也在上升，一直保持在较高水平，未来呈上升趋势，X_1 值总体呈上升趋势，2021~2022年D公司的 X_5 值在下降，这些数据都说明D公司的资产利用得不够充分，闲置资金过多，资金利用率较低。2021~2022年D公司的营业收入下降，X_3 值也在下降，说明企业日常对资产的运营水平以及管理水平很低。

4. Z值财务风险评价结果

从Z值的角度分析，D公司的Z值一直处于安全水平，这跟D公司成立早，具有稳健的规模有关。Z值反映的是一个公司总体的财务状况，如果一直处在安全区，且Z值仍有上升趋势，那么这家公司的经营状况是良好的。由此可知，D公司的经营状况良好。不过近两年D公司的Z值波动较大，仍需要提高警惕，以防出现严重的财务风险。

四　D公司财务风险控制对策

对D公司的财务风险进行识别和评价后，接下来对识别出来的财务风险进行控制。由前文对财务风险的评价可知该公司面临一定的财务风险，所以采取的财务风险控制措施也应该是行之有效的，管理人员应树立正确的财务风险防范意识，为企业经营发展创建良好环境，促进企业稳定经营与健康发展。[10] 以下是针对D公司存在的财务风险提出的控制措施。

（一）筹资风险控制对策

由上文分析结果可知，D公司的偿债能力强，筹资风险较低。但是偿债能力很强说明公司的闲置资金过多，资源没有得到充分利用，给企业带来不必要的损失，最终也会增加企业的筹资风险。因此 D 公司的管理者应当在保证偿债能力的同时合理安排筹集资金的投入时间，将筹资和投资的时间相衔接，防止因为借入资金过早而造成资金浪费。反之，如果资金借入时间过迟，可能会错失投资的良好时机而影响公司发展。再者，公司的内部资金可以满足自身的需要，而筹资能够满足公司长期经营发展的资金需要，所以应当合理安排自有资金和负债，提高偿债能力，降低筹资风险。

（二）投资风险控制对策

根据上文分析可以得知，D 公司存在的投资风险主要有两个方面。首先是新能源汽车行业的市场环境发生变化，其次是 D 公司的盈利能力下降。据此提出以下应对措施。

1. 关注市场环境变化

D 公司作为一个生产制造型企业，非常容易受到市场环境变化的影响。因此企业管理者应时刻注意市场环境的变化，采取应对措施，建立风险预测与防范机制，及时调整企业战略，这样才能有效降低投资风险，保证公司在竞争激烈的市场环境中生存下来。

2. 提升盈利能力

盈利能力是否足够强大决定了企业在面对恶劣的市场环境或者不可预测的风险时是否有足够的资产进行应对。例如，在同等的环境下，企业的成本费用不变，盈利能力越强，企业可获得的资产以及现金流就会越多，足够的资金可以保证企业安然度过危机。那么企业应当如何提升自身的盈利能力呢？首先，可以通过降低成本提高盈利能力。成本管理一直是生产类企业的重点关注对象，营业收入不变，成本费用下降，企业的利润率就会上升。其次，拓展市场渠道也可以帮助企业提升盈利能力。将市场渠道下沉，可以帮助企业增加产品销售量，提升销售额。最后，优化产品以及服务质量，增强企业自身的竞争优势，提升产品吸引力。

（三）运营风险控制对策

D 公司的运营风险主要包括三个方面，分别是资金利率较低、资产的运营管理能力以及营销能力较弱。

1. 提升资金利用率

D 公司应该尽量地减少原材料、半成品和产成品的库存，最大限度避免资金占用问题。资本利用的过程是一个在资金流动性和收益性之间权衡的过程。首先，要开源节流，增加支出。其次，必须确保公司拥有足够的资本以满足公司正常的生产和运营需要，可以通过增加流动资金、控制现金流出来获得必要的资本，减少现金流动中的风险，并及时准确把握资金的回收和付款情况。D 公司在运营中可以利用闲置资金，购买具有较高安全性的短期债券，如国债，提高其使用效率。同时，要建立健全财务核算体系，对收支、审批等进行合理约束。

2. 加强资产的运营管理

加强管理库存和应收账款，可以盘活资金，避免资金被过多占用。D 公司应该充分运用资本，提高资本利用效率，并将其作为提升核心竞争力的一种重要手段，在此基础上制定相应的经营管理战略和策略，以实现资产的保值增值。

3. 提高营销能力

提高营销能力对于防范财务风险是一种十分有用的方法，D 公司应与顾客建立正向关系，提升品牌形象，巩固顾客对本公司汽车品牌的忠诚度，加大与高科技企业的合作力度，联合开发新能源汽车，提升产品质量和服务质量，增强资本回流的能力，形成"1+1>2"的品牌溢价效应。

参考文献

[1] 李艳. 新能源汽车企业财务风险研究 [J]. 产业与科技论坛，2022，21（14）：240-241.

[2] 黄永梁，苗玮. 财务风险视角下新能源汽车产业的发展路径研究——基于对比亚迪公司财务指标的分析 [J]. 经营与管理，2022（7）：187-192.

[3] 贾庚泉. 大数据时代背景下基于 Z-score 模型、F 分数模型的企业财务管理变革与财务风险预警研究 [J]. 甘肃金融，2022（2）：41-47.

[4] 桑增林. 上市公司财务风险管控研究 [J]. 商讯，2022（20）：37-40.

[5] 邹佳佳. 基于风险管理理论的财务风险评价模型研究 [J]. 黑龙江科学，2022，13（22）：43-45.

[6] 巫皓月. 基于 Z-Score 模型的粤运交通财务风险研究 [J]. 北方经贸，2021（8）：87-89.

[7] 陶璐璐. 基于 Z-score 模型的万科企业财务风险管理研究 [J]. 全国流通经济，2021（24）：62-64.

[8] 张晶，夏佐铎，程萌. 基于 Z-score 模型的财务风险分析——以蒙牛乳业为例 [J]. 武汉轻工大学学报，2019，38（1）：73-77.

[9] 韩劭华. 基于 Z-score 模型的 ST 天成财务风险分析 [J]. 广西质量监督导报，2020（7）：108-109.

[10] 黄逸坤. 基于 Z-Score 模型下我国体育用品上市公司财务风险分析与预警研究 [D]. 中北大学硕士学位论文，2023.

国家审计、数字经济与共同富裕

李普玲　李尧华*

摘　要：国家审计作为国家治理的重要组成部分，理应发挥好经济监督职能，扎实推动实现共同富裕长远目标。本文基于我国2011~2020年30个省份的数据，检验国家审计对共同富裕的影响。研究发现：国家审计能显著促进共同富裕，数字经济在国家审计促进共同富裕进程中的中介效应显著。异质性分析发现，国家审计抵御功能对共同富裕的促进效应更显著，国家审计对共同富裕共享性的推动作用高于发展性与可持续性，同时国家审计对共同富裕的促进效应在高经济发展水平地区和东部地区更显著。

关键词：国家审计　共同富裕　数字经济

一　引言

共同富裕是社会主义的本质要求，是中国式现代化的重要特征。《中华人民共和国国民经济和社会发展第十四个五年规划和 2035 年远景目标纲要》明确把"全体人民共同富裕迈出坚实步伐"列入"十四五"时期经济社会发展主要目标。《"十四五"国家审计工作发展规划》提出要把改善人民生活品质、推动共同富裕作为审计工作的切入点和着力点。国家审计是经济监督体系中的主导力量，是党和国家监督体系的重要组成部分，也是国家治理的基石和重要保障，对推动经济发展具有安全防护的免疫作用。[1]当今我国仍然存在城乡区域发展不协调、经济发展不平衡不充分[2]等问题。国家审计能通过事前评估、事中跟踪和事后评价的方式进行审计全覆盖[3]，稳定财政经济秩序、防范和化解经济风险、监督规范权力运行和督促国家政策落地生根。那么，作为国家重要的监督和治理方式，国家审计能否有助于实现共同富裕？

鉴于此，本文以 2011~2020 年省级数据为研究样本，检验国家审计对共同富裕的影响。实证结果表明：国家审计可以显著促进共同富裕，且数字经济起到了部分中介

---

* 【作者简介】李普玲，西北政法大学商学院（管理学院）副教授，研究方向为国家审计；李尧华，西北政法大学商学院（管理学院）硕士研究生。

作用，在稳健性检验后以上结论依旧成立。本文进一步探究了国家审计揭示功能、预防功能、抵御功能三个国家审计分指标对共同富裕的经济效应以及国家审计对共同富裕的发展性、共享性和可持续性三个分指标的经济效应，进行分维度异质性检验，结论依旧成立。考虑到我国不同区域经济发展阶段不同，本文进行不同经济发展水平和区域异质性分析，结果仍然支持原假设。

本文可能的贡献在于：第一，为国家审计促进共同富裕提供了数据支持，有助于更好地理解和解释国家审计对共同富裕的动态影响，拓展国家审计理论研究；第二，丰富了共同富裕影响因素的现有文献，为制定共同富裕相关政策提供有益参考，助推共同富裕的早日实现。

二　文献综述

关于国家审计在实现共同富裕中的作用，现有文献主要聚焦于国家审计推动共同富裕的路径及困境等方面。首先，关于研究路径。任红梅通过探究国家审计与共同富裕间的内在逻辑，指出了国家审计助力共同富裕的着力点：一是生产力，通过对国有经济、农村农业、重大项目以及财政资金收支的审计监督实现物质共同富裕；二是生产关系，通过审计监督提升初次分配、再分配和第三次分配的有效性，并通过对公共文化服务经费支出审计实现精神共同富裕。[3]张薇从宏观、中观与微观三个视角，构造政府审计促进共同富裕物质与精神层面的审计框架，指出将政府审计推动共同富裕作为审计的新使命，政府审计应发挥好领航作用。[4]其次，关于研究困境。许汉友等指出国家审计在推动实现共同富裕过程中存在经济发展趋势难把握、资金分配不公平、规范收入来源不合理等现实问题，亟须引入研究性审计剖析原因、揭示问题本质以致力于国家审计推动共同富裕目标的实现。[2]

关于数字经济在实现共同富裕中的作用，从实证分析来看，刘丽伟和陈腾鹏从区域协调发展视角研究发现，数字经济可以通过提高居民收入水平、缩小居民收入差距、缩小数字鸿沟赋能共同富裕。[5]惠献波以智慧城市建设为背景，采用多期 DID 的方法发现，数字经济有助于提高城市活跃度，进一步提升共同富裕水平。[6]王平和徐肇仪发现数字经济作为共同富裕的助推剂，能够缓解融资约束，推进共同富裕。[7]张斯琪和田静等指出数字经济能够通过农业高质高效、农村宜业宜居、农民富裕富足实现农村农民全体共同富裕。[8]从理论分析来看，现有文献主要集中于数字经济发展促进共同富裕的作用路径研究。师博、胡西娟在高质量发展视域下探究发现，一方面，数字经济能够驱动经济、政治、文化、社会及生态领域共同发展，构建共同富裕共建机制。另一方面，数字经济能够缩小行业、产业、城乡等差距，构筑共同富裕共享机制。[9]梁东亮和赖雄麟提出，虽然数字经济可以通过分散产业、市场整合和公共服务均等化效应来促进不同地区、行业和社会阶层的均衡增长，但数字鸿沟、数字经济平台垄断会抑制共同富裕目标的实现[10]。

综上所述，研究国家审计与共同富裕的相关文献主要集中在作用机理或理论阐述方面，鲜有学者进行实证分析。本文通过数字经济的中介效应分析国家审计对共同富裕的影响，是对国家审计作用研究的有益尝试，为国家审计助推共同富裕提供学理支持。

三　理论分析与研究假设

（一）国家审计与共同富裕

共同富裕是中国式现代化的重要特征与重要目标，国家审计是国家治理的重要组成部分[11]，共同富裕的实现离不开国家治理体系和治理能力现代化水平的提升。然而，当前我国推进共同富裕仍面临着诸多现实困境，如城乡区域发展不平衡、贫富差距大、资金闲置、资金使用不规范、政策落实不到位等，这些问题都阻碍着共同富裕目标的实现。国家审计作为我国制度建设和经济发展的监督者和参与者，是国家治理体系中的重要一环[12]，理应发挥作用。以国家审计助力共同富裕，是新的历史时期赋予审计的新使命。[4]

基于国家审计免疫系统理论，从揭示、预防和抵御三大功能探究国家审计在共同富裕实现进程中的作用。首先是揭示功能，国家审计通过监督检查各地方贯彻执行有关共同富裕的相关政策措施及法律法规的情况，揭示存在的违规违纪情况，从而增强了政府的公开透明程度，为出台与完善相关政策措施提供客观、可靠的信息基础，为共同富裕提供了可靠的监督机制。其次是预防功能，国家审计凭借其较强的威慑力[13]，在共同富裕政策实施过程中对违规行为造成强大威慑，同时对违规者产生警示作用，从而起到积极预防作用，为共同富裕奠定坚实的基础。最后是抵御功能，国家审计通过健全、完善、规范制度，防范、抵御经济社会中的风险[14]，为共同富裕提供更加稳定可靠的保障。综上所述，国家审计的"免疫系统"功能可以更好地抵御各种违法违规行为，为共同富裕各项政策措施的落实提供防护，为共同富裕的实现撑腰掌舵。[2]基于此，提出假设：

H1：国家审计能显著促进共同富裕

（二）国家审计、数字经济与共同富裕

中国正加速进入数字时代，共同富裕目标的实现必然以数字经济为依托。[15]数字经济能够通过以下三个方面促进实现共同富裕。首先，数字经济可通过促进消费和带动

投资推动经济增长，实现整体富裕（发展性角度）。数字经济能够有效促进居民消费，而消费作为拉动经济的重要动力，可有效带动经济增长，为共同富裕的实现提供新动能。数字经济通过提供数字金融服务帮助居民进行储蓄和投资，提高个体消费和投资参与度，推动实现财富的创造与积累。数字经济延伸了消费场景，促进居民消费，实现经济增长，提高居民收入水平，推动实现整体富裕。其次，数字经济能够推动乡村产业融合与就业结构转型从而实现共同富裕（共享性角度）。数字经济为乡村振兴提供了新路径，创造了新的产业形态，增加了农业人口从事非农业生产的选择。数字经济助推农村电子商务、物流服务、乡村旅游等产业与传统农业融合发展，产业新形态的出现增加了农村就业岗位，有利于农村人口的就业结构转型，实现民生服务的共享性，促进社会和谐。最后，数字经济通过优化资源配置以及推动绿色经济发展，实现共同富裕（可持续性角度）。可持续性是实现共同富裕的内涵及要求，这与数字经济的可持续性要求相一致。数字经济可有效提高资源的利用效率，通过产业结构的优化降低环境污染。同时，数字经济能够推动绿色经济发展，满足高质量发展的要求，促进共同富裕实现。

在实现共同富裕的过程中，数字经济必然追求更低的成本和更高的效率，在多个维度带来潜在风险和挑战：数字消费监管缺位、数字消费环境复杂多变、数据安全保障体系不健全等。国家审计作为"经济监督的督促者""经济健康的体检师"，应充分发挥其功能和作用，为共同富裕的实现提供有力支持和保障。

国家审计对数字经济的监督效应对实现共同富裕具有关键驱动作用。首先，国家审计能够保障数据要素高质量供给。强大的技术、资源配置功能和数据聚集效应作为数字经济的优势，为新发展阶段不断创造社会财富，从而提高社会福利和促进社会公平分配。[16] 高质量的数据要素能够降低生产成本、提高生产效率、提升消费水平、推动数字经济快速发展。国家审计监督治理功能的发挥，能够不断激发数据要素的潜能，从而促进数字经济高质量发展，进而实现逐步富裕、全面富裕。其次，国家审计跟踪检查数字经济相关政策的落实情况。审计机关能够对数字经济政策的制定、实施和效果等方面进行全面分析，及时发现存在的政策执行不规范、政策落实不到位等问题，为共同富裕有关政策落实夯实基础。最后，国家审计通过监督与规范数字经济资金使用，确保资金使用合法合规，防范资金滥用等行为发生。充分发挥大数据环境下国家审计的监督功能，能有效降低社会中的重大风险，不断规范数字经济环境，确保数字经济良性发展，推动实现共同富裕。综上所述，提出假设：

H2：国家审计可以显著促进数字经济发展，进而促进共同富裕

四　研究设计

（一）主要变量的设计

1. 被解释变量

本文被解释变量为共同富裕（*GF*）。本文借鉴陈丽君和郁建兴等[14]的共同富裕指数模型，采用熵值法将共同富裕指标体系合成为统一的共同富裕指数，表示共同富裕的总体水平（如表1所示）。首先用极值法进行标准化处理，再确定各指标权重，最后合成共同富裕指数。最终测算得到2011~2020年30个省份的300个共同富裕指数。

表1　共同富裕指数

综合指标	一级指标	二级指标	三级指标	属性
共同富裕	发展性	富裕度	城镇居民人均可支配收入（元）	正
			农村居民人均可支配收入（元）	正
			社会消费品零售总额（亿元）	正
		共同度	城乡居民收入倍差	负
			基尼系数	负
	共享性	教育	人均受教育年限（年）	正
		医疗	每千人医疗机构床位数（张）	正
		社会保障	社会保障和就业支出（亿元）	正
		公共基础设施	每万人公共交通车辆（标台）	正
			每万人拥有公厕数（座）	正
		数字应用	移动电话用户数（亿户）	正
			互联网普及率（%）	正
	可持续性	生态	森林覆盖率（%）	正
			城市人均公园绿地面积（平方米）	正
		高质量发展	人均GDP（元）	正
			城镇登记失业率（%）	负
			R&D经费支出（亿元）	正

2. 解释变量

本文的解释变量为国家审计（*AUDIT*）。基于国家审计免疫系统理论，从揭示、预防和抵御功能三个维度来衡量国家审计。借鉴郭檬楠等[17]的研究，构建3个维度、8个测量指标的指标体系用以衡量国家审计指标（如表2所示）。对国家审计的三个维度的指标利用主成分分析法，测算得到国家审计的单一指标。

3. 中介变量

本文的中介变量为数字经济（DIG）。本文借鉴赵涛等[18]的研究，通过主成分分析法确定权重并计算综合得分，得到数字经济综合发展指数。

4. 控制变量

参考冯丽丽和张鼎祖等[19~20]的研究，本文选取以下四个指标作为控制变量：产业结构（IND），采用第三产业产值占国内生产总值比重衡量；通货膨胀水平（CPI），采用居民消费价格指数表示；金融发展水平（FIN），采用金融机构各项存贷款总额占国内生产总值比重衡量；GDP 增长率（POPG），采用本期 GDP 与上期 GDP 的差占上期 GDP 的比重衡量。此外，本文控制了年份固定效应（Year）。

表 2　国家审计指标

综合指标	一级指标	二级指标
国家审计	揭示功能	审计机关完成审计项目数的自然对数
		审计机关查出问题金额的自然对数
	预防功能	审计机关移送司法部门处理事项数量加 1 的自然对数
		审计机关移送纪检监察部门处理事项数量加 1 的自然对数
	抵御功能	审计机关出具审计报告数量加 1 的自然对数
		审计机关提出审计建议加 1 的自然对数
		审计机关提交审计信息数量加 1 的自然对数
		审计机关处理处罚金额的自然对数

（二）实证模型

为验证假设 H1，即国家审计对共同富裕的影响，构建固定效应模型：

$$GF_{i,t} = \alpha_0 + \alpha_1 AUDIT_{i,t} + \alpha_2 Controls_{i,t} + Year_t + \varepsilon_{i,t} \tag{1}$$

为验证假设 H2，即数字经济的中介作用，在模型（1）的基础上，借鉴江艇[21]的研究进一步构建中介效应模型：

$$DIG_{i,t} = \beta_0 + \beta_1 AUDIT_{i,t} + \beta_2 Controls_{i,t} + Year_t + \varepsilon_{i,t} \tag{2}$$

其中，i 和 t 分别表示 i 省和第 t 年；GF 为共同富裕；$AUDIT$ 表示国家审计；DIG 表示数字经济这一中介变量；$Controls$ 表示本文的四个控制变量；$Year$ 为时间固定效应；ε 为误差项。

（三）数据来源与描述性统计

本文选取 2011~2020 年中国 30 个省份（不包括西藏、香港、澳门和台湾）的 300

个观测值为研究样本。国家审计数据均来源于《中国审计年鉴》，共同富裕指数和控制变量的数据主要来源于国家统计局、《中国统计年鉴》。所有数据均采用 Stata 15.0 进行分析处理。

表 3 报告了相关变量的描述性统计结果。共同富裕的均值为 0.31、最大值为 0.74、最小值为 0.07，说明不同省份间的共同富裕程度存在差异。国家审计的均值为 2.60、最大值为 4.34、最小值为 0.03、标准差为 0.82。

表 3　相关变量描述性统计

变量类型	变量符号	变量名称	样本	均值	方差	最大值	最小值
被解释变量	GF	共同富裕	300	0.31	0.13	0.74	0.07
解释变量	AUDIT	国家审计	300	2.60	0.82	4.34	0.03
中介变量	DIG	数字经济	300	0.37	0.17	0.98	0.08
控制变量	IND	产业结构	300	0.58	0.12	0.95	0.34
	CPI	通货膨胀水平	300	102.5	1.18	106.3	100.6
	FIN	金融发展水平	300	3.24	1.15	8.13	1.53
	POPG	GDP 增长率	300	5.10	2.71	11.47	−1.01

五　实证分析

本文构建了国家审计对共同富裕的作用机理，以国家审计免疫系统理论作为理论基础，分析了国家审计对共同富裕的促进作用，及数字经济在国家审计促进共同富裕进程中的中介作用。进一步地，我们将实证检验国家审计对共同富裕的影响。

（一）基准回归结果

为验证假设 H1，利用模型（1）进行回归分析，如表 4 所示，第（1）列中未加入控制变量，国家审计与共同富裕之间的回归系数为 0.046，在 1% 的水平上显著为正，表明国家审计与共同富裕之间存在显著正相关关系；第（2）列至第（5）列为逐步加入控制变量后的回归结果，国家审计与共同富裕的回归系数分别为 0.082、0.085、0.093、0.099，均在 1% 的水平上显著，表明国家审计对共同富裕作用效果显著。显然，无论是否加入各控制变量，国家审计均显著地提高了共同富裕程度，因此理论假设 H1 成立。

本文选取的控制变量也对共同富裕产生了显著的影响。首先，产业结构与共同富裕之间有显著的正向关系，表明各地区产业结构的优化可显著促进共同富裕；其次，通货膨胀水平、金融发展水平和共同富裕之间有显著的正向关系，表明在考察期内，研究样本的通货膨胀水平与金融发展水平的提升有利于共同富裕程度的提升；最后，GDP 增长率与共同富裕之间有显著的正向关系，表明各地区 GDP 增长率的提高显著促进了共同富裕程度的提升。

（二）中介效应检验

为了探讨数字经济是否在国家审计对共同富裕的影响过程中起推动作用，借鉴江艇[21]的相关研究，利用模型（2）进行回归分析，结果见表 4 第（6）列。研究表明：国家审计的回归系数为 0.014，通过了 1% 水平的显著性检验，表明国家审计对数字经济的发展具有正向影响，从而促进共同富裕，因此理论假设 H2 成立。此外，采用温忠麟和叶宝娟[22]的研究方法进行分析，结果也证明了中介效应的存在（限于篇幅，未列出）。为了确保研究结论的可靠性，采用 Sobel 检验方法和普通的 Bootstrap 检验方法对中介效应再次检验。结果如表 5 所示，Sobel 检验、间接效应和直接效应均在 1% 的水平上显著为正，间接效应与直接效应的系数符号均相同，且置信区间不包含 0，说明中介效应存在，回归结果是稳健的，假设 H2 成立。

表 4　基准回归与中介机制检验结果

变量	(1) GF	(2) GF	(3) GF	(4) GF	(5) GF	(6) DIG
AUDIT	0.046 ***	0.082 ***	0.085 ***	0.093 ***	0.099 ***	0.014 ***
	(5.308)	(13.811)	(14.409)	(13.916)	(14.343)	(4.772)
IND		0.642 ***	0.649 ***	0.584 ***	0.709 ***	0.355 ***
		(14.046)	(14.043)	(12.682)	(11.938)	(12.418)
CPI			0.036 ***	0.035 ***	0.028 ***	-0.005
			(3.348)	(3.267)	(2.673)	(-1.051)
FIN				0.016 ***	0.013 **	0.030 ***
				(3.157)	(2.493)	(8.470)
POPG					0.008 ***	0.005 ***
					(4.220)	(5.483)
Year	Yes	Yes	Yes	Yes	Yes	Yes
常数项	0.122 ***	-0.288 ***	-4.138 ***	-4.064 ***	-3.427 ***	0.385
	(5.041)	(-9.575)	(-3.591)	(-3.536)	(-3.046)	(0.708)
样本量	300	300	300	300	300	300
调整 R^2	0.283	0.610	0.623	0.634	0.652	0.957

注：*、**、*** 分别表示在 10%、5% 和 1% 的水平上显著，括号内为稳健标准误，下同。

表 5   Sobel 检验与 Bootstrap 检验结果

变量	Sobel		Bootstrap	
	系数值	标准误	置信区间	
Sobel 检验	0.0197 ***	0.0049	下限	上限
间接效应	0.0197 ***	0.0049	0.1169	0.3006
直接效应	0.0985 ***	0.0051	0.0665	0.0908

（三）稳健性检验

1. 改变国家审计测度方法

为了进一步验证结论的稳健性，采用熵值法重新计算国家审计指标，其余变量均保持不变，回归结果如表 6 所示。第（1）列利用模型（1）进行回归，国家审计的回归系数为 0.918，通过了 1% 水平的显著性检验，表明国家审计对共同富裕具有正向影响。第（2）列利用模型（2）进行回归，国家审计回归系数为 0.073，通过了 10% 水平的显著性检验，国家审计对数字经济的发展作用显著，数字经济在国家审计对共同富裕的影响过程中起推动作用。可见，基准回归结果以及中介效应检验结果与前文保持一致。

2. 滞后检验

将国家审计变量滞后一期、二期重新回归，结果如表 6 所示。第（3）列和第（4）列为滞后一期回归结果，国家审计与共同富裕的回归系数在 1% 的水平上正显著，国家审计与数字经济的回归系数也在 1% 的水平上正显著。第（5）列和第（6）列为滞后两期的回归结果，回归系数同样都在 1% 的水平上正显著。基准回归结果以及中介效应检验结果与前文保持一致，再次证明结论正确。

表 6   稳健性检验（一）

变量	替换国家审计测度方法		滞后一期		滞后二期	
	（1）	（2）	（3）	（4）	（5）	（6）
	GF	*DIG*	*GF*	*DIG*	*GF*	*DIG*
AUDIT	0.918 ***	0.073 *	0.100 ***	0.014 ***	0.107 ***	0.016 ***
	(3.995)	(1.763)	(13.442)	(4.639)	(12.551)	(4.608)
Controls	Yes	Yes	Yes	Yes	Yes	Yes
Year	Yes	Yes	Yes	Yes	Yes	Yes
常数项	−1.834	0.629	−3.056 **	0.972 *	−3.224 **	0.755
	(−1.413)	(1.118)	(−2.425)	(1.716)	(−2.424)	(1.240)
样本量	300	300	270	270	240	240
调整 R^2	0.496	0.955	0.621	0.947	0.606	0.937

3. 双重差分法

为解决内生性问题，构建双重差分法实证模型：

$$GF_{i,t} = \gamma_0 + \gamma_1 Treat_{i,t} \times Policy_{i,t} + \gamma_2 Controls_{i,t} + Year_t + \varepsilon_{i,t} \qquad (3)$$

借鉴郭檬楠等[17]的研究，将国家审计作为政策实施强度，设置个体虚拟变量（Treat）。根据2013年"国家治理体系和治理能力现代化"重大命题的提出，设置时间虚拟变量（Policy）。在模型（3）中，GF表示共同富裕；Treat为个体虚拟变量，国家审计大于等于平均值时取值为1，小于平均值则取值为0；Policy为时间虚拟变量，2013年及之后取值为1，2013年前取值为0；Treat×Policy，用来表示国家审计的净效应；Controls表示本文的四个控制变量；Year为时间固定效应；ε为误差项。

实证结果如表7所示，第（1）列和第（2）列均采用模型（3）进行回归，第（1）列未添加控制变量，国家审计净效应的系数为0.051，通过了1%水平的显著性检验，可见国家审计有助于实现共同富裕；第（2）列引入控制变量后，国家审计净效应的系数为0.114，仍然在1%的水平上显著，说明了国家审计能够有效促进共同富裕水平的提升，与前文结论相符。

表7 稳健性检验（二）

变量	双重差分法		工具变量法		
			第一阶段	第二阶段	
	(1)	(2)	(3)	(4)	(5)
	GF	GF	AUDIT	GF	DIG
AUDIT				0.112***	0.016***
				(14.070)	(4.791)
TREAT×Policy	0.051***	0.114***			
	(3.106)	(9.342)			
GJ			0.893***		
			(29.600)		
Controls	No	Yes	Yes	Yes	Yes
Year	Yes	Yes	Yes	Yes	Yes
常数项	0.210***	−2.090	3.230***	−3.415***	0.968
	(12.418)	(−1.582)	(0.690)	(−2.977)	(1.769)
样本量	300	300	270	270	270
调整 R^2	0.236	0.525	0.869	0.612	0.947

4. 工具变量法

借鉴李甜甜等[23]的研究，将国家审计变量滞后一期作为工具变量，采用两阶段最小二乘法再次进行检验，结果如表 7 所示。第（3）列表示第一阶段回归结果，第（4）列和第（5）列为利用模型（1）和模型（2）进行的第二阶段回归结果，可见工具变量法的回归结果与基准回归和中介效应检验结果保持一致。同时工具变量通过弱工具变量检验且不存在过度识别问题，说明本文选取的工具变量是有效的。

六　拓展性分析：异质性检验

前文实证结果表明，对于研究样本整体而言，国家审计可以显著促进共同富裕程度提升。需要进一步探究的，首先是国家审计各维度对共同富裕的影响效应以及国家审计对共同富裕分维度的影响效应；其次是国家审计在不同经济发展阶段下，对共同富裕程度的提升是否存在差异；最后是在不同区域，国家审计对共同富裕程度的经济效应。为探究以上问题，下文进行拓展性分析。

（一）分维度异质性检验

一方面，检验国家审计各维度对共同富裕的影响效应，检验结果如表 8 所示。采用熵值法分别测算出国家审计的三个分指标：揭示功能（$AUDIT_1$）、预防功能（$AUDIT_2$）和抵御功能（$AUDIT_3$）。如第（1）~（3）列所示，国家审计各分指标系数为 0.435、0.222、0.565，均在 1% 的水平上正显著，可见国家审计各分指标对共同富裕有显著的促进作用，且审计抵御功能对共同富裕的促进效应显著高于揭示功能和预防功能。

另一方面，检验国家审计对共同富裕分维度的影响效应。采用熵值法分别测算出共同富裕的三个分指标：发展性（GF_1）、共享性（GF_2）与可持续性（GF_3）。如第（4）~（6）列所示，共同富裕各分指标系数为 0.086、0.113、0.095，同样在 1% 的水平上显著为正，国家审计对共同富裕各维度均有显著的促进作用，且对共享性的推动作用高于发展性与可持续性。

表 8　分维度异质性检验结果

变量	国家审计分维度			共同富裕分维度		
	（1） GF	（2） GF	（3） GF	（4） GF_1	（5） GF_2	（6） GF_3
$AUDIT$				0.086 *** （10.931）	0.113 *** （15.494）	0.095 *** （10.953）
$AUDIT_1$	0.435 *** （14.285）					
$AUDIT_2$		0.222 *** （7.210）				

续表

变量	国家审计分维度			共同富裕分维度		
	(1) GF	(2) GF	(3) GF	(4) GF_1	(5) GF_2	(6) GF_3
$AUDIT_3$			0.565*** (15.379)			
Controls	Yes	Yes	Yes	Yes	Yes	Yes
Year	Yes	Yes	Yes	Yes	Yes	Yes
常数项	−3.370*** (−2.901)	−1.895 (−1.419)	−3.990*** (−3.450)	−3.395** (−2.496)	−4.452*** (−3.988)	−2.454 (−1.476)
样本量	300	300	300	300	300	300
调整 R^2	0.647	0.486	0.669	0.617	0.655	0.469

（二）经济发展水平异质性检验

为验证国家审计在不同经济发展阶段下对共同富裕程度的影响，采用人均 GDP 中位数将样本分为高、低两个经济发展阶段，回归结果如表9第（1）列和第（2）列所示，国家审计的系数均在1%的水平上显著为正。由此可见，国家审计促进了经济发展高水平地区与低水平地区的共同富裕，且对经济发展水平高的地区的促进效应更明显。即经济发展水平越高，国家审计发挥的效能越强，进而更好赋能共同富裕。

（三）区域异质性检验

本文将样本划分为东、中、西部三个地区，回归如表9第（3）~（5）列所示，在东部、中部、西部地区，国家审计与共同富裕的回归系数分别为0.135、0.032、0.038，均在1%的水平上显著为正。此外，国家审计的系数在东部地区最大，西部地区居中，中地区最小，由此可知，国家审计对共同富裕的推动作用在东部地区最大，西部地区次之，中部地区最小。

表 9　经济发展水平与区域异质性检验结果

变量	经济发展水平高	经济发展水平低	东部地区	中部地区	西部地区
	(1) GF	(2) GF	(3) GF	(4) GF	(5) GF
AUDIT	0.124*** (11.198)	0.031*** (6.419)	0.135*** (11.301)	0.032*** (4.152)	0.038*** (6.110)
Controls	Yes	Yes	Yes	Yes	Yes
Year	Yes	Yes	Yes	Yes	Yes

续表

变量	经济发展水平高	经济发展水平低	东部地区	中部地区	西部地区
	（1）	（2）	（3）	（4）	（5）
	GF	GF	GF	GF	GF
常数项	-2.504	-1.139	-1.703	-1.890	-1.744**
	（-1.324）	（-1.526）	（-0.833）	（-1.494）	（-2.276）
样本量	150	150	110	80	100
调整 R^2	0.548	0.781	0.672	0.879	0.862

七　国家审计、数字经济与共同富裕的风险分析

在数字经济促进共同富裕的背景下，国家审计的作用愈发重要。从审计前、审计中到审计后，国家审计都需要密切关注数字经济带来的新型风险，以确保共同富裕目标的实现。

（一）审计前：风险识别与评估

在审计前阶段，审计人员需要对被审计单位进行全面的了解和分析，识别可能存在的风险点，主要从三个方面进行评估。一是技术风险评估。审计前，需要对被审计单位在数字经济领域的技术应用进行深入了解，评估其技术成熟度、安全性、合规性等。这包括评估被审计单位是否采用了最新的数字技术，是否存在技术漏洞或安全隐患。二是数据风险评估。在数字经济中，数据是核心资源。审计前需要评估被审计单位在数据处理、存储、传输等方面的风险，如被审计单位是否存在数据泄露、数据滥用、数据质量不高等问题。三是业务模式风险评估。数字经济下的业务模式往往与传统经济模式有所不同，审计前需要评估被审计单位的业务模式是否合规、是否可持续，以及是否存在潜在的市场风险。

（二）审计中：风险应对与监控

在审计中阶段，国家审计部门需要针对识别出的风险点采取相应的审计措施，主要从三个方面进行审计。一是技术审计。在审计中，需要对被审计单位的技术应用进行详细的审计，确保技术应用符合相关法规和标准，不存在安全隐患。二是数据审计。对数据进行详细的审计，确保数据的真实性、准确性和合规性，防止数据滥用和泄露。三是业务模式审计。对被审计单位的业务模式进行审计，评估其合规性和可持续性，确保业务模式不损害消费者权益，不造成市场垄断等。

（三）审计后：风险跟踪与反馈

在审计后阶段，国家审计部门需要对审计结果进行跟踪和反馈。一是技术风险跟踪。审计后，需要对被审计单位的技术应用进行持续的跟踪，确保技术问题得到及时解决、技术风险得到有效控制。二是数据风险跟踪。对数据风险进行持续跟踪，确保数据安全、合规。对于发现的数据问题，及时与被审计单位沟通并协助其进行整改。三是业务模式风险跟踪。对业务模式风险进行持续跟踪，确保业务模式符合法规要求和市场变化，对于不合规或不可持续的业务模式，提出改进建议。

综上所述，国家审计在促进共同富裕的过程中发挥着重要作用。通过审计前、审计中和审计后三个阶段的风险识别、应对、跟踪和反馈，审计部门可以为共同富裕的实现提供有力保障。同时，审计部门还需要不断改进和完善审计方法和手段，提高审计质量和效率，为推动高质量发展、实现共同富裕做出更大的贡献。

八 结论与启示

通过实证研究，本文得到以下结论：第一，国家审计显著促进了共同富裕程度提升；第二，国家审计通过促进数字经济发展提高共同富裕程度，且国家审计各分指标不仅促进了发展性，又促进了共享性与可持续性；第三，不同经济发展水平下，国家审计对共同富裕的影响在高经济发展水平地区更为显著。不同区域下，国家审计对共同富裕的影响存在显著差距，对东部地区影响最大，西部次之，中部最低。

以上研究结论，对我国今后通过加快发展国家审计加速实现共同富裕目标具有重要启示。第一，为促进共同富裕程度不断提升，国家审计必须坚定不移地实现审计全覆盖、推进研究型审计进程。第二，国家审计可以通过发展数字经济推进共同富裕，因此，可以为经济发展相对落后地区提供资金支持，并加强数字技术与乡村产业的融合发展，提高科技成果转化能力，促进新技术的广泛应用。第三，关注不同经济发展水平地区与不同区域共同富裕的差异，因地制宜制定发展战略，与此同时，构建不同区域间互通互助机制，促进全体成员共享经济发展成果，迈向共同富裕。

参考文献

[1] 楼俊超，姚志才. 国家审计促进共同富裕的逻辑机理与实现路径 [J]. 中国农业会计，2023，33（16）：88-90.

[2] 许汉友，谢晓俊，李潇琦. 共同富裕实践与研究型审计嵌入 [J]. 审计与经济研究，2022，37（1）：19-24.

[3] 任红梅. 国家审计助力共同富裕的理论逻辑、重点及路径 [J]. 西安财经大学学报，2023，36（2）：64-73.

［4］张薇.政府审计推进共同富裕的路径研究［J］.会计之友，2022（3）：86-91.

［5］刘伟丽，陈腾鹏.数字经济是否促进了共同富裕？——基于区域协调发展的研究视角［J］.当代经济管理，2023，45（3）：1-10.

［6］惠献波.数字经济、创业活跃度与共同富裕——来自智慧城市建设的证据［J］.当代经济管理，2023，45（5）：18-24.

［7］王平，徐肇仪.数字经济、融资约束与共同富裕［J］.会计之友，2023（10）：33-40.

［8］张斯琪，田静，张启文.数字经济能否有效促进农村农民共同富裕？［J］.农业经济与管理，2023（2）：110-122.

［9］师博，胡西娟.高质量发展视域下数字经济推进共同富裕的机制与路径［J］.改革，2022（8）：76-86.

［10］梁东亮，赖雄麟.数字经济促进共同富裕研究——基于均衡增长视角［J］.理论探讨，2022（3）：57-62.

［11］高文强.我国国家审计服务国家治理的角色分析［J］.审计研究，2020（4）：35-40.

［12］刘家义.国家治理现代化进程中的国家审计：制度保障与实践逻辑［J］.中国社会科学，2015（9）：64-83+204-205.

［13］刘家义.中国特色社会主义审计理论研究（修订版）［M］.北京：商务印书馆，2015.

［14］陈丽君，郁建兴，徐铱娜.共同富裕指数模型的构建［J］.治理研究，2021，37（4）：5-16.

［15］夏杰长，刘诚.数字经济赋能共同富裕：作用路径与政策设计［J］.经济与管理研究，2021，42（9）：3-13.

［16］孙晋.数字平台垄断与数字竞争规则的建构［J］.法律科学（西北政法大学学报），2021，39（4）：63-76.

［17］郭檬楠，郭金花，杜亚光.国家审计治理、数字经济赋能与绿色全要素生产率增长［J］.当代财经，2022（5）：137-148.

［18］赵涛，张智，梁上坤.数字经济、创业活跃度与高质量发展——来自中国城市的经验证据［J］.管理世界，2020，36（10）：65-76.

［19］冯丽丽，武倩，魏童.国家审计对经济高质量发展的影响及路径研究［J］.会计之友，2022（20）：10-16.

［20］张鼎祖，申幸杰，孟昕晴.国家审计对地方财政支出结构的影响研究［J］.财经理论与实践，2022，43（3）：78-85.

［21］江艇.因果推断经验研究中的中介效应与调节效应［J］.中国工业经济，2022（5）：100-120.

［22］温忠麟，叶宝娟.中介效应分析：方法和模型发展［J］.心理科学进展，2014，22（5）：731-745.

［23］李甜甜，许婧，唐凯桃.国家审计对产业全要素生产率提升的影响研究［J］.审计研究，2022（4）：3-14.

国家审计与可持续发展：理论框架与实践应用

吴汉利　赵晓莹[*]

摘　要：针对经济发展速度的转变与气候的急剧变化，基于国际、国内对可持续发展的已有研究，结合国家审计的宏观治理效能，本文构建了符合发展需求的国家审计与可持续发展理论框架。国家审计与可持续发展理论框架从时间和空间两个维度，对生态环境、经济环境和社会环境的内容实施审计监督，借助政策号召和法律约束加大其执行力度。本文通过实例验证该理论框架具有现实指导意义，未来应将国家审计与信息化相结合，并进一步完善可持续发展评价指标。

关键词：国家审计　可持续发展　审计监督

一　引言

自 1978 年改革开放以来我国经济高速发展，人民生活条件得到改善，人民的消费水平显著提高，经济发展形成有效循环。然而，近年来极端天气事件频发。从目前的发展态势来看，经济发展和生态发展之间存在一定的矛盾。追求可持续发展成为缓和矛盾的一种可行选择。

当然，要想通过控制目前的经济发展速度来实现可持续发展是不易的，可以考虑借助国家审计这一外力来帮助缓和目前出现的发展矛盾。从审计的特点来看，其具有独立性和权威性；从可持续发展的特点来看，其具有公平性、持续性和共同性。结合两者的特点，将审计用于监督实现可持续发展目标是较为合适的。选择国家审计而不考虑社会审计和内部审计，是因为国家审计具有预防、揭示和抵御功能，对发挥可持续发展中的共同性有所帮助，国家审计能预防不可持续的危机、揭示对可持续发展产生不利影响的因素、抵御不可持续产生的势头，使可持续发展成为可能。所以从宏观上讲，以国家审计监督推进可持续发展极为合适。

---

*　【作者简介】吴汉利，西北政法大学商学院（管理学院）硕士研究生导师，研究方向为绩效审计；赵晓莹，西北政法大学商学院（管理学院）硕士研究生。

本文主要通过构建一个理论框架，探究国家审计与可持续发展之间的逻辑关系，挖掘两者之间的作用途径，揭示其理论价值和实践意义，为国家审计促进可持续发展提供新思路，尽可能起到理论指导实践的作用。

二　研究回顾

（一）可持续发展

随着经济发展、气候变化和人们认知的提升，越来越多的领域关注到可持续发展，并研究能够指导实践的理论框架。为实现可持续发展需要确定目标及目标设定的合理性[1]，而目标设定的驱动力可从高等教育在经济增长、社会福祉和生态环境三个维度的时间价值创造上体现[2]。当详尽的发展目标不加梳理时会略显烦琐，所以可以将可持续发展目标简化为一个概念框架，使可持续发展工具与框架相关联。[3]在明确目标的基础上借助普适性较强的评价指标，对可持续发展做出较为科学的评估[4]，使可持续发展目标更加具体化、机制化和务实化[5]。

对于可持续发展框架的研究已从诸多领域、不同层面及维度展开。截至目前，诸多领域已经将可持续发展框架用于具体实践，如通过开发系统实施框架来实现可持续企业资源规划[6]；借助可持续发展评价框架体系来系统评价海洋的可持续发展[7]；通过可持续发展报告评估银行可持续发展目标[8]。到目前为止，可持续发展框架已在不同层面得到开发应用。[9~10]可持续发展是综合性的，其框架应该包含"整体"自然环境的可持续发展框架，以说明"整体"生态系统可持续发展的一体化。[11]另外，在地区经济发展和全球发展之间存在冲突的现在，更应建立一个以证据为基础的可持续发展综合框架。[12]

通过分析发现，有诸多领域、不同层次、综合维度的可持续发展框架已经得到研究、开发、实践和应用，但其执行程度也需用科学的方法进行监测和衡量，故可选用合适的政策搭建与可持续发展概念相关的政策框架。[13]同时，法律框架及其可持续发展对环境保护有重要作用[14]，在社会经济角度也需要建立新的可持续和平衡发展的法律框架[15]。

（二）审计与可持续发展

可持续发展的重要性日益凸显，审计领域也以不同形式、结合不同行业对可持续发展进行探索，用实例说明审计对可持续发展的影响，通过设计审计框架服务于可持续发展实践。

审计领域内部以不同形式、不同途径对可持续发展目标及实践进行研究。例如，内部审计对可持续发展会产生影响，内部审计对公司治理的影响在一定程度上可以改善可持续发展目标实践[16]；外部审计对可持续发展目标透明度会产生意想不到的改变[17]，而且借助外部审计能够帮助政府履行对可持续发展目标的承诺[18]；具有明晰的可持续发展目标后，采用标准化绩效审计来评估可持续发展目标的有效性是较为科学的[19]。

在有较为科学的审计流程的基础上，审计可在其他行业为可持续发展的实践提供便利。为了实现可持续发展和节能减排，能源审计发挥着不可或缺的作用[20]。同时，作为一个组织在其环境管理体系中用来帮助确定其环境绩效的一种工具[21]，环境审计对绿色经济的可持续发展具有促进作用[22]。例如，印度工业可持续发展的环境审计就是根据组织的环境方针和目标来检验环境绩效的过程。[23]欧洲地区已经将欧盟生态审计框架应用于滑雪场，以缓解冬季运动、农业生产和夏季旅游造成的一系列环境问题。[24]有学者将中国湖北省县级市的森林资源作为审计样本区进行个案研究来保护和开发森林资源、促进碳达峰碳中和。[25]

但是，试图将不同部门的审计标准、应用方法和可持续发展指标应用于实践是较为困难的，可设计一个具有可持续发展能力的综合审计框架[26]来解决这一难题。

（三）国家审计与可持续发展

国家审计作为审计领域的重要分支对可持续发展的影响不容小觑，相关理论框架也不可或缺。审计目标是审计机构在特定历史环境下通过审计活动所期望达到的理想状态或结果[27]，然而，可持续发展不是一蹴而就的，审计目标也不是一成不变的，随着目标的变化，政府环境审计可以发挥促进可持续发展的作用。[28]但是，可持续发展范畴不是只包含政府环境审计，而是汇集了作为基本发展优先事项的各种问题，并且在某种程度上，这些问题与所有国家都相关[29]，因此，将可持续发展上升到宏观治理层面更为合理。Dernbach 将重点放在国家治理的可持续发展框架上，并以此解释了协调环境与发展的路径，这也是理解可持续发展含义的有用方法。[30]而国家审计是我国治理体系现代化的重要推动力，将其用于构建相应的理论框架和可持续发展实践符合现阶段治理需求。

综上所述，在探究可持续发展的过程中不乏关于可持续发展目标、可持续发展评估、可持续发展的重要性和可行性的研究，它们试图用理论框架呈现并用来指导实践。通过分析发现审计对可持续发展发挥着重要作用，国家审计对可持续发展的影响是当代发展实践中协调社会经济发展和生态保护的重要一环，由此构建的理论框架能够帮助理解可持续发展的含义进而指导可持续发展实践。但是，不难发现，目前国内对审计与可持续发展的研究相对较少，国家审计与可持续发展的理论框架还不完善，所以本文将构建国家审计与可持续发展的理论框架并将其应用于实践。

三　国家审计与可持续发展理论框架的构建

在自然发展状态下，发展能够达到均衡状态，当有一方干预过多或某一维度发展冒进则会出现发展不平衡的现象，对此可借助外力加以协调，使发展达到平衡。本部分将介绍如何运用外力达到平衡发展的状态，并构建框架简明呈现该影响过程。

（一）可持续发展均衡

可持续发展是综合联动的，不同阶段对可持续发展的认识不同，主要有以下四个阶段。第一，可持续发展的分析起点是 1987 年联合国环境与发展委员会上提出的可持续发展的概念，即可持续发展是既要满足当代人的需求又不能危及后代人满足其需求的发展。第二，时隔五年，在联合国环境与发展大会上可持续发展被重新定义为以生态保护、经济发展和社会公平为重点的发展模式[9]，这三个维度被概括为生态环境、经济环境和社会环境。如图 1 所示，三个大小相等的圆构成一个整体，三个圆分别代表生态环境可持续、经济环境可持续和社会环境可持续，重叠部分表示不同维度联系密切的部分。第三，2015 年 9 月，联合国对可持续发展提出了新的议程，确定了 17 项可持续发展目标和 169 个具体目标。[9]第四，后续研究将 17 项可持续发展目标与三个可持续发展维度联系在一起，使目标呈现更简明、三个维度更充实。实现可持续发展需要符合可持续发展的条件且不能超出可持续发展的范围（如图 2 所示），即长度相等的三条线段表示不同维度上发展的进度，且如果三条线段的交点落在三个圆相互重叠的内部，那么就可将经济体视为处在可持续发展的弹性范围内。

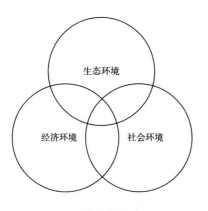

图 1　可持续发展韦恩图

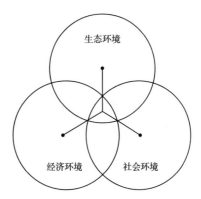

图 2　均衡可持续发展

（二）可持续发展失衡

不难发现，均衡可持续发展状态是理想状态，但在发展过程中不免出现不同维度之间发展不平衡的现象，在不同时间、不同空间的各个维度上也会出现发展重点不同的情况以及某个维度发展不足而其他维度发展冒进的情形，进而导致可持续发展失衡。该部分简要说明可持续发展失衡可能出现的三种情况。

第一，生态环境不能得到适当的发展时，经济环境和社会环境将发展迅速，导致可持续发展失衡（如图3所示）。在此情境下，经济环境提供丰富的人造资产从而刺激消费，消费者有效的购买力在一定程度上能够扩大市场规模，进一步促进人造资产的产生，在经济环境内部形成高效循环，使经济环境快速发展；同时，社会环境中的人力资源通过大力开发、充分运用已产生的人造资产，建立组织与公众的关系网络，尽可能使人的可接触范围变大，实现人类生存的利益最大化，使社会环境快速发展。然而，经济环境和社会环境的快速发展需要有生态前提和物质基础，否则可能会使生态环境负荷过大，致使生态环境被严重破坏，或者使生态环境不能在自我恢复的范围内发展。当生态环境作为发展的基础仍得不到合理的发展时，可持续发展将不会实现。

第二，经济环境不能得到适当的发展时，生态环境和社会环境将发展冒进，导致可持续发展失衡（如图4所示）。在此情境下，生态环境中的自然资源能够实现良好的自我修复，其中的各个部分形成有效联动，在生态环境内部形成良性循环，使生态环境合理发展。而且，社会环境若得到同等程度的发展将耗费大量的人力资源，该部分人力资源用来开发自然资源以满足人类的生存需求，这虽能使社会环境得到合理发展，但效率低下。因为生态环境和社会环境的有效发展需要以经济环境的发展为条件，以避免生态环境中可再生资源过剩及社会环境中人力资源利用低效的情况。当经济环境作为发展的条件却得不到科学发展时，那么可持续发展的实现将极为困难。

第三，社会环境不能得到适当的发展时，生态环境和经济环境将发展萎靡，导致可持续发展失衡（如图5所示）。在此情境下，生态环境中的自然资源仍能得到适当的发展，形成内部联动，在内部达到发展平衡。可是，经济环境中人造资产等的建构、生产和运用都需要人来组织和协调，其中生产的产品为人服务，这与社会环境密不可分。所以，当社会环境不能适当发展时，生态环境和经济环境中的资源不能得到合理的开发和利用，造成生态环境和经济环境中的部分资源浪费，也使生态环境和经济环境的发展失去意义。当社会环境作为发展的目的却不能充分发展时，可持续发展的实现将失去动力。

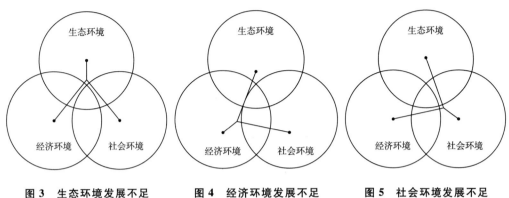

图3　生态环境发展不足　　图4　经济环境发展不足　　图5　社会环境发展不足

综上所述，生态环境是可持续发展的基础，经济环境是可持续发展的条件，社会环境是可持续发展的目的，要想实现可持续发展需要在整个大环境中实现三者的综合协同，而不是只在某一维度内达成联动。均衡可持续发展状态是理想状态，在实践中实现理想状态较为困难，但可以借助国家审计的监督治理无限趋近理想状态，为此，本文构建一个理论框架来指导实践，并帮助理解其中的含义、解释关键部分之间的联系。

（三）国家审计与可持续发展理论框架

在自然状态下，生态环境为经济环境和社会环境提供自然资源及生态基础；社会环境为经济环境提供人力资源和科学技术，并将产生的生产废物排放到生态环境中；经济环境为社会环境提供物质条件和人造资产，并将产生的生产废物排放到生态环境中，以此形成生态良性循环。但是，通过上文分析可知，想在自然状态下达到可持续发展的良性循环是困难的，可借助国家审计在特定的范围内、对特定的内容、通过一定的途径、构建相关的理论框架来实现可持续发展（具体如图6所示）。国家审计对可持续发展的影响范围从时间、空间两个方面进行考虑；影响内容从生态环境、经济环境和社会环境三个方面加以探究；影响途径从政策、法律两个维度进行思考（见表1）。当然，宏观的国家审计工作对影响范围、影响内容以及影响途径产生的作用不是割裂的，而是交叉的、综合的。

1. 国家审计对可持续发展的影响范围

为实现可持续发展，国家审计应重点在以下两个范围内开展工作。其一，在时间范围内应该尽可能做到代际公平，即生态环境和自然资源在时间跨度内"必须实现发展权利，以便公平地满足今世后代的发展和环境需要。"[30] 其二，在空间范围内应该尽可能做到代内公平，即当代人在利用生态环境和自然资源满足自身利益时的机会要平等，任何国家和地区的发展都不能以损害其他国家和地区的发展为代价。具体地，国家审计需要审计具体内容，从而在时间范围内、空间范围内实现公平。

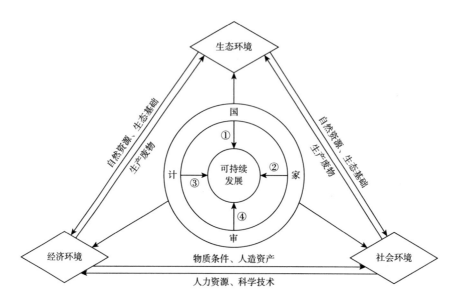

图 6　国家审计与可持续发展理论框架

表 1　国家审计对可持续发展的影响

影响范围	时间	空间	
影响内容	生态环境	经济环境	社会环境
影响途径	政策颁布	法律制定	

2. 国家审计对可持续发展的影响内容

国家审计对可持续发展内容的监督治理可从以下三个方面进行探究。

第一，为无限趋近可持续发展的理想状态，在整个系统循环中通过国家审计对生态环境进行事前审计。生态环境为其他活动提供活动场所及自然资源，场所利用及资源开发都应在合理的范围内，可借助国家审计进行组织协调。一个项目或一项工程开始之前，国家审计通过对场所的选取、利用及对资源的开发使用进行规划，加强对整个工程项目的管理，保障未来活动的有效性，规避因决策失误而遭受的巨大损失。国家审计通过控制该环节中可能出现的风险，预测以后环节中可能出现的风险并制定相应的对策，以达到接近可持续发展理想状态的目的。当然，生态环境又可单独作为整体在其内部进行审计。

第二，为无限趋近可持续发展的理想状态，在整个系统循环中通过国家审计对社会环境进行事中审计。社会环境为经济环境提供人力资源和科学技术，并将产生的生产废物排放到生态环境中，对于人力资源的使用、科学技术的运用以及生产废物的排放，则可借助国家审计进行监督管理。一个项目或一项工程实施过程中，国家审计通过对人力资源是否得到合理利用、科学技术是否得到合理运用以及生产废物是否在规定范围内排放进行审查，能及时发现并反馈问题，进而确保项目或工程按照预期目标合理合法有效进行。国家审计通过控制该环节中可能出现的风险、发现潜在的问题、及时纠正可能出现的偏差，以达到接近可持续发展理想状态的目的。当然，社会环境又可单独作为整体在其内部进行审计。

第三，为无限趋近可持续发展的理想状态，在整个系统循环中通过国家审计对经济环境进行事后审计。经济环境为社会环境提供物质条件和人造资产，并将产生的生产废物排放到生态环境中。物质资源的合理开发、人造资产的充分利用及生产废物的排放也都应控制在可持续的弹性范围内，可借助国家审计对此进行安排。国家审计能够监督经济活动的合法合规性，评价活动的效率和效果，并通过控制该环节可能出现的风险、分析存在的问题、挽回已造成的损失，达到接近可持续发展理想状态的目的。当然，经济环境又可单独作为整体在其内部进行审计。

但是，国家审计对可持续发展内容的监督工作是存在一定困难的，需要有确切的途径保障其监督工作的进行。

3. 国家审计对可持续发展的影响途径

影响可持续发展内容审计工作的途径主要有两个。其一，颁布相关政策，虽然政策不具有明确的规范形式且国家不会强制实施，但政策具有一定的指导性和号召性，使国家审计对可持续发展工作产生积极作用；其二，制定相关法律，法律具有严格的逻辑结构且权利和义务规定明确，具有较强的稳定性且由国家强制实施，将法律运用于国家审计对可持续发展的治理工作中，可对国家审计的执行效果起到正向影响。

（四）理论框架的应用要点

可持续发展是综合的，国家审计对可持续发展的影响是复杂的，将国家审计与可持续发展框架应用于实践时，应把握以下几点。第一，国家审计与可持续发展理论框架的研究归根结底是人与自然的和谐发展的研究，在审计的过程中应关注人类活动和自然发展的协调。第二，从时间范围来看，国家审计以对生态环境中自然资源的监督为主，以对经济环境和社会环境中的人类活动的监督为辅。第三，从空间范围来看，国家审计以监督人类活动为主，以对自然资源的监督为辅。第四，实践中，相关的权利与义务可以由政策来支持、法律来约束。第五，可持续发展实践是动态的，相应地，国家审计工作开展的内容不是固定的，具体内容应实时更新、紧跟发展方向。第六，国家审计与可持续发展理论框架适用于宏观层面。可持续发展所包含的内容是综合复杂的，个人或组织对其进行调控极为困难，而国家审计可起到宏观调控的作用，能够维护发展秩序，所以，为实现可持续发展，在宏观层面开展国家审计工作是恰当的。

四　理论框架的应用

我国幅员辽阔、物产丰盈、人口众多、市场庞大，为了确保资源的稳定和可持续发展，国家审计工作中的风险预警评估显得尤为重要。同时，可持续发展审计可从时间维度的代际公平和空间维度的代内公平考虑。下面将从以下几个方面举例，对国家审计与可持续发展理论框架的应用进行解释。

第一，审计的风险预警评估功能通常是指通过对企业财务状况和经营活动的分析，识别和评估可能造成财务损失的因素和风险，而国家审计对可持续发展的风险预警评估的范围将更加广泛，不仅要评估分析经济环境中的财务状况和经营活动，也要识别和保护自然环境中的自然资源，还要管理社会环境中的人类活动。

第二，从时间维度的代际公平来看，当代人和后代人有公平的发展权利，即当前的环境、经济和社会决策不能损害后代的权益。以可再生的森林资源为例，其具有分布广泛、功能多样、稳定且能长期经营的特性，依据国家审计与可持续发展理论框架，森林资源被开采前应规定可开采范围、做好管理规划，使当时的森林资源开采活动不会对环境产生负面影响且森林资源在一定时期内能实现再生，确保生态环境的正常运转；当森林资源处于被利用阶段时，应审计其利用过程和生产废物的排放情况，使森林资源不被浪费且产生的生产废物不会对环境造成负面影响，确保社会环境的有序运行；当森林资源被生产为产成品时，应监督产成品的使用情况和生产废物的利用情况，使森林资源的价值充分发挥，确保经济环境的良好运行，使森林资源在我国得到有效循环利用。以不可再生的石油资源为例，其开采前的规划、利用中的监督、产成品使用的审计也都可由国家审计与可持续发展理论框架进行指导。但对于石油资源而言，其具有不可再生的特殊性，为不影响后代人的发展权利可考虑在当代将石油资源替换为其他能源物质，如此一来对社会环境中人力资源及科学技术的需要将增加，国家审计应对此加强监督；也可考虑将使用石油生产的人造资产重复利用，加强国家审计对经济环境的监督。

第三，从空间维度的代内公平来看，在同一时期内的所有人，不论其种族、国籍、性别，对于利用自然资源和享受清洁、良好的生态环境均享有平等的权利。以南水北调为例，这是对生态环境的改造且工程巨大，事前规划则显得尤为重要；而在改造环境过程中需要用到大量的人力、物力、财力，在各方面做好调度的同时更需要审查在社会环境和经济环境中发生的事项是否合理、合规，使水资源既不会在南方过剩又不会在北方欠缺，以达到空间上可持续发展的目的。

当然，国家审计对可持续发展的监督也需要政策的号召和法律的约束，以增强审计监督效能。

五　结论与展望

近年来，学界提出了可持续发展的研究框架，逐步构建起审计监督可持续发展的科学网络，开始了国家审计影响可持续发展的研究。但是，目前我国关于国家审计与可持续发展的研究还处于起步阶段，已有研究难以支撑具体的实践工作。有待在已搭建框架的基础上进行综合全面审计，辨析对生态环境、经济环境和社会环境审计的区别与联系，发展国家审计对可持续发展监督的方法与模型，揭示国家审计与可持续发展的双向反馈机制，深化全球可持续发展系统的动态演变，探究国家审计对可持续发展监督的具体路径，并结合实际案例对框架进行应用和检验。然而，可持续发展的实践工作是极其复杂的，而且国家审计的监督工作也是环环相扣的，所以，仅靠理论框架来指导实践是困难的，若有具体的实施准则、现实依据以及实践工具，将更有利于发挥国家审计对可持续发展产生积极的作用。为提升国家审计对可持续发展实践工作的正向影响，可考虑从以下三个方面加强建设。

第一，国家审计与信息化相结合，实现互联互通、实时审计。可持续发展的实践工作是综合复杂的，其所涉及的行业、产业及维度较为宽泛，国家审计所监督的内容也极为广泛，且每个内容模块之间不是独立存在的，倘若国家审计与信息化相结合，则可以通过数据信息掌握每个项目的具体动态，并让每个内容模块之间实现相互联系，审计信息能够相互交流，实现实时审计。如果这方面的建设能完善，将构建起一个庞大的审计信息系统网络，不过这项工程是极具挑战性的。

第二，可提出综合性、普适性且具体的可持续发展评价指标，以作为国家审计监督可持续发展实践的依据。可持续发展涉及的领域极为广泛，且国家审计监督的内容较为繁杂，在每个行业提出一套恰当的可持续发展评价指标是不切实际的，而设计一套普适性较强的综合指标，可以为国家审计的具体工作提供依据。

第三，对国家审计对可持续发展实践的监督工作进行长期趋势分析。[8]可持续发展工作不是短期的，需要进行长期的跟踪研究。生态环境、经济环境和社会环境是不断变化着的，因此需要结合科学的发展，长期密切关注可持续发展动态，进行长期趋势分析。

参考文献

[1] 叶丰滢，黄世忠. 可持续发展报告的目标设定研究 [J]. 财务研究，2023（1）：15-25.

[2] 马佳妮. 高等教育促进可持续发展：国际经验与中国实践 [J]. 教育研究，2023，44（5）：

119-133.

[3] Robèrt K H. Tools and concepts for sustainable development, how do they relate to a general framework for sustainable development, and to each other?[J]. *Journal of Cleaner Production*, 2000, 8(3): 243-254.

[4] 丁守海, 徐政, 江小鹏. 新时代我国能源可持续发展评估研究 [J]. 浙江大学学报（人文社会科学版）, 2022, 52 (2): 57-72.

[5] 赵若祯, 张贵洪. 全球发展倡议对接 2030 年可持续发展议程: 内涵、动力与路径 [J]. 湖北社会科学, 2022 (6): 19-30.

[6] Chofreh A G, Goni F A, Klemeš J J. Sustainable enterprise resource planning systems implementation: A framework development[J]. *Journal of Cleaner Production*, 2018, 198: 1345-1354.

[7] Chen F, Jiang Y, Liu Z, et al. Framework system of marine sustainable development assessment based on systematic review[J]. *Marine Policy*, 2023, 154: 105689.

[8] Sardianou E, Stauropoulou A, Evangelinos K, et al. A materiality analysis framework to assess sustainable development goals of banking sector through sustainability reports[J]. *Sustainable Production and Consumption*, 2021, 27: 1775-1793.

[9] Van Zeijl-Rozema A, Cörvers R, Kemp R, et al. Governance for sustainable development: A framework [J]. *Sustainable Development*, 2008, 16(6): 410-421.

[10] Broman G I, Robèrt K H. A framework for strategic sustainable development[J]. *Journal of Cleaner Production*, 2017, 140: 17-31.

[11] Hannoura A P, Cothren G M, Khairy W M. The development of a sustainable development model framework[J]. *Energy*, 2006, 31(13): 2269-2275.

[12] Griggs D, Smith M S, Rockström J, et al. An integrated framework for sustainable development goals [J]. *Ecology and Society*, 2014, 19(4).

[13] Meyar-Naimi H, Vaez-Zadeh S. Sustainable development based energy policy making frameworks, a critical review [J]. *Energy Policy*, 2012, 43: 351-361.

[14] Kipāne A, Vilks A. Legal framework for environmental protection in the context of sustainable development [J]. *European Journal of Sustainable Development*, 2022, 11 (4): 169-169.

[15] Vilks A, Kipāne A. Sustainable development of society in the context of the transformation of the legal framework [J]. *European Journal of Sustainable Development*, 2020, 9 (4): 181-181.

[16] HaoYue L, Loang O K. Impact of internal audit on sustainable development goals in China [J]. *International Journal of Accounting*, 2023, 8 (46): 168-185.

[17] Montero A G, Le Blanc D. The role of external audits in enhancing transparency and accountability for the sustainable development goals [C]. Department of Economic and Social Affairs Working Papers, 2019.

[18] Nagy S, Gál J, Véha A. Improving audit functions of supreme audit institutions to promote sustainable development [J]. *Applied Studies in Agribusiness and Commerce*, 2012, 6 (3-4): 63-69.

[19] Sari D A, Margules C, Lim H S, et al. Performance auditing to assess the implementation of the sustainable development goals (SDGs) in Indonesia [J]. *Sustainability*, 2022, 14 (19): 12772.

[20] Darshan A, Girdhar N, Bhojwani R, et al. Energy audit of a residential building to reduce energy cost and carbon footprint for sustainable development with renewable energy sources [J]. *Advances in Civil Engineering*, 2022.

[21] Choudhary R P. Environmental audit: A need for sustainable development of mining industry [J]. *International Journal of Innovative Research in Engineering & Management*, 2015: 2350-0557.

［22］Nazarova K，Nezhyva M，Kucher A，et al. Environmental audit in the sustainable development of green economy ［J］. *European Journal of Sustainable Development*，2021，10（3）：273-273.

［23］Tripathy D P. Environmental auditing for sustainable development of Indian industries ［J］. *Asian Journal of Water，Environment and Pollution*，2011，8（4）：9-20.

［24］Pröbstl U. Ecological improvement and sustainable development in European skiing resorts by adapting the EU-Eco-Audit ［EB/OL］. https：//corp. at/archive/CORP2006_ PROEBSTL. pdf. 2006/2024.

［25］Zhao W，Wang X，Chen M，et al. Forest resource assets departure audit considering ecological sustainable development：A case study ［J］. *Land*，2022，11（12）：2156.

［26］Thabit T H，Aldabbagh L M，Ibrahim L K. The auditing of sustainable development practices in developing countries：Case of Iraq ［J］. *Revista AUS*，2019，26（3）：12-19.

［27］Yarong Z，Xin Y. Research on the sustainable development and the objective of Chinese government performance audit ［J］. *Energy Procedia*，2011，5：1230-1236.

［28］Lewis L. Environmental audits in local government：a useful means to progress in sustainable development ［C］//Accounting Forum. Taylor & Francis，2000，24（3）：296-318.

［29］Dutra P H. SDGs audit results framework ［J］. *International Journal of Government Auditing*，2016，43（1）：12. -14.

［30］Dernbach J C. Sustainable development as a framework for national governance ［J］. Case W. Rsiv. L. Rev.，1998，49：1.

基于风险导向的地方政府融资平台公司审计策略

冯　哲　惠调艳*

摘　要：地方政府融资平台是地方政府融资的重要工具。本文从加强融资平台公司审计的必然性出发，以 S 开发区为例，研究发现由于融资平台公司自身存在独立性不够、资产质量差、经营性收入低、融资规模大等特点，其与地方政府深度绑定，并由此带来债务风险、运营风险、治理风险。对此，审计机构应从公司自身及当地政府两个角度，结合公司业务内容加大审计力度，以审计推动融资平台公司高质量发展。

关键词：地方政府融资平台　融资平台公司审计　债务风险　运营风险
治理风险

融资平台公司是我国特有经济体制下的产物，是地方政府融资的重要工具。[1]2008年以来，地方政府加大了对融资平台公司的支持力度，部分经济开发区在设立之初，甚至由"一把手"兼任公司负责人。作为继财政之外地方政府的主要"钱袋子"，融资平台公司具有"企业"和"事业"双重身份[2]，兼具"灵活性"和"政治性"。这种特殊身份决定了它们在地方经济发展中发挥重大作用的同时也产生了较大的财政和金融风险，必须加以规范。为推动融资平台公司市场化转型，实现高质量发展，审计工作的关键在于摸清底数、揭示风险、推动治理。[3]"为什么审""审什么""怎么审""用什么思路审""如何规范"，本文拟通过对 S 开发区的审计实践，提供一些可供参考的经验和例证，以期更好地为融资平台公司高质量发展提供审计保障。

一　加强融资平台公司审计的必然逻辑

（一）大额资金的使用与审计监督的重点相一致

《中华人民共和国宪法》明确指出："国有经济，即社会主义全民所有制经济，是国民经济中的主导力量。"国有企业的重要性决定了国有企业审计的重要性。融资平台

---

* 【作者简介】冯哲，西安电子科技大学硕士研究生，研究方向为财政审计、融资平台审计；惠调艳，西安电子科技大学副教授，研究方向为管理决策与审计研究。

公司作为地方政府设立的重要国有企业，是区域经济建设的重要资金提供方，其资金使用规模大且相对灵活，更应作为审计监督重点。以 S 开发区为例，截至 2020 年底，A 公司有息负债规模接近 2300 亿元，当年举债规模 1000 亿元，其中接近一半资金用于偿还以前年度债务。与此相对应，S 开发区综合财力仅 500 亿元，A 公司年举债规模高达开发区财力的两倍。在公司治理不完善的情况下，如此大规模资金的管理和使用，本身就存在巨大风险隐患。加强对融资平台公司的审计，有助于推动公司治理现代化，规范决策程序，减少资金在使用过程中的损失和浪费，促进国有资产保值增值，融资平台公司理应成为审计工作的重点。

（二）融资平台公司自身的债务风险与区域债务风险密切相关，审计必须予以重点关注

2008 年国际金融危机以来，中央政府为刺激经济，实施了较为宽松的货币政策，地方政府在预算资金有限的情况下，加快了通过融资平台公司筹集资金的步伐。此后，融资平台公司数量与规模快速增加，个别地区甚至出现债务违约。2010 年，国务院发布《关于加强地方政府融资平台公司管理有关问题的通知》（国发〔2010〕19 号），要求清理融资平台公司债务。同年，审计署第一次对全国地方政府性债务展开全面审计，此次审计发现地方政府通过融资平台公司举借债务余额 49710.68 亿元，占地方政府性债务总额的 46.38%。融资平台公司在地方经济发展中扮演的角色已愈加重要。尽管中央政府多次发文明确要求剥离融资平台的政府融资职能，推动市场化转型，但是在大量基础设施建设任务面前，二者之间的捆绑仍然非常紧密。

一些学者也认为融资平台公司的风险与金融风险紧密相关。王喜梅指出，地方政府融资平台公司的融资规模不断膨胀，已远超其还本付息能力，可能引发区域性金融风险。[4] 米璨认为如果对融资平台公司的建立不加规范和控制，将给政府以及地方金融带来很大的风险。[5] 毛捷等认为融资平台公司作为连接地方政府财政与金融的重要节点，公司债务风险与区域性风险具有较强的关联性。[6] 除自身举债规模较大外，融资平台公司还与区域内国有企业存在资金拆借、相互担保的情况，而风险具有传导性，因此加强审计监督有助于融资平台公司规范债务管理，防范风险。

（三）融资平台公司承接地方政府重大民生工程，属于审计常态化监督的范围

国务院《关于加强审计工作的意见》（国发〔2014〕48 号）提出应加强对社会保障、教育、医疗、保障性安居工程等重点民生资金和项目的审计，凡是涉及管理、分配、使用公共资金、国有资产、国有资源的部门、单位和个人都要自觉接受审计。王云霞指出，加强民生审计有助于为满足人民美好生活需求提供保障。[7] 张荣刚和张艺辉指出，要将民生审计与政策审计有机结合。[8] 融资平台公司作为地方政府重要的"钱袋

子",承担着融资、投资双重职能,所融资金主要用于区域土地开发,医院、学校、污水设施及道路建设,事关百姓福祉。许多政府投资项目、PPP项目、专项债项目也是通过融资平台公司实施。上述事项均是审计监督应予以关注的重中之重。

二 融资平台公司主要风险特征及成因——以S开发区为例

谢军等指出,随着经济结构调整及城市化进程的放缓,防范化解融资平台公司风险已经成为各级政府工作的重中之重[9],该课题组利用2018年至2022年103个审计调查项目,发现478个审计问题,其中债务风险占比52.3%,运营风险占比33.9%,说明债务风险更加关键和重要。习近平总书记在二十届中央审计委员会第一次会议上的讲话中指出,审计要发挥好经济运行"探头"作用,密切关注地方政府债务,牢牢守住不发生系统性风险底线。陕西向来重视加强对地方政府债务风险的审计,分别于2021年和2024年组织实施了全省融资平台公司审计。本文以2021年组织实施的地方政府融资平台公司审计为基础,结合近年来各类审计中融资平台公司存在的问题,将融资平台公司面临的风险归纳为债务风险、运营风险与治理风险,重点论述其特征及成因。

截至2020年底,S开发区及其所属园区共设立融资平台公司9家,总资产4054亿元,总负债2864亿元,总收入241亿元,净利润11亿元。主要经营业务为区域内土地开发、基础设施建设等。

(一)债务风险及成因

1. 负债规模增长迅速

由于开发区需要大量的资金进行基础设施建设,而本区财力有限,只能通过融资平台公司举债。2018~2020年,S开发区融资平台公司资产规模从2806亿元增长至4054亿元,年均增长20.20%;负债规模从1958亿元增长至2864亿元(见图1),年均增长20.94%;负债增速高于资产增速,且高于同期陕西省经济增速。个别企业资产负债率较高且有所增长,偿债能力堪忧。A集团资产负债率从2018年的83.89%增加到2020年的87.4%,B集团资产负债率从2018年的72.58%增加到2020年的76.17%。

2. 公司资产与债务规模不匹配

在间接融资受限的情况下,为拓宽融资渠道,降低融资成本,融资平台公司倾向于发行企业债。为获取高评级,地方政府名义上将下级政府管理的融资平台公司股权划转至本级,以做大本级所属平台公司合并资产报表,从而帮助融资平台公司获取发债资格。在此模式下,公司债务规模与其真实的资产规模脱钩。S开发区将下级园区公司股权上划

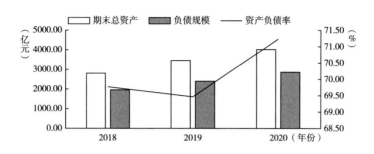

图 1　2018～2020 年融资平台公司资产负债情况

至本级融资平台公司，再将"日常经营管理工作""国有资产的保值增值""责任与风险"授权给下级园区。通过这种操作，公司获得 AAA 评级，在资本市场发行债券，以缓解公司融资压力，但这种名义上做大合并报表提高公司评级的方法，也留下了巨大的隐患。

3. 内部企业互相担保，风险具有一致性和传导性

融资平台公司偿债资金来源单一，债务本金往往通过借新还旧方式滚动维持，债务规模不断增加。为满足金融机构担保需求，公司之间往往签订互保协议，相互担保，个别公司的风险与区域风险深度绑定，一家公司出现风险，则会迅速形成风险风暴。审计发现，截至 2020 年底，融资平台公司之间互相担保、对子公司及开发区内部其他企业担保金额达 1800 多亿元，多数企业担保额度已接近上限。

（二）运营风险及成因

1. 虚增资产

虽然有关制度明确规定地方政府不得将公益性资产注入融资平台公司，但迫于基础设施建设及投资压力，地方政府向融资平台公司注入资产的问题依然存在，公司资产规模名不副实。如 S 开发区将桥梁、道路、管网设施等 32 亿元注入融资平台公司；通过虚假注资等方式，协助 B 公司获取发行债券资格，融资 5 亿元。

2. 应收账款和存货占比高，资产流动性弱

融资平台公司的业务以代建政府项目为主，由此形成大量的应收账款，这部分资产的变现高度依赖开发区对账款的支付。审计发现，2018～2020 年，融资平台公司两金（应收账款和存货）从 1910 亿元增长至 2739 亿元（见图 2），占总资产的 68%，且应收账款主要为应收政府款项，2020 年达到 1027 亿元，规模是 S 开发区当年财政收入的 2 倍还多；存货为代建开发区项目形成的资产（如已开发的土地），这些资产的流动高度依赖管委会对账款的支付。

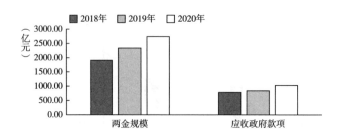

图 2　2018~2020 年融资平台公司两金规模及应收政府款项

3. 收入增加并未提高公司效益

融资平台公司大多自身造血功能差，为满足还本付息及开发区建设需要，只能大额举债。其主营业务收入也主要来源于代建开发区项目，在资产负债规模大幅增加的同时，营收增速往往低于有息负债增速，利润被高额负债利息稀释，往往出现增收不增利的现象。审计发现，融资平台公司营业收入从 2018 年的 149 亿元增长至 2020 年的 241 亿元，年均增长 27.18%，但企业净利润从 2018 年的 12.87 亿元下降到 2020 年的 11.06 亿元，年均下降 7.30%（见图 3）。公司的收入增长并未带动盈利增长，整体经营状况不容乐观。

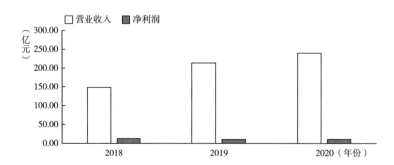

图 3　2018~2020 年融资平台公司营业收入与净利润

（三）治理风险及成因

1. 公司独立性差，与政府权责边界不清

由于融资平台公司设立之初主要为缓解地方政府资金支出压力，其经营往往受政府部门干涉，融资资金由地方政府支配，承担非企业性任务，如土地收储、公益性项目建设等。融资平台公司与地方政府边界不清造成公司风险与政府风险并未有效隔离，二者深度捆绑。如 S 开发区内设有资金管理委员会，主任由开发区主要领导担任，融资平台公司举借债务方式、额度、资金使用方向均由资金管理委员会决策，本质上构成公司代管委会融资。

2. 法人治理结构不完善，部分业务存在风险

融资平台公司多采用集团公司模式，存在大量层级的子公司，有的甚至多达五级，集团公司很难对下属公司实施有效控制，部分公司设立后无经营业务，资产负债率过高甚至形成损失。S开发区融资平台公司设立的19家三级及以上子公司资产负债率超100%，已面临资不抵债情形；向民营企业出借资金或投资而形成的损失达数亿元。

3. 监督缺位，过度融资输送利益

在政策宽松时，公司获得融资较为容易，由于缺乏监督，公司同时存在高负债、高存款现象，办理了大量的存单质押再贷款与投资理财业务。如S开发区存单质押再贷款规模高达30亿元，按1%的利差损失计算，年度损失3000万元，部分资金被用于为金融机构特定人员输送利益。

三 地方政府融资平台公司审计的思路及方法

基于融资平台公司的主要风险特征，审计组把对S开发区融资平台公司的审计重点放在融资计划、资金来源、使用及债务风险、偿债能力、风险管控等方面，同时对融资平台公司承接的开发区任务进行了特别关注。

（一）对融资平台公司自身业务的审计

1. 关注融资程序是否合规

通过开发区及公司提供的融资管理制度来确定融资程序以及权限，重点关注公司董事会、监事会、管理层有关议事规则中是否明确对外融资的决策程序，是否按照议事规则和决策程序召开会议。索取有关会议记录、会议纪要、合同签订及资金到位情况，审计未经集体决策、超使用计划及规模举债问题。审计发现A公司违反决策程序融资××亿元；A公司在已经取得融资后再上会补办程序，内部控制流于形式。

2. 关注过度融资

查阅公司年初资金预算与项目建设规划，关注公司是否在无需求的情况下大规模融资，资金大规模沉淀，购买理财产品或定期存单。借助社会审计提供的合并审计报告，快速锁定存款规模较高的公司，对资金流进行跟踪梳理，审计过度融资加重企业负担的问题，同时对融资决策进行倒查，发现可能存在的违法违规问题。审计发现，A公司过度融资形成资金闲置××亿元，用来购买理财产品；在无用款计划的情况下超额举债××亿元。

3. 关注举债资金的使用是否合规

重点关注大额债务资金是否按合同约定用途使用，有无违反国家产业政策，将债务资金违规投向"两高一剩"（高耗能、高污染、产能过剩）行业，违规用于土地收储、进入资本市场和房地产市场。可以查阅经批准的公司年初资金使用计划表、借款资金使用台账、相关合同、明细账以及具体支出凭证。利用 Excel 的比对功能将年初资金使用计划表及借款资金使用台账关联，筛选出重点和疑点并进行有针对性的核实。审计发现，A 公司挪用债务资金××亿元，违规将××亿元资金用于房地产投资，将××亿元用于子公司注资等。

4. 关注公司之间的资金拆借

区域间融资平台公司往往存在资金拆借行为，部分融资平台公司因地方财政收入较高而受到金融机构青睐，融资能力强。与此相反，部分融资平台融资能力差，往往通过向前述公司拆借资金方式融资。审计应关注双方资金拆借台账，检查相关合同以及会议记录明确责任。审计发现，A 公司违规要求某开发区在借款协议上提供对资金拆借方的担保承诺，形成新增隐性债务××亿元；A 公司从银行取得贷款后，转贷给第三方公司赚取利差××亿元。

5. 关注融资担保是否合规

查阅国家及开发区及公司在担保权限方面的相关规定和制度，锁定担保权限。重点关注对民营企业担保风险的控制，以及是否形成损失。结合社会审计出具的审计报告中有关担保情况的内容以及公司提供的担保台账，通过总额及被担保企业性质，快速锁定审计重点；巧用国家企业信用信息公示系统或企查查平台审查被担保企业是否出现经营异常，进一步判断是否形成担保损失。审计发现，A 公司超限额担保××亿元，担保的××个项目已经逾期形成代偿××亿元，在反担保措施未落实的情况下担保××亿元已形成偿还风险。

6. 关注会计信息是否真实

融资平台公司的设立初衷已经决定它必须为融资服务，由于金融机构重点关注公司的资产、收入以及利润，这就为公司虚增资产、收入和利润提供了动机。以社会审计报告为参考，以年度、月度明细账为分析重点，通过 Excel 表分析资产结构、收入结构，以年度间、月度间资产及收入的异常变化为突破点，审计财产权属证明、收入的确认是否规范。审计发现，A 公司将不具有实际控制权的子公司纳入合并报表虚增资产××亿元；将地方政府划转注入的公益性资产列入资产核算虚增资产××亿元；将专项债资金作为收入核算虚增收入；开发区财政为配合企业做大收入，拨给其他公司的补助资金由 A 公司下拨虚增收入；在建工程完工后长期挂账不结转固定资产，少记折旧费用虚增利润××亿元等。

7. 关注公司债务风险

融资平台公司承建的项目，大都建设周期长、收益低，公司偿债资金往往来源于持续和更大规模的举债。随着债务规模的不断扩大，资金链、担保链不断延长，区域

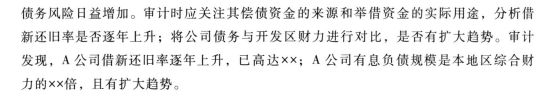

债务风险日益增加。审计时应关注其偿债资金的来源和举借资金的实际用途，分析借新还旧率是否逐年上升；将公司债务与开发区财力进行对比，是否有扩大趋势。审计发现，A 公司借新还旧率逐年上升，已高达××；A 公司有息负债规模是本地区综合财力的××倍，且有扩大趋势。

（二）对公司承担开发区相关任务的审计

开发区因其特殊性，身兼开发建设与政府管理职能，当财政预算资金不能满足开发建设需要时，往往倾向于通过行政命令或非正式方式要求融资平台公司承担资金、资产投入任务。因此，在审计融资平台公司时要特别注意全局意识，站在开发区整体角度来思考问题，这样才能发现问题本质，查深查透。

1. 关注融资平台公司协助开发区虚增财政收入问题

在法定债务规模变化不大的情况下，地区财力则成为影响该区域债务风险等级的重要因素，债务风险等级则会影响地方政府专项债和一般债的限额，因此地方政府有足够的动机通过虚增收入以降低债务风险等级。审计时可将融资平台公司购买土地明细表、融资资金年初计划表、年度融资台账、公司年初项目计划等信息汇总整理，重点关注年底购买土地以及购买土地与融资计划不符的情况，关注以补缴耕地占用税虚增财政收入的情况。检查相关会议记录、纪要、访谈以及购买后土地的实际利用情况，关注是否存在购买后土地大量闲置或被开发区收回的情况。审计发现，A 公司挪用信贷资金购买土地，协助开发区虚增收入××亿元；A 公司购买土地后××亩土地闲置；A 公司购买土地后，开发区又通过基金预算安排拨付资金至 A 公司，形成财政收入的虚收空转。

2. 关注融资平台公司对民营企业的投资及资金出借问题

为推动招商引资工作，开发区会提供各种招商引资政策，如土地价格优惠、税收返还、财政奖补等，上述政策有各种严格的法律法规制约，一般会通过融资平台公司提供资金。审计时重点查看三年内股权投资及出借资金明细账、资金来源、被投资（或出借资金）企业年度财务报表、相关决策依据，必要时索取三年内招商引资台账以及相关协议。审计发现，A 公司为落实开发区招商引资优惠条件，以股权投资方式向某民营企业提供资金××亿元，被投资企业未开业即倒闭，已形成国有资产损失；A 公司对外出借资金未经合理决策程序，向某企业出借资金××亿元，到期后未收回资金形成损失风险；A 公司未签订合同即出借资金，产生隐患。

3. 关注融资平台公司自有或代管资产的使用情况

开发区的招商引资优惠政策中有一类是免费提供厂房或低价提供厂房，该类资产往往由融资平台公司持有或开发区委托融资平台公司持有。审计时应重点关注固定资产明细账、租赁协议、租金收回情况等。审计发现，A 公司履职不到位，未及时收回对外出租资产租金××亿元，由于出租对象濒临破产面临租金无法收回风险；A公司为落实区内招商引资优惠政策，在未签订合同、未明确相关权责的情况下出租资产××处。

4. 关注融资平台公司承接的政府债券项目

开发区申报的政府债券，一般由融资平台公司负责实施和落地。审计时应重点关注政府债券使用台账、预算指标文件、债券申报资料以及具体债券使用单位的明细账和凭证等，结合工程进度及资金使用情况，分析是否存在超进度付款；结合地图软件初步研判是否存在停工等问题，对重点项目应实地考察。审计发现，由于工程停工，债券资金在暂无用途的情况下，A公司将之挪用于偿还其他银行贷款；A公司以"建小报大"模式申报专项债券，致使工程建成后专项债券尚未使用完毕形成闲置；为将专项债券用于其他项目，超工程进度付款后再以保证金形式回流至A公司。

四 以审计推动融资平台公司高质量发展的建议

以审计推动融资平台公司高质量发展的重点，是加强研究型审计，深入研究党中央国务院关于融资平台公司的定位及治理重点，在严防债务风险的基础上，逐步剥离其政府融资职能，化解存量债务。在组织方式上，应大力推动全省审计一盘棋，加强资源统筹，有效利用预算执行审计、政策跟踪审计、经济责任审计等项目，实现常态化、立体化审计监督，从审计视角分析问题、研究对策，推动完善公司经营的体制机制，推动公司向现代化企业转型。

（一）充分发挥审计揭示风险的作用，严防债务风险

在审计融资平台公司债务风险时，应充分了解债务规模、资金结构以及区域财力尤其是政府性基金收入、土地储备，全面了解地方政府的偿债能力。同时，审计机关要对融资平台公司的债务风险以及由此引发的区域担保风险予以重点关注，对公司债务风险演变为财政风险的传递链条乃至债务危机的触发条件进行深入分析。通过对有关财力、潜在财力方面的审计，全面发现地方政府在债务管理、融资平台公司管理方面存在的缺陷和问题，找出造成融资平台公司出现债务风险的深层次原因，提出行之有效的建议和意见，促进融资平台公司规范债务风险管理，为健康发展、长久发展奠定基础。

（二）推动地方政府与融资平台公司完善相关体制机制

融资平台公司兼具"企业"和"事业"两种身份，这决定了审计工作不能就企业论企业，而应该从高的站位来考虑问题。实务中应厘清融资平台公司自身业务范围和权限，即哪些是公司本身职责，哪些是地方政府下达的任务。一是推动建立相对独立

的经营模式。基于更高站位、更广视角发现融资平台公司在经营管理过程中存在的问题，厘清政府责任与企业责任。二是推动融资平台公司市场化转型。融资平台公司应优化业务结构，积极开展市场化经营活动，增强自身造血能力，承担政府公益任务应量力而为，不得过度举债。三是推动公司逐步完善法人治理结构。融资平台公司应落实审计整改要求，转变发展理念，把公司打造成自负盈亏、有一定市场竞争力的现代化企业，有效隔离公司风险与地方政府风险。

（三）加大审计追责问责力度，不断规范融资平台公司治理

完善审计问责机制对融资平台公司审计具有举足轻重的作用。审计机关通过关注公司资金"借、用、管、还"四个环节，揭示公司在融资、用资、资金管理、风险管理方面的违规行为。对于公司违规举债形成的资金闲置与浪费、挪用资金和管理不当形成的损失以及可能形成的风险应进行严肃问责，形成常态化审计，倒逼公司规范管理，严格用权，推动市场化转型，促进公司高质量发展。

参考文献

［1］Zhang Z, Xiong Y. 2019. Infrastructure Financing [M] // Amstad M, Sun G and Xiong W, eds. *The Handbook of China's Financial System*. Princeton University Press.

［2］周鲁耀，陈洁琼，胡天禛."以地融资"模式下融资平台公司双重身份风险及其监管［J］.地方财政研究，2021（12）：56-66.

［3］曾小林，郭旭，王慧.中国审计学会专题研讨会综述［J］.审计研究，2024（1）：152-160.

［4］王喜梅.地方政府融资平台的风险评估与转型发展——以四川省为例［J］.西南金融，2015（9）：6-9.

［5］米璨.我国地方政府投融资平台产生的理论基础与动因［J］.管理世界，2011（3）：168-169.

［6］毛捷，刘潘，吕冰洋.地方公共债务增长的制度基础——兼顾财政和金融的视角［J］.中国社会科学，2019（9）：45-67.

［7］王云霞.论新时代背景下民生审计发展与趋势［J］.中国乡镇企业会计，2023（12）：165-167.

［8］张荣刚，张艺辉.国家审计在构建新发展格局中的作用［J］.现代审计与经济，2022（2）：14-18.

［9］谢军，章清，邹湘木等.城投公司风险成因与治理对策——基于湖南省审计厅2018—2022年相关审计项目的分析［J］.审计观察，2023（8）：82-88.

基于数据驱动的城市突发事件舆情治理

周佳洁　苗泽雁*

摘　要：近年来各式社交媒体平台蓬勃兴起，对城市突发事件所引发的舆情起到了扩大和推动作用，因此给城市公共管理带来了更大的风险挑战。为高效应对社交媒体所带来的舆情风险，本文探讨了基于数据驱动的舆情治理新挑战和范式转移，并从深化舆情风险评估与决策的应用机制、强化数据驱动的舆情应急响应机制、完善数智赋能的公共舆情防范机制和构建突发公共事件舆情分析语料库四个方面提出了相关建议和对策。希望本文能够从数据驱动的视角为政府部门舆情治理提供理论依据和决策指导。

关键词：风险管理　舆情治理　社交媒体　数据驱动

一　引言

突发事件，是指突然发生，造成或者可能造成严重社会危害，需要采取应急处置措施予以应对的自然灾害、事故灾难、公共卫生事件和社会安全事件。随着互联网技术的飞速发展，各种新兴社交媒体平台数量日益增长，信息在人群中传播的速度更加迅速。中国互联网络信息中心（CNNIC）发布的第53次《中国互联网络发展状况统计报告》显示，截至2023年12月，我国网民规模达10.92亿人，较2022年12月增长2480万人，互联网普及率达77.5%。网络舆情作为开放式、即时性的公共舆论表达形式，成为我们了解和感知社会突发事件的重要窗口。

网络舆情涉及公众对特定事件、话题、组织或个人的态度、观点和情绪反应，其传播范围广、速度快，与社会治理紧密相关。许多事件如极端天气、公共卫生事件、社会群体性事件等通过网络舆情在社会上引发了很大的反响。网络舆情的传播速度和规模使其成为政府、企业和公共组织面临的重大挑战，也成为其有效治理和顺应社会变化的重要手段。社交媒体因其实时交互性、众包性、易访问的特性，促进了城市公

---

* 【作者简介】周佳洁，长安大学经济与管理学院博士，研究方向为物流与供应链管理；苗泽雁，陕西工业职业技术学院商贸与流通学院讲师，研究方向为企业战略管理。

众之间的联系，揭示了人类行为，被广泛认为有利于城市灾害意识和响应研究中的信息检索和传播。

2021 年河南特大暴雨、2024 年广州沥心沙大桥桥面断裂、2024 年江西新余临街店铺发生火灾等突发事件，引发了网络热议，再次凸显了社交媒体在突发事件应对中的重要作用。这些事件中，社交平台不仅成为公众获取灾情信息和表达情绪的主要渠道，也为政府和社会组织提供了宝贵的舆情数据，有助于他们更准确地把握公众需求，制定更加精准的应对策略。在大数据背景下，科学利用所涌现的海量社交媒体数据，有效应对各种城市突发事件所引发的网络舆情，已经成现阶段社会风险治理的重要方式。本研究将大数据时代下城市突发事件所引起的网络舆情治理问题作为研究对象，从数据驱动的视角提出舆情治理变革机制，本研究旨在为政府治理舆情提供理论支持和决策指导，加强城市公共管理的抗风险能力。

二　文献综述

（一）城市突发事件网络舆情研究

网络舆情，是指在互联网上，公众对某一事件或话题所持有的态度、意见和情绪的总和，是应对城市突发事件的基础。[1]城市突发事件舆情处理已成为学术界和实践界关注的热点，呈现多元化和深入化的趋势。[2]网络舆情与突发事件关系密切，都具有突发性、广泛性和难控制性等特点。[3]部分研究聚焦于突发事件中舆情传播的特点和规律，以及舆情治理策略的制定与实施。韩旭和李阳研究了社交媒体作为中介工具可以加速应急事件的传播速度和表达公众情绪，为社会舆情治理提供了理论支持。[4]通过挖掘和分析海量的舆情数据，研究者们能够更准确地把握舆情动态，预测舆情发展趋势，为决策者提供科学依据。[5~6]Xiao 等基于推特数据分析发现纽约市在飓风事件中，信息量与灾害损害之间存在倒 "U" 形的非线性关系。[7]廖圣清等基于沉默的螺旋理论对新浪微博发布的评论进行实证分析，研究了网络新闻回帖中的受众互动及其与群体极化之间的作用机制。[8]这些研究为更深入地理解城市突发事件网络舆情的特点和规律提供了重要参考。

（二）社交媒体数据在城市突发事件中的作用

城市突发事件中的公众在媒体网络上发布的动态消息所形成的舆论主题对于事件发展有重要研究意义。社交媒体数据包含大量应急信息。对实时、海量的应急信息进行有效利用可以识别出事件实况、救援需求、事件影响等主题信息，作为获取公众响应的第一手信息，可以凭此建立起更有效、快速的城市应急响应机制。[9]王绍玉和孙研运用 AHP-Entropy 方法对 7 个样本城市进行综合评价，将城市公众应急反应能力纳入评价体系，评价结果与客观实际相符。[10]利用社交媒体数据，可以采用语义分类[11]、情感分析[12]和主题标签[13]等多维分析方法预测灾害损失[14]。基于此，部分学者将研究聚集于社交媒体数据的分析和利用，以及如何通过舆情管理提升城市的抗灾能力和公众参与度。[15]王波等人利用新浪微博数据，基于公众感知指数和公众情绪指数构建评价指标，分析居民在暴雨洪涝下的时空响应格局并提出相应政策建议。[16]安璐和吴林采用基于词典的情感分析方法，对不同主题下的评论情感做细粒度划分，并计算情感强度，最终实现网络舆情主题与情感的协同分析。[17]通过有效利用社交媒体数据进行舆情分析，不仅可以识别事件实况、救援需求和事件影响等主题信息，还能够预测灾害损失并评估城市公众的应急反应能力。

（三）网络舆情在城市应急危机管理中的潜力

面向突发事件的网络舆情的引导和监管，已经成为众多学者和政府监管部门关注的重要问题。通过对网络舆情数据的分析，可以发现舆情的走向、情绪倾向以及热点问题，为城市管理部门的预警和预测提供支持。在飞速发展的网络时代，通过互联网传播信息具有普遍性。在信息传播由传统渠道向现代渠道转变的过程中，管理者及时有效获取和利用社交媒体信息，对于有效实现公共危机事件的风险控制和治理至关重要。李燕凌和丁莹研究发现政府对于突发事件的处理会策略影响网络媒体以及公众，并提出多方主体参与危机治理的相互作用与协调机制。[18]张玉亮和杨英甲将政府网络舆情危机管理的方法分为缩减、预备、反应和恢复四个阶段[19]，以此为基础，王建华等对突发台风事件网络舆情预警机制进行了研究[20]。一些学者结合舆情基础理论和突发事件构建了网络舆情监测预警指标体系[21]，衡量网络舆情的强度、热度，有助于优化网络舆情的积极社会功能[22~23]，规避社会风险[24]。综上，网络舆情的监控与预测可为应急管理决策提供科学依据，使决策者能够更准确地评估事件的严重程度和应对措施的优先级，从而有效地增强城市公共治理的抗风险能力。

三 基于数据驱动的舆情治理新挑战和范式转移

（一）现有管理体系面临的新挑战

1. 传统的管理工具难以应对复杂多源数据

随着社交媒体的迅速发展和普及，多源异构的社交媒体数据，是当代社会舆情管理体系面临的新机遇和新挑战。因其传播速度极快、信息复杂度高，且涉及公众情绪和态度的动态变化，传统的管理工具往往难以有效处理这些数据，为应对这一挑战，舆情治理需要进行范式转移，突破现有的治理困境，打破信息茧房，利用数据科学的手段创新适应数据驱动的管理模式，以适应新形势下的舆情管理要求，力求从一对一的定性分析转变为一对多的定量分析，从舆论管控思维转变为舆论引导思维，从事中处理转变为事前预防，通过正向引导，减少群体极化的负面影响。

2. 传统的治理方法难以满足多元治理需求

社会结构的复杂化和突发问题的多样性使得原有的治理方法难以满足多元治理需求。政府和组织需要重新审视和调整其治理策略和方法，加强与各利益相关方的沟通和合作，通过细化预案、加强协调与配合，以及优化资源配置和响应机制，进一步合理安排应急救援资源，更好地了解和满足不同群体的需求，从而有效增强城市的抗风险能力及公共治理能力。

（二）舆情治理思维范式转移及其要点

1. 从传统到现代的范式转变：舆情治理思维的革新

范式转移是指由于事情发生了重大变化、对研究对象的看法有了重大转变等等，导致原有稳定的范式不再具有提供解决问题的能力或者能力开始变弱，与此同时产生新的适应性范式。[25] 突发事件具有突发性、随机性等特征，其发生时间、发生地点难以预测，加之舆情数据载体的多样化，传统"自上而下"的舆情治理模式由于通过经验做出决策，注重管治而弱化了服务的职能，因而无法有效应对新的挑战和变化，需要进行根本性的转变和升级。舆情治理思维范式转移是应对新时代舆情挑战的关键举措。

在新媒体时代，突发事件引发的舆论危机往往具有破窗效应，可能导致衍生信息和次生舆情的迅速蔓延。传统的处置突发事件的方法和流程亟须变革，以应对这种复杂多变的舆论环境。数据驱动可以提高决策的准确性和效率，减少主观臆断和盲目性，更好地把握舆情动态，从而高效应对突发事件带来的多重影响，实现从以往基于主观经验和规则的决策方式转向基于数据分析和科学研究的决策模式。基于数据驱动的范式转移不仅是对舆情治理的重塑，更是对治理手段、方法和策略的全面革新。

2. 数据驱动下的动态监测与舆情预测

在复杂的社会系统中，公众情绪与态度的变化可以反映突发事件的动态与民众舆情的演化趋势。社交媒体是现代社会信息传播的主要渠道之一，截至 2023 年 7 月，中国有 10.3 亿社交媒体用户，占总人口的 72%，高于全球平均水平（60%）。新浪微博、豆瓣、百度贴吧、小红书等主流社交媒体平台，涵盖不同的用户群体和使用场景，由此产生的多源异构的非结构化数据很难直接用于建模分析，但是可通过对这些数据进行挖掘、清洗及消除偏差性，利用自然语言处理和情感分析等工具，对社交媒体上的文本数据进行情感倾向的识别和分析，识别了解公众对事件的情绪，以实现公众情绪与态度变化的动态监测。还可以通过监测特定话题在社交媒体上的讨论量和关注度，了解公众对事件的关注程度，发现可能引发舆情的事件，及时采取相应的应对措施。此外，还可以通过追踪社交媒体上信息的传播路径和传播速度，了解信息在网络中的扩散规律和影响范围，提取出关键词、主题、情感倾向等信息，帮助预测舆情的发展趋势和可能产生的影响。

四　基于数据驱动的城市突发事件舆情治理变革

（一）深化舆情风险评估与决策的应用机制

在城市突发事件舆情治理中，深化舆情风险评估与决策的应用机制是数据驱动治理变革的关键环节。首先，加强数据收集与整合能力，建立全面、系统的数据资源体系，通过收集、整理和分析社交媒体、新闻报道等多渠道数据，实时评估舆情风险等级，预测舆情发展趋势。其次，提升数据处理与分析能力，运用先进的算法和情感语义分析模型等，从海量数据中清洗出有价值的信息，深入了解舆情的发展脉络。最后，强化决策支持系统建设，将数据分析结果转化为可操作的决策建议。推动跨部门、跨领域的协同合作，以数据驱动的手段推进政府治理理念、治理模式、治理手段的变革与转型，为突发事件中的态势掌握、精准决策和资源的有效配置提供技术支撑。

（二）强化数据驱动的舆情应急响应机制

在突发事件发生后，舆情应急响应机制的快速启动和高效运作至关重要。不同性质的突发事件，如极端天气、公共卫生事件等，可能导致不同程度的社会影响和公众情绪波动，因此舆情管理需要根据事件的性质和特点灵活应对。面对突发事件的多样性、数据结构的异质性，通过实时监测和分析社交媒体上的舆情数据，快速精准识别公众的情绪和态度变化，为应急响应提供及时的支持。此外，基于数据驱动的舆情分析可以帮助管理者高效识别舆情热点和关键信息，制定针对性的应急方案，有效遏制负面舆情扩散，增强社会应急管理能力。

（三）完善数智赋能的公共舆情防范机制

在基于数据驱动的舆情治理范式中，大数据技术的应用为公共舆情防范提供了新的思路。通过大数据、人工智能等技术手段，实现对舆情的智能监测、预警和预测。相较于传统的经验判断，这不仅可以提高舆情防范的效率和准确性，还可以降低人力成本和时间成本。基于同类型突发事件的历史数据和趋势分析，能够预测舆情的发展态势，及时预警可能出现的问题和风险，全面立体地展示突发事件发生时的多维面貌及舆情传播演化路径。同时，加强跨部门、跨领域的合作与信息共享，形成舆情防范的合力，从而增强社会稳定性和提高社会治理水平，为社会应急管理工作提供有力的保障。

（四）构建突发公共事件舆情分析语料库

在此基础上，利用社交媒体实时产生的大量结构化数据和非结构化数据，采集不同类型突发事件的舆情数据，消除样本偏差性。通过智能识别、感知获取、语义分析等技术，结合贝叶斯法、随机场算法等机器学习算法，实现对网络舆情数据的自动获取和情感倾向性分析。针对典型应急管理的场景，识别出可能引发突发事件的关键词、话题和情绪倾向，进一步对语料库进行细化和优化：在自然灾害类突发事件中，可以重点关注受灾地区、救援进展、人员伤亡等关键信息；而在公共卫生类突发事件中，则需要关注疫情传播面、防控措施、公众健康意识等方面的情况。构建突发事件社交媒体网络舆情风险语料库，实现"数据获取—数据分析—风险预警"的逻辑分析闭环，为应急管理和决策提供有力支持。

综上所述，基于数据驱动的城市突发事件舆情治理变革是应对当前复杂社会舆情环境的必然要求。通过深化舆情风险评估与决策的应用机制、强化数据驱动的舆情应急响应机制、完善数智赋能的公共舆情防范机制及构建突发公共事件舆情分析语料库，可以有效提升政府和相关部门舆情治理的效能和水平，为城市的稳定发展和社会的和谐进步提供有力保障。

参考文献

［1］李智超. 从突发事件到系统风险：城市级联灾害的形成与治理［J］. 行政论坛，2022，29（6）：94-101.

［2］李纲，陈璟浩. 突发公共事件网络舆情研究综述［J］. 图书情报知识，2014（2）：111-119.

［3］Cai H, Nina S N, Yi Q, et al. A synthesis of disaster resilience measurement methods and indices[J]. *International Journal of Disaster Risk Reduction*, 2018, 31: 844-855.

［4］韩旭，李阳. 突发事件情境下社交媒体辟谣信息传播效果影响因素研究［J］. 情报理论与实践，2022，45（8）：97-103.

［5］金永生，王丹凤，李静. 社交媒体平台信息可信度影响因素实证分析［J］. 北京邮电大学学报（社会科学版），2017，19（4）：1-8.

［6］杨欣谊，王伟，朱恒民. 基于时序共词网络的社交平台话题检测与演化研究［J］. 情报学报，2023，42（5）：585-597.

［7］Xiao Y, Huang Q, Wu K. Understanding social media data for disaster management[J]. *Natural Hazards*, 2015, 79(3): 1663-1679.

［8］廖圣清，程俊超，于建娉. 网络新闻回帖中的受众互动与群体极化：以情绪为中介变量［J］. 国际新闻界，2023，45（9）：91-117.

［9］王艳东，李昊，王腾，等. 基于社交媒体的突发事件应急信息挖掘与分析［J］. 武汉大学学报（信息科学版），2016，41（3）：290-297.

［10］王绍玉，孙研. 基于AHP-Entropy确权法的城市公众应急反应能力评价［J］. 哈尔滨工程大学学报，2011，32（8）：992-996.

［11］Chen Y D, Ji W Y. Enhancing situational assessment of critical infrastructure following disasters using social media[J].*Journal of Management in Engineering*, 2021, 37(6): 02016013.

[12] Yuan F, Liu R.Feasibility study of using crowd sourcing to identify critical affected areas for rapid damage assessment: Hurricane Matthew case study[J].*International Journal of Disaster Risk Reduction*, 2018, 28: 758-767.

[13] Kongthon A, Haruechaiyasak C, Pailai J, et al.The role of social media during a natural disaster: A case study of the 2011 Thai flood[J].*International Journal of Innovation and Technology Management*, 2014, 11 (3): 2227-2232.

[14] Wu D, Cui Y.Disaster early warning and damage assessment analysis using social media data and geo-location information[J].*Decision Support Systems*, 2018, 111: 48-59.

[15] Fang J, Hu J, Shi X, et al.Assessing disaster impacts and response using social media data in China: A case study of 2016 Wuhan rainstorm[J].*International Journal of Disaster Risk Reduction*, 2019, 34: 275-282.

[16] 王波, 甄峰, 孙鸿鹄. 基于社交媒体签到数据的城市居民暴雨洪涝响应时空分析 [J]. 地理科学, 2020, 40 (9): 1543-1552.

[17] 安璐, 吴林. 融合主题与情感特征的突发事件微博舆情演化分析 [J]. 图书情报工作, 2017, 61 (15): 120-129.

[18] 李燕凌, 丁莹. 网络舆情公共危机治理中社会信任修复研究——基于动物疫情危机演化博弈的实证分析 [J]. 公共管理学报, 2017, 14 (4): 91-101+157.

[19] 张玉亮, 杨英甲. 基于 4R 危机管理理论的政府网络舆情危机应对手段研究 [J]. 现代情报, 2017, 37 (9): 75-80+92.

[20] 王建华, 朱敏, 郝婷婷等. 突发台风事件网络舆情预警机制研究 [J]. 情报杂志, 2024, 43 (1): 152-159+207.

[21] 王晰巍, 王小天, 李玥琪. 重大突发事件网络舆情 UGC 的事理图谱构建研究——以自然灾害 7·20 河南暴雨为例 [J]. 图书情报工作, 2022, 66 (16): 13-23.

[22] 左蒙, 李昌祖. 网络舆情研究综述: 从理论研究到实践应用 [J]. 情报杂志, 2017, 36 (10): 71-78+140.

[23] 孙悦. 社交媒体平台用户参与行为谱构建与行为强度测度研究 [D]. 吉林大学博士学位论文, 2023.

[24] 李燕凌, 孙龙, 李诗悦, 等. 公共风险事件中网民风险感知的时空分布: 来自 H7N9 的实证经验 [J]. 情报杂志, 2020, 39 (4): 117-126.

[25] 盛昭瀚, 陶莎, 曾恩钰, 等. 太湖环境治理工程系统思维演进与复杂系统范式转移 [J]. 管理世界, 2023, 39 (2): 208-224.

大数据环境下互联网企业数据业务合规审计流程优化*

赵杭莉　胡天悦**

摘　要：信息数据集中化、复杂化和模块化会诱发互联网企业合规审计风险，传统审计流程已经很难满足大数据环境下的审计需求，亟待优化。本文结合互联网企业的特征，基于大数据技术，在实际调研的基础上运用比较分析法对传统数据业务合规审计流程进行优化分析，旨在解决传统合规审计流程审计取证成本高效率低、审计取证难度大以及审计提示预警工作滞后等问题。本文以 D 企业为例，对上述分析进行检验，并获得大数据技术应用能够优化传统数据业务合规审计流程的结论。以此为基础，提出了打造复合型审计队伍，建立统一的审计标准，完善合规风险管控机制等优化传统合规审计流程的建议。

关键词：大数据环境　互联网企业　数据业务　合规审计

一　引言

在全球数字化进程中，业务数据已然成为网络企业最重要的竞争资源，数据合规问题也逐渐引起人们的关注。为适应时代发展的需求，我国分别颁布并施行了《中华人民共和国网络安全法》与《通用数据保护条例》，这些与数据业务合规相关法律法规的出台为数据信息的规范储存与使用提供了法律基础[1]，对企业数据的收集、传输、存储、使用、共享以及删除、销毁等提出了更严格的要求。然而，当前审计工作的普遍做法是对被审计单位进行统计或非统计抽样，很难实现数据业务的全面反映[2]，但是合规性要求审计实现"监督范围全覆盖""监督内容全覆盖""监督周期全覆盖"三个"全覆盖"。很明显，目前执行的审计程序尚难满足此项规范性要求。为此，将数据合规管理融入企业全面管理以及大数据环境中，对已有的数据业务合规审计流程进行

---

*　【基金项目】2022 年陕西省社会科学联合会项目"高质量发展下基于审计视域的陕西农村土地资源优化利用研究"（2022ND0441）。

**　【作者简介】赵杭莉，西北政法大学商学院（管理学院）副教授、资源冲突与利用研究所所长，研究方向为资源环境审计；胡天悦，西北政法大学商学院（管理学院）硕士研究生。

优化、提升审计效率与效果的需求尤显紧迫。

"合规"一词在国际金融组织中指企业的日常经营活动需要与法律、管治及内部规则保持一致。[2]"合规管理"是企业为规避风险而采取的一种体系化和规范化管理手段。[3]多数学者认为合规管理不仅是企业内部的一项核心管理活动，也是企业有效管控风险的关键，企业的数据合规管理能力与其信息化建设水平、合规体系发展阶段、企业自身实力等多个方面息息相关。[4~6]合规审计通常被认为是企业为有效防范、识别、应对可能发生的合规风险所建立的一整套企业治理体系，隶属风险导向审计，应该采用与现代风险导向相同的审计模式[7~8]。

前人的相关研究为探讨大数据环境下互联网企业数据业务合规审计流程优化提供了良好的基础，但在具体数据业务合规审计优化内容及路径方面的研究仍有一定的空间。对于大部分互联网企业，个人信息保护（隐私保护）、数据跨境传输、商业秘密这三个部分，是能够通过合规管理手段实现风险规避的，而重要数据的保护、区块链信息服务以及信息内容的管理，则更多与企业信息技术、硬件设施以及业务要求相关。因此，需要充分发挥大数据审计的功能和作用，从相关数据运作来解释企业数据合规的框架，优化现有的审计流程，提升数据业务与合规管理的关联性，在满足治理和监管的要求下控制风险，提高审计证据的充分性和合理性。

本文结合互联网企业的特征，在实际调研的基础上分析了 D 企业传统数据业务合规审计存在的问题，分析了大数据技术对企业数据业务合规审计流程优化的优势，结合合规管理信息的集成与共享，在审计计划阶段、执行阶段、报告出具阶段对现有的审计业务流程进行优化。

二 传统数据业务合规审计流程存在问题及原因

为了更好地分析传统数据业务合规审计流程中存在的问题，本文在普遍分析的基础上引入了典型企业 D，以 D 企业为微观主体，进行了充分的分析。D 企业是一家成立于 21 世纪初的互联网全球企业，所属行业为货物及乘客运输服务，主要业务范围包括网约车、出租车招车、代驾、顺风车等多元化出行服务，并运营车服、外卖、货运、金融等相关业务，其中网约车业务为 D 企业的核心业务。截至 2023 年底，D 企业网约车业务综合订单量超 9467 万人次/年，企业的年营业总收入达到了 1738.3 亿元，企业的工业规模和经营利润在行业中都处于领先地位，行业占比超过了 85%，属于龙头企业，具有典型的代表性。

（一）传统数据业务合规审计具体流程

数据业务合规审计是由政府审计机构、第三方审计机构、企业内部审计机构等专业审计机构依据相关政策法规、第三方核查标准和审计准则，以审查企业数据运营行为是否违法违规为目的，以法律法规为参照，审查企业的日常经营行为是否违反相关规定或违反企业既定的合规政策并对此发表审计意见，即出具合规审计报告。传统数据业务合规审计的工作流程如图 1 所示。

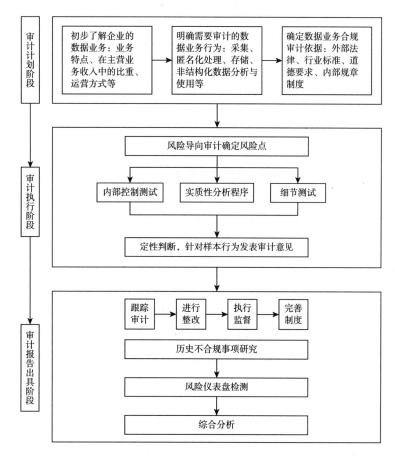

图 1　传统数据业务合规审计流程

传统数据业务合规审计计划阶段，通常从了解企业的数据业务开始，包括业务特点、数据业务在主营业务收入中的比重、数据业务的运营方式等内容，帮助注册会计师掌握企业运营的现状，进而对企业合规风险和合规审计的重要性做初期预估。[5]同时，明确被审计单位在采集、匿名化处理、存储及非结构化数据分析与使用等方面的数据保护措施，这既是确保数据安全的关键，也是审计的重点。同时，要确定审计在外部法律、行业标准、道德要求和内部规章等方面的依据。通过监督机制保证制度的有效执行，及时整改不合规事项以降低风险。

在审计执行阶段，需针对具体审计行为确定风险点。通过内部控制测试、实质性分析程序、细节测试等方式获取证据。其中，内部控制测试可参照相关设备关键要式检测法获取相应的审计证据，分析程序可参照数据泄露事件汇总法。最后，通过对审计证据进行数据分析和程序分析，做出定性判断并针对样本行为发表审计意见。

在审计报告出具阶段，通过跟踪审计的方法，对不合规事项进行研究整改，并对整改措施实施监督，进一步完善合规管理制度从而实现对不合规事项的有效处理。审计人员通常会对企业的历史不合规事项进行研究，对不合规事项实施进一步的综合性分析。在合规审计后的日常风险监测期，在历史不合规事项的研究基础上，针对风险点和相应的观测指标，结合风险指标分析等方法形成风险仪表盘监测体系，实时监测数据业务不合规事项。最后，通过对日常数据和事项的综合分析确定是否在企业内部进行新一轮的数据业务合规审计或修改审计报告。

（二）传统数据业务合规审计流程存在的问题

传统数据业务合规审计流程在程序上存在的固有限制，使其很难满足大数据环境下数据业务合规审计的要求，带来了诸多问题，主要表现在合规审计取证成本高效率低、合规审计取证难度大以及合规审计提示预警工作滞后三个方面。

1. 合规审计取证成本高效率低

企业数字化转型的过程中，互联网企业的业务模式不断更新，导致数据内容复杂多变，对应的处理方式以及合规管理要求也需要依据不同的数据内容进行区分。合规审计风险往往就隐藏在单一的管理机制与庞杂数据内容之间的矛盾中，这无疑会增加审计人员的取证成本。而且绝大多数企业还存在集团内部、合作伙伴之间数据共享、数据融合的问题，审计人员开展取证工作就需要对多个主体的大量数据进行筛选整理，这也大大降低了合规审计取证的效率。

2. 合规审计取证难度大

与传统财务数据合规审计不同，企业运营数据合规审计不单单涉及与数据合规相关的法律法规政策，还涉及大量互联网运营、大数据应用、数据库模型建构等专业技术知识，这对审计专家的专业素养提出了新的要求。2018～2023 年 D 企业利用非法手段，对用户的隐私进行了严重的侵犯，违规处理个人信息的数量达到了 647.09 亿条。想要预防此类不合规业务的发生，数据合规审计工作就必须承担大量非财务核算数据收集任务，如对用户个人隐私数据获取途径的审查，运行数据的收集、存储、重新统计和重新计算等。合规审计取证难度之大可想而知。

因此，如何借助大数据审计分析平台，获得全面、准确的非电子化经济责任审计数据，更好地降低非电子化数据的失真度，并且提高审计业务的有效性成为大数据背景下开展数据业务合规审计必须解决的一个关键问题。[7]

3. 合规审计提示预警工作滞后

数据合规审计的核心目的是减少潜在数据违规使用和数据泄露风险事项。它主要涉及对被审计单位过去的数据足迹进行合规性审查与评估。这种审计实质上属于事后审计范畴，意味着它无法克服时间滞后性问题，可能会影响审计信息和结果在企业合规环境决策中的有效性。一旦合规审计报告发布，它就为企业提供了一个数据使用合规性的官方记录，可协助企业识别和防范潜在的风险点，从而提高数据使用和处理的透明度和信任度。不过当发现被审计单位违规时，该行为已经存在一段时间了，可能已经产生了严重的后果和广泛的影响。

（三）传统数据业务合规审计流程存在问题原因分析

1. 基础数据种类多且增量与存量双高

数据业务合规审计与传统企业财务审计存在明显不同。数据业务合规审计的范围更广泛，它不仅覆盖与财务报告直接相关的法律法规，还涉及大量计算机专业技术知识。同时，数据随"流通足迹"分布于企业的前端、开发、测试、运营等环节，每日收集处理保存的各方数据也在 6000TB 以上。面对种类如此之多、体量如此庞大的企业数据，数据的合规采集工作无疑会挤占大量的审计资源，提高了审计成本，降低了审计效率。此外，大型互联网企业数据业务的数据整合度与勾稽复杂度前所未有。

2. 数据披露意愿不强且完整性不足

由于互联网企业均存在一定的数据壁垒，企业大多不会主动披露涉及商业隐私的财务数据，这使得大数据环境下互联网企业的数据透明度参差不齐，大多难以满足合规审计工作开展的要求，甚至难以满足"存在可接受财务报告编制基础"的审计前提条件。因此，数据的低透明度为合规审计中的舞弊行为创造了条件，形成舞弊的温床。例如，企业在收集用户个人信息时，可能会利用使用者不仔细通读授权书的行为习惯，将隐性违规条款存放至通用条款之中，隐蔽地获取用户数据信息达到收集、储存和使用的目的。D 企业的有关违规行为从 2015 年 6 月起发生，维持了 7 年的时间。通常企业不会主动将这种行为告知审计人员，审计人员自然也就很难对所获取数据的来源、完整性及真实性进行甄别，难以达到合规审计的要求。

3. 事后审计模式与预警机制之间存在矛盾

数据违规行为通常是在审计报告形成之前发生的，但是现行的合规审计流程通常为事后审计，实时审计与预警机制的缺失，为企业违规采集、违规使用、违规储存用户数据提供了机会。因此，即使数据合规审计工作能够高质量开展并取得客观准确的审计结果，最终也会流于形式，很难真正落实国家互联网企业数据业务合规运营的要求。

三 大数据环境下互联网企业数据业务合规审计流程优化的优势与实践

（一）大数据技术在合规审计优化中的优势

数据合规是高质量数据合规审计的前提，也是数据合规审计有效的关键。与传统数据合规审计不同，大数据环境下互联网企业数据业务合规审计实质上将被审计单位的数据流作为核心开展审计，能够通过更新数据采集模式、增加转译网络节点、构建实时审计系统，完成对传统数据合规审计整个工作流程的重塑。大数据环境下优化后的数据合规审计分为审计计划、审计实施、审计报告三个阶段。[8]本文以 D 企业为例，分别对这三个阶段中的数据技术人员、网络节点与数据模型以及数据分析系统进行了优化，凸显了大数据技术在合规审计优化中的优势。

1. 更新数据采集模式，降低取证成本提高审计效率

首先，互联网企业作为集中化的共享式云数据库，所有个人数据的采集、处理和储存等操作指令都会留下数据痕迹。而去中心化的大数据共享机制恰好能在"数据流足迹"经过的各个子信息系统中嵌入数据采集阀，并将企业设置为没有删除权限的单向节点用户，从企业端提升数据自动化采集水平。[9]其次，重新确定数据采集标准和转换规则，利用云数据库的转译机制将自动采集的数据操作指令转译为更容易被统计的点操作。最后，利用云数据库内的特殊节点自动抓取被转译过的操作指令并自动进行分类和统计，进行数据的预处理操作。因此，在大数据技术的加持下，相较于传统的数据业务合规审计数据采集工作模式，被审计单位的有效数据质量得以提升，降低了审计数据的造假风险，只需要对企业的一般控制进行测试即可，降低了审计人员的取证成本，提高了审计取证工作的效率，最终实现数据业务合规审计质量和成本效益的双向平衡。[10]

2. 增加转译网络节点，提升数据透明度提高审计质量

对于互联网企业而言，准确的业务合规数据有助于审计单位掌握本企业的数据合规情况，为企业的可持续发展奠定良好基础。云数据库网络节点具有的自动单向收集、实时追溯查源和加密传输共享等优势恰好能解决当前数据业务合规审计中审计数据质量较低的问题。通过增加转译网络节点，可提升数据的透明度，同时写入数据库的企业数据业务合规权配额与数据采集、数据储存与数据交易等相关操作指令，也可以第一时间被审计单位获取，不仅切实降低了审计数据的造假风险，还提升了数据的透明度，保障了数据业务合规审计数据的真实完整，能有效避免被审计单位隐瞒业务数据的情况，从而确保大数据环境下数据业务合规审计数据的安全、完整与透明，提高了审计证据的质量。

3. 构建实时审计系统，提前预警时间

数据合规审计智能合约是根据互联网企业数据业务逻辑特殊设定的，部署在云数据库顶层设计之上，由事件指令单独驱动执行的非开源独立代码。因此，通过数据合规审计智能合约技术可以将自动采集网络节点所收集整理的操作指令转换成共享中心可特殊识别的靶向代码，并对此项操作指令设定预警触发条件，形成一个自动采集、自动翻译、自动处理、自动预警的简单流程系统，实现对互联网企业异常数据操作指

令的实时分析和汇总预报。在控制测试阶段，审计组可接入云数据库，实时生成数据业务合规内部控制审计报告，落实风险导向审计及时制止及时止损的要求，提高合规审计工作的及时性，提前风险预警时间，推动传统数据业务合规审计从事后审计转向事中审计，加速数据业务合规审计的进一步发展。[5]

（二）D企业数据业务合规审计流程优化内容及效果

完整准确的业务数据是数据业务合规审计的基石，更是数据业务合规审计完成质量的基本保障。与传统风险导向的数据合规审计不同，基于大数据技术的业务流导向全覆盖的数据业务合规审计实际上是以互联网企业的数据业务流为中心开展审计工作，实现了对传统数据合规审计整个工作流程的重新改造，具体流程如图2所示。基于大数据技术的数据业务合规审计流程包括了审计计划阶段、审计执行阶段和审计报告出具阶段三个阶段，每个阶段都有所优化。

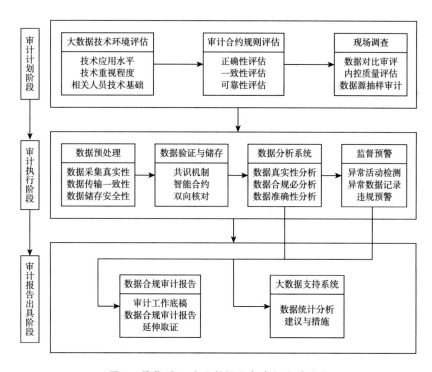

图2　优化后D企业数据业务合规审计流程

1. 计划阶段对审计人员及环境的优化

随着计算机技术的快速发展，数据的规模和种类呈现爆炸式增长。为了在审计工作中充分利用大数据技术，技术和人才成为了关键因素。审计人员需要从以下几个方面着手评估D企业的大数据技术应用环境，并以此为基础进行优化。一是评估企业信息技术的应用水平；二是评估管理层对大数据技术利用的重视程度；三是评估相关人员的技术基础。通过这些评估，审计人员可以深入了解数据收集智能合约、数据储存审计合约、数据泄露安全智能监督预警合约等合同文件的正确性、一致性和可靠性。经过优化，复合型审计人员能够针对 D 企业主营业务数据的相关文件资料及内部信息系统接口展开评审和测试，并对其进行抽样审计，第一时间掌握 D 企业数据业务活动的基本情况。因此，相较于传统审计流程，优化后的数据业务合规审计不仅能够降低取证成本，而且还能满足数据合规审计的及时性要求，审计效率提升效果显著。[9]

2. 执行阶段对数据处理的优化

传统合规审计主要通过审核、函证、核对、统计学抽样和约谈等手段获取证据，很难发挥数据模型和网络节点的优势。审计抽样样本选取的局限性导致传统审计难以收集和分析全部数据，可能诱发审计结论的误受风险。而大数据审计侧重于全面分析数据，能够较好地规避这一风险。

合规审计执行阶段，相关数据可依靠数据库网络在各个节点间传输，且对于 D 企业而言，在保障新交易信息真实性和完整性的基础上，当整个网络超过一半节点同意时，相关数据可正式存储到数据库中并传播到整个网络，复制到每一个分散节点中。[7]因此，没有人能改变或否认已被写进 D 企业云数据库里的数据，想要验证数据的真实性需要从网络节点开始，重新稽核数据。但如果建立多层次分布式数据库，将业务系统、数据中心以及各金融机构内部网络等资源高效地连接在一起，运用算法智能模型和大数据挖掘技术，就能实现对 D 企业内部数据流、信息流和物流的实时动态监管。[10]

优化后的审计程序通过构建多层级的分布式数据库，构建和优化对应的网络结构和通信机制，就能提供一种相对有效、稽核范围较广的大数据网络节点交互和转发机制。新流程不仅有利于 D 企业的内部审计人员或第三方审计人员迅速发现审计线索，进行后续审计工作，为实现数据遵从监测预警机制进行运作提供支撑，还能对审计证据的完整性与真实性做出保证。

3. 报告出具阶段对预警逻辑的优化

合规审计的报告阶段，以大数据与智能审计合同为基础，一旦发现可疑信息，会迅速将其与数据库中的关联数据进行模糊匹配，实现对企业所有数据的实时审计，并且利用大数据分析技术对 D 企业业务全过程进行监控，实现对海量信息关联关系和关联异常事件的分析。同时，当 D 企业内网和外网利害关系方在同一权限范围内时，数据分析系统很快可以对 D 企业审计结果进行实时审阅。相较于传统审计流程，新流程重点围绕"数据全范围"进行合规审查，通过对 D 企业数据库中存储的商业数据的统计分析，识别出可能存在的无效数据，并排除其中的无效信息，利用大数据支持系统及时为 D 企业提出相应改善建议的同时，也间接完善 D 企业的合规风险管控机制。

综上，将大数据技术应用于数据合规审计工作，通过对数据合规审计三个阶段的优化改造，不仅有助于降低审计成本提高审计效率、减少审计工作量提升审计质量、提前预警时间，还能推动数据合规审计工作模式的创新性变革，解决传统数据业务合规审计流程存在的大部分问题。[10]

四　传统数据业务合规审计流程优化策略

大数据技术在合规审计中的深度应用，能够较好地解决当前所面临的问题，创新优化数据合规审计的工作流程。针对传统数据业务合规审计流程存在的问题及其产生的原因，基于大数据环境下数据业务合规审计流程优化对象要素，可从审计队伍、审计标准以及合规风险管控机制三方面采取措施，推动大数据技术与合规审计的融合创新，助力互联网企业数据业务合规审计高质量发展。

（一）打造复合型审计队伍，提升审计效率

首先确保大数据环境下全面合规风险审计思维成为合规审计人员基础的合规观念。只有当审计人员认识到数据合规审计的必要性，后续的审计工作才能高效开展。其次，应当采取"内外兼修"的方式打造技术与知识复合型审计队伍。"内修"方面，可根据审计专员的专业能力，进行不同程度、不同项目的大数据审计技术培训，提升他们将大数据应用于数据流导向审计的实践能力，提高其数据系统的实操水平和对大数据分析流程的熟练度，提高管理人员在数据流导向审计环境下的组织和管理能力。"外修"方面，需要明确数据合规审计与专业技术人员招聘要求，完善与大学、科研机构、龙头企业联合定向培养人才的机制，建立合规审计与计算机人才学科交叉互通机制，打造复合型人才。

（二）建立统一的审计标准，减轻审计工作量

新时代背景下，数字化和智能化已成为审计工作的重要特点。但实践中，利用大数据技术的数据合规审计方面的法律法规还有待完善，应用中仍然存在着相关信赖过度与误受风险。为此，需要加强审计标准的统一建设，为大数据环境下的数据合规审计实践提供有力的法律支撑。另外，我国的数据遵从性审计制度在结构、内容、程序上都还不够健全，尤其是数据遵从性审计的基础还比较薄弱。[11]因此，必须从制度和法律上加强对数据遵从性审计的顶层设计，并对具体的审计标准进行修订。一方面，要对数据合规制度文件中"客户身份识别""敏感信息保护"等内容的执行情况提供自

查报告；另一方面，要进一步丰富企业内部管理人员业务活动监督检查和核查的手段，加强财务管理人员风险防范意识和能力。

（三）完善合规风险管控机制，优化督办分析流程

大数据环境下的合规审计流程优化，应提升企业管理人员的合规意识，促进合规管理制度的建立与完善。同时，通过优化合规部门的资源配置和高效利用管理资源，实现合规自适应风险管控机制的运行和合规流程的协同改进，在最后的报告出具阶段落实风险预警措施，推动互联网平台企业数据合规管理工作的深入发展和督办分析流程的优化应用。[12] 因此，大数据审计技术对于完善合规风险管控机制和优化督办分析流程能起到至关重要的作用。

如图 3 所示，在部门合规制度建设和组织机构扁平化的基础上，合规管理、业务、法务、风控等部门合作，制定管理统筹办法和数据交换流程，将有助于提升审计协同效果，确保制度的有效执行，并及时整改不合规事项以降低运营风险。同时，还可以采用跟踪与实施相结合的合规审计模式，形成闭环系统，并通过反馈机制促进其长期稳定运行。[12]

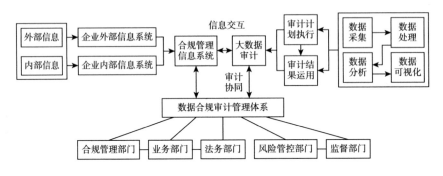

图 3　基于大数据的数据合规审计管理体系

参考文献

［1］程龙. 涉案企业合规第三方监督评估组织的法律关系与功能定位 ［J］. 财经法学，2024（1）：55-71.

［2］喻文光. 论数字平台的合规监管 ［J］. 法学家，2024（1）：116-130+194.

［3］徐彰，童北南. 审计提升企业合规有效性的作用研究 ［J］. 经济问题，2024（1）：123-129.

［4］任昊源，王颖. 个人信息保护合规审计探究 ［J］. 财会月刊，2024，45（2）：78-85.

［5］胡耘通. 个人信息保护合规审计制度建设思考 ［J］. 财会月刊，2023，44（20）：88-91.

［6］齐鹏云. 企业数据合规官的治理边界及其规范体系 ［J］. 信息资源管理学报，2023，13

（6）：85-98.

　　［7］闫夏秋. 企业合规视角下的内部审计：现实挑战与应对［J］. 财会月刊，2023，44（18）：97-102.

　　［8］孙跃. 数字经济时代企业数据合规及其构建［J］. 湖北社会科学，2022（8）：119-128.

　　［9］刘文静，荣庆娇，王渊. 大数据时代互联网安全审计问题探析［J］. 审计与理财，2022（2）：50-52.

　　［10］郑石桥. 电子数据环境对审计流程的影响：一个理论框架［J］. 财会通讯，2020（21）：14-17+47.

　　［11］田冠军，袁媛. 大数据审计下的对外投资企业社会责任合规管理［J］. 财会月刊，2020（9）：93-97.

　　［12］郑石桥. 论金融合规审计［J］. 财会月刊，2019（7）：82-87.

生成式人工智能技术的联合侵权责任风险

陈希洁　华忆昕*

摘　要：生成式人工智能技术对国家科技战略的实施具有重要意义。为应对生成式人工智能技术可能产生的法律风险，我国出台了《生成式人工智能服务管理暂行办法》。然而，该《办法》并没有为生成式人工智能侵权问题给出明晰的解决框架。本文根据该《办法》给出的两类主体——提供者与使用者，分析生成式人工智能侵权可能存在的三种场景，并解决了生成式人工智能技术侵权问题中使用者与提供者的联合侵权的责任认定问题：若提供者因技术开发原因导致侵权，则应当与使用者认定为共同危险行为；若提供者因未尽内容监管义务导致侵权，则应当与使用者认定为无意思联络的数人侵权。

关键词：生成式人工智能技术　联合侵权　多数人侵权

一　引言

科技事业在国家事业发展中始终占有十分重要的战略地位。人工智能作为快速发展的一项技术，对人民福祉、经济发展、国家安全和战略竞争均具有重要意义。人工智能可以带来广泛的经济和社会效益，在智能助理、自然语言处理、医疗保健和自动化生产等多个领域改变人们的生活。自从 2018 年 Open AI 公司推出 ChatGPT 产品以来，人工智能也从传统型人工智能进入生成式人工智能（generative artificial intelligence）的时代。生成式人工智能技术是深度学习的一个子集，它可通过神经网络处理有标记和无标记的数据，从而合成文本、图像和音频等新内容。[1]此外，生成式人工智能技术还可以通过应用程序编程接口（API）在不同的平台、软件上运行。例如，百度的"文心一言"可以对页面内容生成摘要，并以对话的方式来运行；又如，将 ChatGPT 接入天气数据，可为用户提供活动建议等。生成式人工智能技术不断发展的同时，潜在的

---

* 【作者简介】陈希洁，中国政法大学商学院硕士研究生；华忆昕，中国政法大学副教授，硕士研究生导师，研究方向为公司法、公司治理、企业社会责任。

法律风险也不断上升，包括数据使用的合规风险、生成内容滥用风险、算法滥用风险等[2]，也可能导致对基本权利的侵害[3]以及对相应救济路径的妨碍[4]，并由此引发一系列社会纠纷，包括但不限于人格权纠纷、著作权纠纷等。尽管这些案件暂未有后续消息，但引起了社会的广泛讨论。

为了应对这些风险，需要完善科技伦理准则与监管措施，以确保生成式人工智能的安全、合规和可持续发展。目前在国外存在两种立法模式。一是以欧盟为代表的统一型立法，建立一个统一的规范框架以回应在知识产权、刑法、民事责任等领域建立通用的欧盟路径的诉求。[5]欧盟的《人工智能法案》对 ChatGPT 等生成式人工智能工具提出了新的透明度要求——必须遵守披露内容由 AI 生成、设计模型以防止 AI 生成违法内容、发布用于训练的受版权保护的数据摘要的要求。[6]这为内容创作者知悉其博客文章、社交媒体评论等内容是否被用于生成式人工智能模型训练提供了渠道，内容创作者可据此判断其作品是否被用于模型训练并决定是否寻求赔偿或补偿。二是以美国为代表的分散型模式。相比欧盟致力于在联盟层面统一立法，美国对人工智能的监管仍处于"碎片化"状态——政府直接将人工智能监管责任下放给不同监管机构，并采取分散型监管方式以规避潜在风险。美国在联邦层面仍然缺乏统一立法。类似欧盟这种基于风险分类的整体型监管模式并不可能被采纳。[7]

我国作为人工智能技术应用大国，推出了许多生成式人工智能产品，如百度的 Ernie、WPS 的 AI PPT 制作、腾讯云的 AI 绘图软件等。在这些产品的使用过程中，我国人工智能企业面临着同国外一样的生成虚假有害信息、著作权侵权、数据泄露等风险。[8]为加强对生成式人工智能的监管，我国已出台相关文件。2023 年 5 月 31 日印发的《国务院办公厅关于印发国务院 2023 年度立法工作计划的通知》（国办发〔2023〕18 号）将人工智能法草案列入 2023 年度立法工作计划。2023 年 7 月 14 日，国家网信办牵头、七部门联合发文的《生成式人工智能服务管理暂行办法》（以下简称《办法》）的出台为生成式人工智能相关法律规制提供了一个制度性框架。《办法》首次提出生成式人工智能技术的定义以及在使用生成式人工智能技术场景中所涉及的两类主体——生成式人工智能服务提供者及使用者（以下称提供者、使用者），其中提供者具有作为义务与报告义务。然而，《办法》仍仅停留于框架性层面，对二者责任的划分并未明确。基于《办法》，学界进行了广泛讨论。目前学界仅从负面角度给出不应认定为"产品责任"[9]或"网络服务提供者责任"[10]的情形。这两种观点都没有区分讨论《办法》中的侵权责任主体，只有"不应认定为特定责任"的讨论，没有对侵权行为整体性责任类型的探讨。如此只能框架性地解决生成式人工智能侵权的问题，没有进行场景化区分，因此有必要以《办法》规定的主体类型为基础，并对其相应侵权责任进行系统性分析。

基于此，本文借鉴《办法》提出的主体框架，从案例中提取出生成式人工智能侵权行为模式，并采用责任主体视角的类型化区分的方法从使用者、提供者两个视角进行侵权责任形态分析与认定。

二 生成式人工智能多数人侵权的场景化分析

《办法》第22条就提供者与使用者的内涵给出明确定义，其中提供者是指利用生成式人工智能技术提供生成式人工智能服务（包括通过提供可编程接口等方式提供生成式人工智能服务）的组织、个人；而使用者指的是使用生成式人工智能服务生成内容的组织、个人。这两者既可能单独侵权，也可能联合侵权。

（一）使用者滥用服务致人损害

使用者滥用服务致人损害是指，使用者因过错诱使、指令生成式人工智能生成不法内容，造成第三人损害的情形。在这种侵权类型中，使用者试图操纵、干预人工智能，从而造成他人损害[11]，包括但不限于侵害著作权、侵害人格权益、扰乱社会秩序等。尽管研发人员已经预先在生成式人工智能系统中内置了预防滥用风险的技术，但仍有用户找到了绕过这些技术的方法。现有使用者滥用服务的方式大体分为两种。一是语言方式攻击。有用户通过提示词（prompt）使得生成式人工智能绕过预先限制，从而达到滥用的目的。二是技术方式攻击。有些用户就通过"提示词注入攻击"（prompt injection attacks）的方式将输入文本伪装成开发人员的指令，从而绕过预先限制。[12]实践中有通过与使用者对话学习进化的 Chatbot 受使用者滥用而侵害少数群体基本权利的例子。此前有一款叫作 Lee Luda 的人工智能聊天机器人因为在与用户对话中使用了对性少数群体和残疾人的不当言论，而被开发公司 Scatter Lab 从 Facebook Messenger 上下架。[13]在此之前，微软公司的聊天机器人 Tay 也因为在对话中发表偏见言论而被下架。[14]

（二）提供者基于技术原因或疏于监管原因致人损害

提供者技术开发侵权是指，生成式人工智能由于本身特性、缺陷或者数据偏见等非因使用者滥用而生成不当内容，并造成他人损害的情形，目前有四种模式。一是最低成本的损害（deliberate least-cost harms），该损害是不可避免的。例如，在询问 ChatGPT 关于如何解决"电车难题"时，其也会选择牺牲少数人的方案。二是缺陷损害（defect-driven harms）。这是指由软件缺陷、硬件故障或者设计者未采取足够的预防措施而导致的他人损害。三是系统性损害（systemic harms）。在训练人工智能时所使用的数据库可能存在偏见、主观意见，由此训练出来的人工智能的输出内容也可能存在偏见。四是生成式人工智能基于用户指令不断学习，这也可能造成侵权。在使用者使用生成式人工智能服务时，可能会不可避免地被生成式人工智能收集到个人信息、商业秘密，从而造成信息泄露。三星就由于担心员工使用 ChatGPT 泄露公司的"关键"信息而禁止员工使用此类生成式人工智能。[15]对此，提供者也应当提前采取预防措施。后三种类型具有共同的特性，即提供者基于技术原因或疏于监管原因从而造成损害，所以监管部门应当对提供者提出"应当具有预见可能性"的要求，并要求提供者提前采取预防措施以免发生损害。

因此，上述侵权类型中提供者负有一定的作为义务。例如，为避免系统性损害，提供者在采集、分类数据时，应当建立明确的筛选机制；在预训练生成式人工智能模型时，就应当对歧视、偏见的训练数据予以纠正，确保生成内容客观、中立。通过"基于规则的奖励"（rule based rewards）及"宪法人工智能"（constitutional AI）来防范生成式人工智能的不当内容，是可行的选择。[16]

（三）使用者与提供者联合侵权

联合侵权，指的是提供者与使用者共同导致第三人损害的情形。在此种情形中，提供者与使用者或是基于意思联络或是非基于意思联络造成损害，因此可能存在原因力竞合以及原因力结合。

使用者和提供者联合侵权最为典型的例子就是，一些网络犯罪分子使用生成式人工智能进行各种非法活动，如制作钓鱼邮件、恶意软件或破解工具。Chatbot 可以根据使用者的提示生成逼真和连贯的文本，从而诱骗无辜的受害者相信他们收到了官方的商业邮件或短信。FraudGPT 还可以编写恶意代码，创建无法检测到的病毒、恶意软件、钓鱼页面以及黑客工具，甚至可以编写出诈骗页面或信件。[17]

三　生成式人工智能联合侵权风险的责任构成

（一）法律视角下的责任构成

生成式人工智能技术侵权责任不应当适用无过错责任原则与过错推定原则，这是由二者的法定性决定的。只要《中华人民共和国民法典》等法律没有特别规定，过错责任原则就可以普遍适用于所有的侵权行为。因此对于生成式人工智能致人损害的责任，只能适用过错责任原则。过错责任原则以行为人的过错作为责任的基础，"一个人无论是违反还是未履行某种义务给他人造成损害，都应当进行赔偿，这是特定义务或'不得损害他人'的一般义务的自然推论"。[18]

对于使用者或提供者单独侵权，按一般侵权原则认定，即"谁有过错，谁承担"。不过在实务界存在争议的为联合侵权的责任的划分与认定。

在使用者滥用服务致人损害的情形中，欲使提供者成为责任主体之一，则在客观层面上提供者的行为必须侵害了受害人的合法权益，同时该侵害权益的行为也必须造成受害人的损害；在主观层面上提供者应当对损害后果存在过错，即提供者明知会造成损害并发生损害，或不知会发生损害但对其不知存在过错，或者未尽适当的注意或勤勉等情形。但是，在使用者滥用服务致人损害的多数人侵权情形中（在此种情形中，使用者指令生成式人工智能生成不法内容，最终致人损害），可能存在提供者的责任成立的困境。进而言之，提供者在责任成立以后，如何认定其与使用者之间的责任形态也存在困境。在此可能陷入"技术中立"的迷思，即技术本身是中立的，使用者滥用该技术并造成损害也不应由提供者承担责任。但"技术中立"本身就是伪命题，以"快播案"为例，快播公司兼有网络视频软件提供者和网络视频内容管理者的双重角色，因此快播公司对网络存储的信息具有监管义务，从而快播公司及其主管人员构成不作为的传播淫秽物品牟利罪。生成式人工智能技术提供者也是如此，不但具有技术提供者的身份，同时也具有生成内容监管者的身份，如此，可能构成不作为的侵权。

1. 提供者加害行为的成立

对于加害行为要件。加害行为作为侵权法上的行为，是指侵害他人民事权益的受意志支配的人的行为。[19]若某人的行为并非在其意志支配下进行，则不能认定为侵权法上的行为。生成式人工智能的生成过程，由于"算法黑箱"的存在，并不能受提供者的监测、预测。从这一角度来看，似乎不能将生成式人工智能的不法生成内容归因于提供者，即该不法内容的生成并非由提供者的意志支配。笔者认为，提供者加害行为的表现形态应当属于不作为，提供者的作为义务来源应当是《办法》第4条规定的"不得生成相关内容"。提供者的加害行为内容应当是：一旦生成内容涉及《办法》第4条规定的相应内容，就应当认定提供者具备加害行为。

2. 提供者过错的成立

对于过错要件。提供者不可能存在故意，应当从认识要素和意愿要素两个角度考量。对于认识要素，提供者能够或应当预见其行为会侵害他人的民事权益；对于意愿要素，提供者应当具有避免侵害他人民事权益的可能性。笔者认为，不应当将生成式人工智能生成的一切不法内容都据以认定提供者存在过错，而应当根据生成内容的危害严重程度认定提供者的过错。有学者对生成式人工智能技术可能产生的损害的严重程度做出四级划分：第一级别的损害可能造成生命权、健康权（包括身心健康）等的直接损害；第二级别的损害指生成内容具有操纵、煽动的倾向，如诱使使用者制造直接损害；第三级别的损害是歧视性损害；第四级别的损害则是间接损害，可能造成人们的判断错误或信息错误从而影响生活质量等。[20]笔者认为，可以参照上述等级划分，根据侵权责任法所保护的不同权益在民法上的利益位阶[21]，来认定提供者的过错。例如，直接侵害生命权、健康权而造成损害的，应当认定提供者具有过错；而侵害自然人声音利益的，则提供者就可能不具有过错①。在提供者不具有过错的情形中，尽管受害人不能据以请求提供者承担损害赔偿责任，但可以根据绝对权请求权请求提供者承担责任。

（二）经济运行视角：经济关系转换

1. 产业模式的变革

生成式人工智能技术的应用正在从根本上改变传统产业的运作方式。例如，生成式人工智能在制造业中通过优化生产线的设计和运作，显著提高生产效率和产品质量。在服务行业，如客户服务和数据处理领域，生成式人工智能能够提供更加个性化和高效的服务。根据 Tim Orchard 和 Leszek Tasiemski 的研究，这些变化不仅增强了企业的竞争力，也推动了新商业模式的出现，如基于生成式人工智能的即时定制服务和需求预测。[22]

2. 就业结构的转变

一方面，一些技能要求较低的职位可能会被自动化技术所取代，从而导致传统职业的消失。另一方面，新的就业机会也随之产生，特别是在数据科学、算法设计和系统监控等高技能领域。这些变化要求劳动力市场和教育体系进行相应的调整，以适应技术进步带来的新需求。国际劳工组织针对生成式人工智能在全球范围内对职业和工作的潜在影响进行了深入研究，特别是对于生成预训练转换器（GPTs）及其可能对工作数量和质量的影响。研究发现，除了文书工作职业组高度暴露于此技术外，其他职业组的高度暴露任务比例在 1% 到 4% 之间波动，中度暴露任务不超过 25%。因此，此技术最重要的影响可能是增加工作——自动化职业中的某些任务，而对其他职责领域影响较小，不是完全自动化该职业。

根据国际劳工组织的数据，生成式人工智能的实际就业效应（无论是增强还是自动化）在不同国家收入群体中的差异很大。在低收入国家，只有 0.4% 的总就业群体可能面临自动化影响，而在高收入国家，这一比例上升至 5.5%。影响高度性别化，女性受自动化影响的比例是男性的两倍多。就增强效应而言，在低收入国家可能影响10.4% 的就业群体，在高收入国家为 13.4%。[23]

四　生成式人工智能联合侵权风险的责任形态

在联合侵权的多数人侵权情形中，存在责任形态的复杂化。在单独侵权中，当加害人为提供者或使用者单独一人时，只存在一个因果关系，即"一因一果"或者"一

---

① 目前"AI 歌手"走红网络，有网友通过模型训练使 AI 能够十分真实地模仿知名歌手的声音，这可能侵害自然人的声音利益。

因多果"。而多数人侵权中，则可能存在"多因多果"或"多因一果"的情形。我国民法典体系下多数人侵权共有 4 种类型：共同加害行为（第 1168 条）、教唆帮助行为（第 1169 条）、共同危险行为（第 1170 条）、无意思联络的数人侵权（第 1171、1172 条）。生成式人工智能多数人侵权的情形存在不同的类型，可能造成不同的责任形态。

（一）共同加害行为与教唆帮助行为

笔者认为不应当理解为共同加害行为。共同加害行为规定在《中华人民共和国民法典》第 1168 条："二人以上共同实施侵权行为，造成他人损害的，应当承担连带责任。"对于共同加害行为的"共同"，有两种学说：一是主观共同说；二是共同故意说。

持主观共同说的学者认为，当数个行为人基于共同的过错，造成他人损害时，才应当作为共同加害行为。共同的过错包括共同故意、共同过失。其中共同故意要求共谋。对于共同过失，持主观共同说的学者认为，共同过失是指数个行为人对损害发生的可能性有共同的可预见性，但因疏忽等原因造成了同一损害后果。有些学者认为，共同过失包括两类。其一，"过失的共同"，数个加害人就损害结果的发生具有共同的可预见性。损害结果的发生，无论是同一损害还是非同一损害，都必须是各加害人共同的注意义务及注意义务违反的涵射范围。[24] 其二，"共同的过失"，强调共同过失的成立须有各行为人过失的结合，"共同过失需要一个结合点，在那个点上数人共同引发了风险，同时均可以避免而未避免风险的实现。"[25] 而持共同故意说的学者认为，共同加害行为的"共同"包括共同故意。如果采主观共同说，将共同过失也纳入其中，会产生与共同危险行为的冲突。

如上文所述，在生成式人工智能多数人侵权的场景中，提供者不可能存在故意，因此不构成共同加害行为，相应地，也不可能构成教唆帮助行为。

（二）共同危险行为或无意思联络的数人侵权

联合侵权的责任形态可能存在两种情形，共同危险行为以及无意思联络的数人侵权。联合侵权在责任认定时究竟应采取哪一种类型应当根据提供者实施加害行为时的身份加以确定。正如上文所述，提供者同时兼具技术提供者与生成内容监管者的身份。若提供者开发生成式人工智能技术就是为了从事不法活动，那么其实施加害行为的身份就是技术提供者，此时应采共同危险行为；若提供者出于商业盈利目的开发技术并提供服务，则其实施加害行为的身份为内容监管者，此时应采无意思联络的数人侵权。

侵权法以肇因原则（verursachungsprinzip）为基本原则，要求受害人必须证明究竟何人的行为给其造成了损害。受害人不仅要证明责任成立的因果关系，还要证明责任承担的因果关系。共同危险行为的规范目的则在于减少因果关系不明时受害人的证明困难，是肇因原则的例外。但并非任何可能涉及多人的侵权案件中，只要存在因果关系不明风险，皆可借助共同危险行为加以证明。

对于共同危险行为，《中华人民共和国民法典》第1170条规定："二人以上实施危及他人人身、财产安全的行为，其中一人或者数人的行为造成他人损害，能够确定具体侵权人的，由侵权人承担责任；不能确定具体侵权人的，行为人承担连带责任。"共同危险行为中的"危及他人人身、财产安全"，应当解释为具有"高度的造成损害的可能性"的危险。因此，可以参照对提供者的过错认定标准来确认提供者的行为是否对受害人的损害造成了高度危险。如果构成高度危险，即提供者存在过错，则能够认定提供者与使用者构成共同危险行为，承担连带责任。若不构成高度危险，即提供者不存在过错，自然不构成多数人侵权，只由使用者承担损害赔偿责任即可。

对于无意思联络的数人侵权，难点在于选择《中华人民共和国民法典》第1171条还是第1172条来确定联合侵权中使用者与提供者的内部关系。在生成式人工智能技术侵权的场景中，受害人欲证明因果关系是十分困难的。如果情形适用第1171条，则由二者承担连带责任，无疑极大缓解了受害人的证明责任困境。生成式人工智能技术的侵权责任谱系见图1。

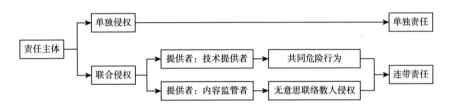

图1 生成式人工智能技术的侵权责任谱系

五 结论

在生成式人工智能技术领域，使用者和提供者的侵权责任涉及多方面的法律考量。首先，对于使用者的滥用服务致人损害，需要考虑其对生成内容的指令和行为是否符合法律规范，以及是否造成了第三方的合法权益损害。其次，提供者在技术开发过程中需要采取措施以防范生成式人工智能生成不当内容，包括建立明确的筛选机制和在预训练模型时对训练数据进行纠正，以确保生成内容的客观中立。在使用者与提供者联合侵权的情形下，责任形态的确定应考虑提供者的身份。若提供者的技术开发目的是从事不法活动，其应当被视为技术提供者，采用共同危险行为以认定联合侵权的责任形态；而若提供者是出于商业盈利目的开发技术并提供服务，其身份更接近内容监管者，此时应采用无意思联络的数人侵权以认定联合侵权的责任形态。总体而言，生成式人工智能技术的发展给法律责任的划分带来了新的挑战。在明确法律规范和原则的基础上，需要综合考虑技术提供者和内容监管者的身份及其行为，以建立合理的责任体系，保护个体和社会的合法权益。

参考文献

［1］ Ghimire P, et al. Generative AI in the construction industry: Opportunities & challenges[EB/OL]. http://arxiv.org/pdf/2310.04427v1, 2023-09-19.

［2］ 毕文轩. 生成式人工智能的风险规制困境及其化解：以 ChatGPT 的规制为视角［J］. 比较法研究，2023（3）：155-172.

［3］ Tolan S, et al. Why machine learning may lead to unfairness: Evidence from risk assessment for juvenile justice in Catalonia, proceedings of the seventeenth international conference on artificial intelligence and law[C]. Proceedings of the Seventeenth International Conference on Artificial Intelligence and Law, , New York, 2019.

［4］ European Commission. White paper on Artificial Intelligence: A european approach to excellence and trust ［EB/OL］. https://commission. europa. eu/publications/white-paper-artificial-intelligence-european-approach-excellence-and-trust_en.2020-02-19.

［5］ European parliament, briefing: Artificial Intelligence Act[EB/OL], Jun.2023.

［6］ European Parliament, EU AI Act: *First regulation on Artificial Intelligence*[EB/OL], Jun.08, 2023.

［7］ Mark MacCarthy and Kenneth Propp. *Machines learn that Brussels writes the rules: The EU's new AI regulation*[EB/OL]. Brookings, 2021-05-04.

［8］ 陈锐，江奕辉. 生成式 AI 的治理研究：以 ChatGPT 为例［J］. 科学学研究，2024，42（1）：21-30.

［9］ 周学峰. 生成式人工智能侵权责任探析［J］. 比较法研究，2023，（4）：117-131.

［10］ 徐伟. 论生成式人工智能服务提供者的法律地位及其责任——以 ChatGPT 为例［J］. 法律科学（西北政法大学学报），2023，41（4）：69-80.

［11］ Lemley M A, Casey B. Remedies for robots[J]. *The University of Chicago Law Review*, 2019, 86(5): 1311-1396.

［12］ Anderljung M, et al. Frontier AI regulation: Managing emerging risks to public safety[EB/OL]. https://arxiv.org/abs/2307.03718.

［13］ McCurry J. *South Korean AI chatbot pulled from facebook after hate speech towards minorities*[EB/OL]. Jan.14, 2021.

［14］ Elle Hunt, Tay. *Microsoft's AI Chatbot, gets a crash course in racism from Twitter*[EB/OL], Mar. 24, 2016.

［15］ Arjun Kharpal. *Samsung bans use of A.I. like ChatGPT for employees after misuse of the Chatbot*[EB/OL], May.02, 2023.

［16］ OpenAI, *How should AI systems behave, and who should decide?*[EB/OL], Feb.16, 2023.

［17］ Parth Shastri, *Beware of FraudGPT, the Rogue AI Chatbot*[EB/OL], Jul 31, 2023.

［18］ 热娜维耶芙·威内，罗瑶. 论过错侵权责任的一般原则［J］. 比较法研究，2016，（4）：192-200.

［19］ Karl Larenz/Claus-Wilhelm Canaris, Lehrbuch des Schuldrechts[M]. zweier Band Besonderer Teil , 2. München: Halbband, 1994, P361.

［20］Heidy Khlaaf et al.*A hazzard analysis framework for code synthesis large language models*［EB/OL］，Jul 25, 2022.

［21］王利明. 民法上的利益位阶及其考量［J］. 法学家，2014（1）：79-90+176-177.

［22］Orchard T, Tasiemski L.The rise of generative AI and possible effects on the economy［J］.*Economics and Business Review*, 2023（2）：10-26.

［23］Gmyrek P, et al.Generative AI and jobs: A global analysis of potential effects on job quantity and quality［EB/OL］.https://papers.ssrn.com/sol3/papers.cfm?abstract_id=4584219, 2023-10-19.

［24］曹险峰. 数人侵权的体系构成——对侵权责任法第 8 条至第 12 条的解释［J］. 法学研究，2011，33（5）：54-69.

［25］叶金强. 共同侵权的类型要素及法律效果［J］. 中国法学，2010（1）：63-77.

图书在版编目（CIP）数据

风险与危机管理研究. 2024 年. 第 1 辑/张荣刚主编.
北京：社会科学文献出版社，2024.10. --ISBN 978-7-
5228-4276-9

Ⅰ. F272.35-53

中国国家版本馆 CIP 数据核字第 20242Q7M07 号

风险与危机管理研究 2024 年第 1 辑

主　　编／张荣刚

出 版 人／冀祥德
组稿编辑／恽　薇
责任编辑／田　康　李真巧
责任印制／王京美

出　　版／社会科学文献出版社·经济与管理分社（010）59367226
　　　　　地址：北京市北三环中路甲 29 号院华龙大厦　邮编：100029
　　　　　网址：www.ssap.com.cn
发　　行／社会科学文献出版社（010）59367028
印　　装／三河市东方印刷有限公司

规　　格／开本：787mm×1092mm　1/16
　　　　　印张：13　字数：271 千字
版　　次／2024 年 10 月第 1 版　2024 年 10 月第 1 次印刷
书　　号／ISBN 978-7-5228-4276-9
定　　价／98.00 元

读者服务电话：4008918866